JN080287

A Guidebook to Japanese Politics

日本政治ガイドブック
〔全訂第3版〕

教養の政治学

村上 弘
Hiroshi Murakami

法律文化社

はじめに

　政治は、人々を助ける公共政策、市民が享受する自由と民主主義から、デマ、独裁や戦争、戦争の防止までを含む世界です。政治学は、そうした現実を知り、歴史、（中範囲の）理論、複数の価値観を学び、解説策を検討する学問です。そうした視野の広さ、現実感覚、評価・提案・議論の技術や習慣は、マスコミ、政治家、公務員の志望者はもちろん、社会のさまざまな仕事・活動で役立ちます。

　この本は、大学の教養科目（政治学・日本政治論）のテキスト、および専門科目の参考書として書きましたが、一般の市民、マスコミ関係者、さらに政治家の（を目指す）方々にも、「教養」としてご高覧いただければと存じます。

　下の図のように、「日本の政治」の各種情報や選挙分析、憲法論争だけでなく、コンパクトだが学術的な「政治学入門」や民主主義・ポピュリズム論を併せて読み、理解し、考えられるのが、この本の特徴です。身近な現実政治の知識と、政治学の理論（海外の情報を含む）を結びつけることには、たぶん大きなメリットがあります。

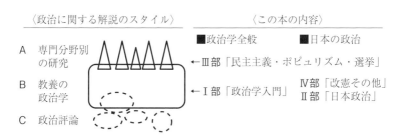

この本の内容と、解説のスタイルについて

　さらに、読者の方々がリサーチするための参考文献、ウェブサイト（や映画）へのガイドブックとしても、活用できるように工夫しました。

ここで、政治と政治学の「魅力・効用」について、授業と研究の経験から述べます。

　政治（学）が好きな人の意見は、①「政治や民主主義は重要なので、勉強して政治参加したい」、②「政治家やマスコミを志望する」、③「政治はダイナミックで、歴史も、正義も悪も登場しておもしろい」、④「政治学は理解しやすく研究してみたい」といったものでしょう。どれもその通りで、①は政治学教育の公式目的であり、③は、現実的でしかも少しは希望を持てる学問だということです（すぐれた映画のように）。④は微妙ですが、社会学・社会思想はマクロ、法律学はミクロの学問である（どちらも重要ですが）のに対して、政治学は「中範囲」の理論・調査なので取り組みやすい印象が筆者にはあります。

　政治（学）に無関心な人の意見は、⑤「政治は自分の生活に関係がない」、⑥「政治は変えられない」、⑦「政治・政治学は難解だ」、⑧「自分は民間企業に就職するので」などです。⑤と⑦は、少し学べば誤りだと分かるでしょう。⑥と⑧は半分正しいですが、政治は多くの人の意思と行動が集まった場合には変わってきた、民間企業で役立つ政策研究、社会調査、議論などのスキルは政治学でも学べる、と修正できるでしょう。

❖この本の内容とレベル

　日本政治、政治学入門、民主主義などについての教科書を、僭越ながら「ガイドブック」と名づけたのは、基礎知識の解説から、政治学研究へと案内し、また政治的争点への賛否両論を知って、あれこれ考えていただく趣旨です。

　前のページの図では、タテ軸で政治についての解説・情報を、３つのスタイル（レベル）に区別しています。政治家や評論家の解説（C）は、経験にもとづき重要ではあっても、ときに根拠のない独断を伴います。学問的な専門研究（A）は、テーマごとに詳細に分析しますが、細分化され難解なものもある。その中間に位置する「教養（の教育）」（B）は、誰でも知っておきたい基本・常識を、学術的研究にもとづき、かつ分かりやすく全体像を把握できるよう伝えるものです。

　同じ図の右側に示すように、この本は、政治学の基礎と現代の日本政治を併

せて取り上げ、両者を関連させて学べるように、デザインしました。「教養」レベルでは、Ⅰ部「政治学入門」が、広い政治学の全体を11のテーマに整理し、キーワードを理解しながら学びます。第Ⅱ部「日本政治の基礎知識」と第Ⅳ部「憲法と統治機構をめぐる議論」は、憲法、国会、政党、選挙、内閣・行政、地方自治、さらに政治的な対抗軸や理念を説明します。日本で極端化し、ゆえに政治問題化しやすい憲法・改憲問題にも、独立した章を設けました。また、教養から専門のレベルに相当するでしょうが、Ⅲ部「民主主義とポピュリズム」は、近現代政治史から始めて、国際標準的な理論をそれぞれ解説し、両方の視点を用いた日本の選挙・政党の研究（8章）に至るまで、具体的に分かりやすく書きました。

　なお、政治学研究としては、本書は、民主主義の4要素による定義、自民党優位の説明、日本のリベラル勢力の役割と弱点、ポピュリズム（扇動政治）の2種類の定義と「強さ」の説明、日本の改憲論と「合意型改憲」などについて、比較的知られざる情報や新たな仮説を提示しました。こうした「実証研究しにくいが重要なテーマ」が、より研究されるきっかけになればと願います。

❖アクティブ・ラーニング（能動的な学び）のための工夫

　日本でも、アクティブ・ラーニングが重視されるようになりました。勉強は、知識を暗記し、裏話やトリビアを楽しむだけでは足りません。とくに政治は、意見や利害が分かれ対立する（それが意味のある）世界ですから、複数の立場や主張を知り、ときどき疑い、妥当性や解決策を考え、意見を述べ議論する力が身に付けられます。また現実社会にアクセスするため、データ分析や、社会の状況や現場の（少なくとも新聞や映像による）観察・認識が、求められます。

　本書は、そうした自主的で能動的な勉強、さらにディベイトを進めやすいように、いくつかの工夫を設けました。

◉各章末で、そのテーマに関連する教科書とともに、本文で用いた参考文献やウェブサイトを紹介した。巻末の長大なリストではなく、**各章ごとの文献リスト**なので、研究入門にも利用できるかもしれない。

　（なお、紹介した新聞記事・論文の大部分は、インターネットで読める。）

◉本文中のカッコ内に、できるだけ、**参考文献をページ数または章まで案内**した。読者は効率的に、情報源にアクセスできる。

（今日の政治学では、法律学や以前の政治学と違い、書名・論文名の情報だけで該当ページ数を書かない場合があるが、読者——そして著者自ら——が情報源を確認するにはとても不便で、参考文献表示の本来の目的を考えていただきたいと思う。）

◉問題を多角的に考え、ディベイトにも活用できるように、制度や争点について、賛否両論など**複数の主張を紹介し【議論の整理】の表**も設けた。

◉図表6‐1の年表で、近現代の政治や社会の有名な場面・事件をリアルに「体験」できる**映画を紹介**するので、関心に応じて見ていただきたい。

なお、今回の全訂第3版発行に当たっては、「教養の政治学」という新たな副題にもふさわしいよう、つぎの改訂・追加を行いました。

◉Ⅰ部「政治学入門」でページ数を増やし、説明をさらに分かりやすく工夫するとともに、

◉授業などでの「アクティブ・ラーニング」に使えるよう、読者が自分（たち）で政治現象の簡単な調査・分析を試みる「**練習問題**」や、少しだが映画・国歌の「**映像鑑賞**」を、盛り込んだ。（練習問題は、正解の例を第Ⅰ部末に掲載し、あるいは本書Ⅱ部以下での解説につないでいる。）

◉Ⅱ部、Ⅲ部、Ⅳ部でも、データや記述を更新した。とくに、Ⅲ部の6章（民主主義）、7章（ポピュリズム）、8章（選挙と政党）については、現実政治の動向と、筆者の研究の進展（？）に沿って、大幅に加筆修正した。

2024年春

村上　弘

目　　次

はじめに

参考文献の表示について

第 I 部　政治学入門──キーワードと考え方

♛ 総合的なウェブサイト

♛ 政治・政治学を学ぶための事典・辞典

♛ 自分で政治的ニュースを調べる方法

第**Ⅱ**部　日本政治の基礎知識

政府の役割──経済システムを補い修正する　　国や政府が問題を起

第 III 部　民主主義とポピュリズム

第**Ⅳ**部　憲法と統治機構をめぐる議論

第 I 部　政治学入門——キーワードと考え方

Introduction to Political Science

「君主は、慕われないまでも、憎まれることを避けながら、恐れられる存在にならねばならない。」「狐と獅子を範とすべきである。（中略）必要なのは、この狐の性質、これを巧みに潤色できることであり、偉大な偽装者にして隠蔽者たる方法を会得することである。」

（マキアヴェッリ、ニッコロ（河島英昭　訳）『君主論』岩波書店、1998年＝原著1532年、pp.127- 8 、132- 3 ）

第 2 条　共和国は、個人としての、また人間の人格が発展する場である社会組織においての、人間の不可侵の権利を承認し保障するとともに、政治的、経済的、社会的な連帯という不可欠な義務の履行を要請する。

（イタリア共和国憲法 ［Senato della Repubblica 2012］ より）

第 9 条　　日本国民は、正義と秩序を基調とする国際平和を誠実に希求し、国権の発動たる戦争と、武力による威嚇又は武力の行使は、国際紛争を解決する手段としては、永久にこれを放棄する。

2 項　　前項の目的を達するため、陸海空軍その他の戦力は、これを保持しない。国の交戦権は、これを認めない。

第13条　　すべて国民は、個人として尊重される。生命、自由及び幸福追求に対する国民の権利については、公共の福祉に反しない限り、立法その他の国政の上で、最大の尊重を必要とする。

（日本国憲法より）

◆第Ⅰ部について

　この本は日本政治の教科書だが、最初に、日本政治をより広くまた理論的な視点から把握できるよう、約40ページで読めるコンパクトな「政治学入門」を置いている。

　おもに現代の政治現象やその分析をめぐる重要な問題群を、10＋1のテーマにまとめた。そして各テーマについて、キーワードなどの基礎知識とともに、代表的な事例とストーリーを分かりやすく解説し、「政治学ではこういう点に注目する」という問題意識や、「このように考えると、よく理解できて、議論しやすい」という思考スタイルが伝わるようにした。

　この第Ⅰ部の副題を「考え方」としたのは、「政治学では知識の記憶だけでなく、自分で考えることもたいせつで、そのために難解な思想や数式はあまり必要ないが、いくつかの基礎的な技術（定義、理論や思考方法）を習得することは必要」という趣旨だ。

　読者の発展的な学習・研究を支援するために、

- ●本文中の【　】で、本書Ⅱ、Ⅲ、Ⅳ部でのより詳しい解説・情報を案内している。
- ●本文中の（　）で、参考になる文献・教科書をページ数まで紹介している。文献の名前などのリストはこの第Ⅰ部の末尾にあるので、ぜひ調べてみていただきたい。
- ●次のページのウェブサイトも、手軽に見れて信頼度がかなり高い。

さらにこの第3版では、

- ●アクティブ・ラーニングのための練習問題、映像鑑賞を追加し、

読者が能動的に学び、自分で検討し、場合によっては議論することを応援している。この練習問題や、特選の映画および「多民族国家の国歌」の映像紹介は、高校から大学教養課程のレベルに設定してあるので、そうした授業等でも活用していただけるだろう。

♛総合的なウェブサイト

・当然のことだが、教科書やその他の本、新聞、雑誌も読んでいただきたい。

・紙幅の制約で URL を略すが、機関名や「 」の標題で検索できる。

・安定したウェブサイトを選んだが、変更廃止されることがありうる。

・それぞれの立場・価値観からの情報発信を含むことがあるので、複数の情報源を比べてほしい。★は、用語事典のスタイルを取るもの。

★ Athabasca University［カナダ］「Online Dictionary of the Social Sciences」
明るい選挙推進協会「主権者教育」 ＊各国の政治学教育など

★外務省「国・地域」 ＊世界各国の政治を含むデータ
BBC［イギリス］「Country Profiles」 ＊世界各国の紹介と年表

国立国会図書館「史料にみる日本の近代―開国から戦後政治までの軌跡」
「日本国憲法」／ 国立国会図書館「新しい憲法 明るい生活」（1947年版）
衆議院「国会について」／ 参議院「参議院のあらまし」
首相官邸「歴代内閣」／ 内閣官房「行政機構図」／ 全国知事会
「内閣支持率」「政党支持率」 ＊各新聞社、NHK などによる世論調査
日本新聞協会「日本新聞協会について」
NHK 放送文化研究所「社会や政治に関する世論調査」
各政党のウェブサイト（ホームページ）
各府県などの選挙管理委員会「選挙公報」
 ＊過去の公報も保存していることがある。

★日本経済新聞「ビジュアル用語解説」／時事ドットコム「図解 政治・行政」
労働政策研究・研修機構「データブック国際労働比較」

★国際連合広報センター「用語集」
防衛省・自衛隊「防衛省の取組」
中国新聞、ヒロシマ平和メディアセンター／ 沖縄県平和祈念資料館
平和運動センター ＊府県単位で市民団体や労働組合が集まる

👑　政治・政治学を学ぶための事典・辞典

阿部斉・内田満・高柳先男編『現代政治学小辞典』新版、有斐閣、1999年

猪口孝・大澤真幸・岡沢憲芙・山本吉宣・リード、スティーブン・R編『政治学事典』（縮刷版）弘文堂、2004年

川田侃・大畠英樹編『国際政治経済辞典』改訂版、東京書籍、2003年

各出版社の『経済・政治用語集』（高校用）

Brown, Garrett W. /McLean, Iain /McMillan, Alistair (eds.), The Concise Oxford Dictionary of Politics & International Relations, 4 th ed., Oxford University Press, 2018

ケリー、ポール（堀田義太郎監修、豊島実和訳）『政治学大図鑑』三省堂、2014年

鳥海靖編『歴代内閣・首相事典』増補版　吉川弘文館、2022年

高橋和之・伊藤眞・小早川光郎・能見善久・山口厚編『法律学小辞典』第5版、有斐閣、2016年

アバークロンビー、N. / ヒル、S. / ターナー、B.S.（丸山哲央監訳・編）『新しい世紀の社会学中辞典』新版、ミネルヴァ書房、2005年

Athabasca University, Online Dictionary of the Social Sciences, website (http://sociology.athabascau.ca/resources/)

👑　自分で政治的ニュースを調べる方法

＊インターネットで、キーワード検索する（ただし玉石混交）。

＊図書館などで、新聞社のデータベースを利用する。

＊毎年発行の『読売年鑑』、『朝日キーワード』、『日経キーワード』や、毎月のおもな新聞記事を集めた『新聞ダイジェスト』などで、事件・動向の概観を知る。

1．政治、政治学

1．政治とは何だろう

　政治についてのイメージは、「問題を解決する」「理想を実現する」「人を動かす」「汚い」などが、混ざり合う。ここで、定義を考えてみるのも、思考に役立つだろう。**政治**とは、複数の人間による活動の１つなのは間違いないが、どんな特徴を持つ活動なのだろうか。

　この第Ⅰ部の扉を見ていただくと、初めに引用したマキアベッリは、ルネサンス期イタリアの政治思想家で、効果的な支配・統治という目的のため「ライオンとキツネ」（それぞれ脅すこと、だますことの象徴）に学ぶなどの術策を指摘し、政治権力の本質・実体を究明した先駆者だとされる[1]。

　それに対して、イタリアの現行憲法２条は、国家が、人権を保障し、人々の連帯（協力）の義務を要請すると定める（専制の根拠ともなる「国家」「民族」への義務と書かないところに、工夫がみられる。）日本国憲法13条は、人権の実現と、その公共の福祉（他の人々の人権と解釈される）との調整を、政府の任務に定める。これは現代政治の重要な公式目的だが、もちろん自動的に進むわけではなく、政府や市民の努力、政策、交渉があってある程度、実現できる。

　以上はわずかな例だが、それぞれ、政治が①支配・権力や利益を追求して争う面と、②社会全体や人々に貢献する面とを示唆する。２つ合わせて、**政治の両義性**（または二面性、ambivalence）と呼ぶことがある。20世紀後半の政治学者イーストンは、政治を、社会における「諸価値の権威的な配分」と定義した[2]が、これは権威（拘束力・説得力）を伴って資源を配分するという意味だから、社会に便益、ルール、紛争解決をもたらす②の側面と、勝つ人・支配者と負ける人・被支配者が出てくるという①の側面とを含んでいる（加茂・大西・石田・伊藤 2012：20-23；参考、川崎・杉田編 2012：1章2；佐々木 2012：50-59；Vierecke/ Mayerhofer/ Kohout 2015：81）。

　なお、今日の政治では、②の一部だが、価値や資源の総量を増やし活用するプラスサム（日本語で「ウィン・ウィン」）の政策を見つけ、人々の協力や妥協を

促す方策もたいせつだろう。

　ここで、最近の新聞記事から政治ニュースを選び、上の①と②に当てはめるとどう解釈できるか、考えてみてはどうだろう。

★練習問題Ａ　政治の目的と手段を資料から読み取る→ p.37

２．政治、経済、文化のメカニズムはどう違うか

　ただし、私たちは、社会のなかでの調整や配分を、政治だけではなく、文化（言語、慣習、マナー、倫理・価値観、宗教の教えなど）、あるいは経済のメカニズムを通じても行っている。

　経済のしくみは非常に重要で、たとえば、どんな商品やサービスがどれだけ生産・供給され、どれだけ購入されるかは、それぞれの消費者や企業が決定し、市場（market）で自由に取引・売買することによって決まる。古典的なアダム・スミスの「市場原理」モデルによれば、企業等は自分の利益を追求しても、市場での競争では良い商品を適正価格で売る企業が勝つので、結果的に社会全体の利益が増進される。

　これに対して、**政治**による決定は、違っている。政府がどのように税金を集め、どのように予算を作り社会に還元するか、あるいは、犯罪に対する刑罰、都市計画のルールなどを考えてみてほしい。これらは、個人が自由に決定できることではなく、人々の意見を参照しながら政府（国や地方自治体）が決めることになっている。つまり、社会全体に適用される決定・政策が政治の特徴の１つだ。

　決定に手間がかかり、統一的で、しばしば強制力を持つ政治に比べて、**文化**や経済は、私たち１人１人の自由な選択を許すように見える。しかし、文化は国と時代によって、拡散しすぎたり、固定的または画一化しすぎたりする傾向をもつ。自由な経済活動は、メリットともにデメリット（市場の失敗）【→１章】も大きく、それを修正する役割が政治（政府）や文化に期待される。

3．政治、政治学は何に役立つか

　政治は、私たちと直接関係ないように見えるかもしれない。でも、少し考えると、国や地方自治体の活動は、大きな問題（外交・防衛、産業、言論の自由など）から、身近な暮らし（福祉、教育、公共事業、税制、環境、労働条件など）にまで、影響している。民主主義や公共の問題に関心がない人も、政治が専制化し自由が統制され、政策が劣化すれば、自分の生活にマイナスが及ぶ。

　ただし、政治の世界はみんなで進める「集合的行為」なので、1人1人の活動が結果に影響を与えることは少ない。これに対して、法学、医学、芸術などは、その知識・能力が自分（たち）に直接利益を与えてくれる。

　けれども、多くの人の意思（投票、デモ、署名活動等の要望・陳情、立候補など）が集まったとき、政策や政治の変化が起こってきた。日本では80年前、言論の自由はなく誰もが戦争に動員され、50年前、空気や川は汚濁して住宅は不足し、20年前には、高速道路も老人ホームもまだ少なかったのだから。

　そこで、政治学を学ぶメリット[3]としては、新聞やテレビのニュースが理解しやすくなり、社会常識も身に付く。また、政治は誰でも議論してよい世界なので、「俗説」が発達する。たとえば、「日本のおもな政党のあいだに大した違いはない」、「良い政党や候補がなければ棄権も1つの意思表示だ」、「首相公選による強いリーダーで政治は良くなる」、「国民を代表する国会が可決すれば、どんな法律でも合法的だ」、「政権を批判ばかりする野党、政権を取れない野党は、存在価値がない」、「国会議員と公務員の削減は、国民の利益になる」、「軍事力を強化すれば、戦争を抑止できる」、「軍事力を持たなければ、戦争や紛争は起こらない」などの単純な主張に、政治学を学べば、賢くクールに対応できる。・・・ここで、以上の「俗説」の間違いを探し議論してみてはどうだろう。

　つぎに、学び方については、まず現実や現場を観察・経験し、無責任な意見も多いインターネットだけではなく、新聞や雑誌を読むことが出発点だ。事実の原因と結果（因果関係）を考えること、理論モデル（その難解さと有用性はたぶん比例しない）も適宜参考にすること、がポイントだ。また、政治の世界では、異なる意見や利害が対立し、対立があるのに表面化しないとかえって不健全ともいえる。複数の意見とその根拠・データを知ったうえで、自分で考え、とき

に提案する習慣を育てることは、投票、立候補、市民活動のためだけでなく、企業や行政の仕事でも役立つにちがいない（参考、加茂・大西・石田・伊藤 2012：2-11；村上 2016：132-134）。

2．権力、影響力、権威

1．権力または影響力

　権力または影響力の定義の一例は、「他の者に反対されても目標を達成する、個人または制度の能力」（Athabasca University 2016）といったものだ。言い換えれば、他者を、何らかの方法で、自己の意思に従わせる作用のことを言う（詳細、伊藤・田中・真渕 2000：1章4；佐々木 2012：1部3章；川崎・杉田編 2012：2章1）。

　ここで、これまでの経験を振り返って、誰かをコントロールし（従わせ）ようとした、あるいは誰かにコントロールされた具体例を考えてほしい。そこで、どんな方法・戦略が採用されたか、結果はどうなったか。

　相手が従うことと引き換えに、さまざまな利益を提供したかもしれない。制裁の示唆、激しい言葉、実力行使またはその脅しによって、相手を動かしたかもしれない。その場合に、権力または影響力が行使されたと言ってよい。

　もちろん、私たちは、他者と友人として協力したり、交渉し合意することもできるだろう。それは重要でかつ楽しいことだが、しかし典型的な権力行使ではない。逆に言うと、全てが合意によって解決できないからこそ、政治においては権力が不可欠になってくる。ちなみに、「真・善・美」などの価値を好む人とともに、権力、支配、「ケンカに勝つ」こと自体を喜びとする（参考、大渕 2011）政治家も少なくない。

2．誰が、なぜ影響力を持つのか

　「権力」と「影響力」という言葉はともに、他者を自分の意図どおり動かす力という意味だが、ニュアンスがやや違う。権力（power）の方は、Aが大きな権力を持ち、Bは少しだけ持ち、Cは権力がないといった、それぞれの人に

備わった力をイメージさせる。影響力（influence）の方は、やや相対的で、相互の関係に注目する。Aはある方法でBへの影響力を持つけれども、Bも他の方法でAに影響力を行使できるといったイメージだ。また強いAも、Cに対しては、あるいは問題Xに関しては、影響力が小さいということもある（参考、ダール 2012：4章；大嶽・鴨・曽根 1996：51）。ちなみに、マンガの「ドラえもん」や「ポケモン」が楽しいのは、各登場者が、異なる種類の影響力を、（一定のルールの枠内で）互いに行使し合うからだろう。

　たとえば、与党は国会での多数議席による立法や、巨大な行政府（官僚制）の長である首相・大臣をつうじて幅広い影響力を持つ。野党も一定の議席数があれば、議会やメディアで批判・議論・提案し、各種団体や市民と協力することによって、それなりの影響力を持つ[4]【→2章、8章】。

　影響力を生み出すのは、さまざまな資源、および戦術（資源の使い方）であり、**資源**には、集団の規模・メンバーの数、選挙や任命によって得られた公的な地位や権限、人間関係や組織、特別な情報や技術、財源（お金。場合によっては違法）、物理的な力（実力行使。しばしば違法）などがある。

　このうち最後の、強制力や暴力とその脅しは、他者をコントロールする原始的な方法だ。今でも、法律にもとづくようになったとはいえ、逮捕、刑罰、強制執行などのかたちで、最後は**強制力**（実力行使）が政府の命令を支えている。しかし、強制や監視だけではコストがかかり、かつ対象者の自発性どころか反発を生み出すので、効果と効率が低いし、ときには人権を侵害する。

　（とはいえ、民主主義の衰弱を早期に止めなければ、国家や政権は、人権の弾圧、マスコミの統制、（特別）警察による恐怖政治、さらに軍事侵攻まで行いがちで、それによる権力構造はかなり強固になる。【→6章】）

3．権威のいくつかの源泉

　そこで、政府や政治家は、実力行使を含む権力だけでなく、権威を持とうとする。**権威**（authority）とは、他者に、たとえ疑問があっても従うべきだと考えさせる作用を言う。20世紀初めの社会学者マックス・ウェーバー（ヴェーバーとも表記）は、服従する側に命令が正しいと考えさせる「**支配の正統性**」の、

３つのタイプ（類型）を示した。①伝統は、長期間守られ機能してきたので、説得力がある。②カリスマは、普通の人にはできない超越的な能力を持つゆえに、権威がある。そして、③合法性は、政府等の活動が法律にもとづいているゆえの、権威を指す（ヴェーバー　1980：11-12；川崎・杉田編　2012：2章1）。

　個人主義と合理主義が広がった現代社会では、昔からの伝統、超越者の「お言葉」というだけでは、一部の人にしか説得力がない。他方で、私達はたとえ内容に不満があっても、法律が定める規制、命令、強制（例、納税、交通ルールなど）ならば従うことが多い。違反すれば制裁を受けるから、という理由もあるだろう。しかしもう1つの理由は、それらが③の合法性という権威を持ち、従うべきだと内面的に感じさせるからだと、説明することができる。

　さらに、最近の日本政治では、選挙での（得票率ではなく議席数における）大勝や世論調査の高い**支持率**が、その政党や政治家の権威や正当性を高めるようだ（同趣旨、日本経済新聞政治部編　2016：86-87）。逆に、支持率が下がると、それ故にさらに支持する人が減り、政党が選挙で負けると、政策の是非を抜きに酷評される。しかしながら、「多数の有権者が支持する首相・与党・知事等は、どんな決定をしても正しい」と考えるのは行き過ぎのような気もするが、この考えは民主主義のどんな理念に反しているのか、考えてみよう。[5]

　ある程度の権力や権威は、国と社会を統合するために、また政府が作動するために必要だが、強すぎると、自由と民主主義を窒息させる【図表5-3】。19世紀イギリスの政治家アクトンが述べた、

　「権力は腐敗しやすい。絶対権力は絶対に腐敗する。」

　(Power tends to corrupt, and absolute power corrupts absolutely.)

という格言が有名だ（大嶽・鴨・曽根　1996：44-45）。

3．国家の必要性とリスク

1．国家とは何か

　21世紀初めの地球上には、約200の国家がある。20世紀後半、アジア・アフ

リカ等での英、仏、米、日本、ポルトガルなどの植民地の独立、多民族を統合支配していたソ連（現在のロシアが中心）の崩壊などにより国の数が増え、今世紀になってからも東ティモール、南スーダンなどが新たに独立国となった。

国家の定義は、「領土を基礎とし国民によって組織される統治団体」（参考、高橋・伊藤・小早川・能見・山口編 2016：「国家」）といったものになる。統治団体とは、政治的な団体と言ってもよい。

この定義を解読すると、国家は、領土、国民[6]、主権（統治権）の３要素から成り立つ。ここで、第１と第２、つまり「ある地域に住む人々の集団」というだけなら、植民地でも当てはまる。国家と呼ばれるためには、第３の条件である「主権」、つまりその領土と国民に関する最高の決定権限が必要だ。最高というのは、その領土と国民に関する諸問題を最終的に決めるという意味であり、国家は憲法、通貨、公用語、軍事力などを持つ。ゆえに、ある国が専制政治や政策の失敗に陥っても、他の国は民主主義や別の政策を維持できるという、リスクの分散効果もある。ただし、グローバリゼーション【→Ⅰ部8.】が進むなか、国家は他の国、国際機関、多国籍企業、国際的な経済メカニズムなどから制約されている。

国家と民族の関係は微妙で、近代国家の多くはそれぞれ、フランス人、日本人などの民族を単位として形成され、国民国家と呼ばれるが、実際には複数民族であったり、少数民族を含む。そうしたなかで、ナショナリズム（民族主義）は国の独立や統合に役立つが、強すぎると２種類の弊害を生む【→5章】。

> ★映像鑑賞X 複数の公用語で歌われる国歌を聞く→ p.37

２．国家の機能と必要性

紙に、大きな円を書いて「社会（ある国の市民、企業など）」とし、その内側の上部に四角形を書いて「政府」とし、四角形と円の中央を２本の矢印で結ぶ。矢印A「政府は社会に対して何をするのか」、および矢印B「社会は政府に対して何をするのか」にどんな内容が当てはまるか、考えてみてほしい。

国の防衛、社会秩序の維持、徴税、（権力者の資源調達のためでもある）経済振

興は、古くから政府の仕事だった。さらに民主主義のもとでは、政府は人々の生活を保障・増進する役割を担う。つまり、国民の基本的人権—思想、言論、結社（団体結成）などについての自由権と、教育、福祉などの政府サービスを受ける社会権—を守り、社会全体の利益、つまり「公共性」を支え高めるために、活動することになっている。それでも日本をはじめ多くの先進国でさえ、所得格差や貧困の問題が深刻だ（OECD 2017）。

　20世紀後半には、増大する人口と経済活動から、地球環境や多様な動植物を守る課題にも、政府と民間が取り組まねばならなくなった（例、BBC NEWS JAPAN 2015）。

　そして、政府（中央政府、地方自治体）の決定を行い、その決定をメンバーに守らせる過程で、—メンバー全員の意見が自然に一致する例外的な場合を除いて—前に述べた、影響力または権力【→Ⅰ部2.】が必要になる。

3．20世紀の独裁政治の教訓

　国家が機能しているのは無政府状態よりはありがたいが、国家にはリスクもある。政治について述べた【→Ⅰ部1.】のと同じく、国家の機構は人々や社会のために活動することも、また一部の支配者や有力者（エリート）のために活動することもありうる（新川・大西・大矢根・田村 2017：32-35；Tansey/Jackson 2014：ch.6；同趣旨、川崎・杉田編 2012：2章1；川出・谷口編 2022：1章3；ダール 2012：7、8章）。

　政治史【→6章】で学べるように、1930年代にイタリア、ドイツ、日本などで台頭したファシズムは、暴力と強制、自民族の優越・正義の信念（強いナショナリズム）、国家と指導者の絶対化によって独裁を築いた（日本の場合には、陸軍・海軍が天皇制の権威を利用して専制支配したので、軍国主義とも呼ばれる）。この体制は堅固で、3つの国が第二次世界大戦を起こし敗北するまでは崩れなかった。

　他方、1917年の革命で、ロシアが社会主義化して「ソ連」になった。37年から日本が中国（のおもに国民党軍）を攻撃し、かつ第二次世界大戦で日本がなかなか降伏せず45年にソ連が満州・朝鮮半島北部を占領した影響で（村上 2021：注2）、第二次世界大戦後には中国、北朝鮮などで、社会主義勢力が政権を握

り、共産党などが、一党独裁型の政治を進めた。

4．国家の暴走を防ぐしくみ

つまり、財源、人員、強制力など国家の大きな資源は、（民主主義のもとで）公式には社会や人々のために用いられるが、それを政治・行政の担当者が自らの価値観、利益に沿って乱用することもある（クリック 2003：30、34-40）。傲慢や汚職だけではない。権力の座に就いた政治家や官僚が、強権的な人物であったり、言論の統制、教育内容の過度の統制を図る事例や、軍隊の暴走・クーデタ、警察の過剰な警備・捜査などが、起こってきたし、今でも起こりうる【→Ⅰ部1.】。

こうしたリスクを防ぐためには、①政治関係者や市民の自覚や努力とともに、②制度や理念が必要だ。政府や国家の権力を抑える代表的な制度や理念として、立憲主義、法の支配、権力分立、人権の観念【→Ⅰ部4.、1章】が挙げられる。それに比べると知られていないが、同じく不可欠なのが、③社会で複数の理念や勢力が対抗する、多党制【→2章】や自由（多元的）民主主義【→6章】だ。とくに日本人は、穏やかな文化など美徳も多いが、昭和期に軍国主義と侵略戦争に陥り自分では民主化も停戦もできなかったという「強い者に従順な」「同調性の高い」国民性（参考、古川 2016；加茂・大西・石田・伊藤 2012：158-159）を自覚して、今日の憲法や政治制度を、権利保障や政府権力の抑制をとくに重視して設計するのが賢明だろう。

4．立憲主義、政府機構

1．憲法と立憲主義

憲法は国の最高の規範（ルール）であり、政府機構とその権限、法律・条約・予算などの決定手続、国民の基本的人権（および納税などの義務）などを定める。

しかし、そもそもなぜ憲法が必要なのだろう。なぜ、民主主義、つまり法律を国民の代表である国会が作ったり、あるいは重要問題を国民投票で決めるようなしくみだけでは、不十分なのか。

　憲法は政治に安定性と予測可能性をもたらすが、もう1つの重要な理由がある。前に述べた国家の権力の乱用や暴走のリスクを、コントロール（制御）することだ。近代ヨーロッパで、憲法は、君主（国王）の絶対的権力を制限し、「立憲君主制」に変えるために導入された。現在の民主主義のもとでさえ、政府や政治家の権力の暴走・拡張が起こりうるので、それを防ぐために、憲法のつぎの原則が重視される（伊藤 2006：4-10）。

　①**立憲主義**——すべての政府活動、法律などは憲法の規定に適合していなければなければならない（辻村 2014；日本弁護士連合会 2023）。「この憲法は、国の最高法規であつて、その条規に反する法律、命令、詔勅及び国務に関するその他の行為の全部又は一部は、その効力を有しない。」（日本国憲法98条）

　②**硬性憲法**——憲法改正に国会での3分の2の賛成を必要とする（同憲法96条）など、法律の制定・改正（過半数でよい）よりも難しくする制度で、外国にも多い【→9章】。つまり、議会の過半数を占める与党はかなり自由に法律を作れるが、法律は憲法に反してはならず、憲法自体を変えるためには野党の協力か、議会のより多数の議席が必要になる（野党は、国会の3分の1の議席を確保すれば、与党の一方的な改憲を止められる）。

　③**基本的人権**——憲法で列挙して保障するとともに、必要最小限の制限を行う場合にその条件を規定しておく。

　さて、日本国憲法（1946年）に対しては、自民党の一部や右派から、日本を占領したアメリカがかなり主導した制定過程や、平和主義、人権保障などのリベラル（自由主義的）な条文への批判が行われてきた。自民党は2012年に、全面的な改憲草案をまとめ、維新の会もほぼ同じ見解だ。これに対して、現行憲法の人権保障や平和主義を重視する市民団体、立憲民主党、共産党などは、反対運動を展開し、**護憲派**と呼ばれる（樋口・小林 2016など）【→Ⅰ部10、9章】。

★**練習問題B　日本国憲法の基礎を復習しておこう→p.37**

2．立法、行政、司法

　憲法とともに、国家や政府の権力を制御するアイデアとして、18世紀フラン

スのモンテスキューが提唱したのが、**三権分立**だ。

これは、国家や政府の権力を分割し、相互にけん制させ、暴走を防ぐしくみだ。普通は、法律を制定する立法（議会）、制定された法律を実施する行政（内閣）、そして紛争に法律を適用し判断を下す司法（裁判所）の３つの機関に分ける【→１章】。中学・高校で学ぶ基礎知識なので、衆議院ホームページ「三権分立」などで、確認しておきたい。

選択肢が大きく分かれるのが、立法府と行政府の関係、言い換えれば、行政府を統括する政治リーダーをどう選ぶかだ。日本など**議院内閣制**の国では、政治リーダーである首相は国会が選ぶ。これに対して、アメリカなど**大統領制**を採る国では、大統領は国民が選挙で直接選ぶ。２つの制度を比較すると、大統領制の方が一見、民主的に見えるが、実際には人気投票、大統領権限の乱用になったり、議会と対立し政治が停滞しうるなどのデメリットもある【→９章】。

国会の構成としては、中規模国では**二院制**が主流であり、そのメリット、およびデメリットである、日本なら衆議院・参議院で議決が違った場合の対策としての、「衆議院の優越」の憲法条項を知っておきたい【→１章】。

★練習問題C　衆議院HP（ウェブサイト）を訪ねてみる→ p.38

３．選挙制度

それと並んで重要なのが、国会議員の**選挙制度**の選択（小選挙区制、比例代表制、両者の並立制など）で、政党や政治のあり方、大政党以外の意見の尊重のレベル、議員の属性（どんな人が議員になりやすい）かなどに違いをもたらす【→２、８章】。

★練習問題D　小選挙区制と比例代表制の比較シミュレーション→ p.38

４．地方自治

さらに、１つの国のなかに**地方自治体**（日本の都道府県、市町村など地域単位の政府）が置かれる。ドイツ、アメリカなどの連邦制は、権限の強い州を置く

【→4章】。このような地方分権には、どのようなメリットがあるだろうか。

　自治体は、人々に身近な「政府」として住民参加や政策活動を進める。国の重要政策、たとえば少子化対策、産業や観光の振興などは、全国で地方自治体が工夫・競争して取り組めば、より成果が上がる。逆に、2011年の福島原発事故の前に、巨大津波が予想される太平洋岸（三重、和歌山、高知）で原発計画を止めたのは、国ではなく、住民と地方自治体だった。

　日本では近年、自治体の権限を拡大する地方分権が進むが、財政状態は東京などを除いて赤字傾向にある。また、自治体を強く効率的にするために統合する「改革」として、**道州制と大阪都構想**【→7章】が主張されてきた。しかし、前者は府県を廃止して10程度の州に集権化し、後者は大阪市を廃止しその重要権限・税源等を大阪府に集権化する提案なので、「改革」への賛成論と、府県や大阪市の役割を重視する反対論が対立してきた。

　もちろん、中央政府も、防衛、外交、経済などを担当し、さらに福祉、教育、公共施設などの基礎水準を全国で保障し、経済的に弱い地域を助けるなど、国民生活に重要な役割を果たす。

5．政治参加、政党、有権者、ポピュリズム

1．政治参加にはどんな条件が必要か

　政治的な活動が好きな人、それを市民の責任だと考える人、関わりたくない人がいるだろう。権威主義的な政治のもとでは、国家やそのシンボル（国旗、国歌など）を支持するような参加が強制され（動員）、自由な政治参加は抑圧される。民主主義のもとで、参加（たとえば選挙で投票）することの費用（コスト）と便益（利益）にはどのようなものがあり、どちらが大きいだろうか。[7]

　そして、政治参加の便益（とその主観的認識）を高めコストを低くする条件は、何だろうか。たとえば、①参加のための幅広い方法・制度【→2、4章】が存在すること。②人々が参加するための知識、経験、動機などを持っていること（新聞・テレビ、政治学教育、日常会話などにも由来する）。③個人の力には限りがあるので、**市民団体やNPO**（Non-Profit Organization：非営利団体）を作って活動

し、情報発信を工夫すること。④さらに、考えの近い既存の政党と協力しやすいこと、などが挙げられる。

２．政党、政党システム、利益団体

　政治参加のための団体・組織として、代表的なものが２種類ある。**政党【→2章】**は、同じ政治的考えの人が集まり、選挙で候補者を立てて公職の獲得を目指す。**利益団体【→2章】**は、経営者、労働者（従業員）、農業従事者、専門家などがそれぞれ結成し、自ら活動するとともに、国や自治体に働きかける。広義の利益団体に含むが、さまざまな目的を掲げる市民が団体を作り、市民活動や社会運動を行うことも多い。

　政党システム（政党制）とは、（複数の）政党の組み合わせパターンを指す。先進国で２大政党制や穏健な多党制が多いのに対して、日本政治は保守系の自民党が、リベラル系の民主党・立憲民主党などよりも強い**1党優位制**の傾向を持つ（参考、上神・三浦編 2023：1章、82-84）。その功罪と、原因の説明は、政治学の重要なテーマだ【→2章、8章】。

　おもな説明を、先に紹介しておこう。①日本では有権者の政治的価値観が、中道、保守、リベラルの順に多い。②自民党は長期与党なので利益配分ができる。③自民党の政策や組織作りが、民主党などよりも巧みだ。④リベラル政党は、自民批判票を集めて対抗していたが、それを2010年代以降、維新の会などの保守新党がかなり吸収している。

　さらに、有権者やマスコミが政党を見るとき、「強さ」など分かりやすい基準・問題に目を奪われ、他の重要な問題を考慮しない傾向もある（図表Ａ）。政党や政策を、獲得議席数や支持率だけを根拠に評価するのは、思考と自律性の欠如だ。

３．人々の政治意識と棄権

　日本での選挙の**投票率**は国際比較をしても下がっているが、原因をどう考えるべきだろうか。政治学での説明には各種あるが（上神・三浦編 2023：33-37）、２つの側面に絞ると、第1は、政党や政治家が有権者の期待に応えない、政党

の違いが見えない等の理由で、「参加・投票すれば効果がある」という政治的有効性感覚が低い、というものだ。第2の解釈は、有権者の側の政治的無関心である（つまり他国の市民の方が、賢い）。相当数の有権者は政治について教育、新聞、日常会話から情報を得ないで、政党や政策について知らず、公共的問題や他の人々の苦境に無関心で、さらには自分の生活が政治から影響を受けるとも認識しないことがある。ブームを起こした政治家には投票するが、「合理的な」または「相対的にましな」選択肢に投票することも重要だ、と考える賢さを持たない【→2章】。

　なお、国や民族ごとの、政治、政策、政治参加などについての態度や価値観が、**政治文化**と呼ばれ研究されてきた。古典的なアーモンドとヴァーバの研究は、政治文化を「参加型」「臣民型」「未分化型」に分類し、参加志向に政治への支持・敬意が混じったタイプが、民主主義に適合的だとした（加茂・大西・石田・伊藤 2012：7章）。

★練習問題Ｅ　投票率低下および棄権の諸原因と対策を考える→ p.38

４．市民と大衆社会

　ファシズムという大災厄のあと盛んになった、市民と大衆社会という対比モデルは、人々の自律性と知性に注目する。大衆は、受動的で、自分で考えない人々を指す。市民とは、自律的で、合理的に、公共的な問題を考え活動するような人々を指し【→2章】（参考、友枝・浜・山田編 2017：120-123；村上 2015）、「他者への配慮（友愛・博愛）」も、必要条件かもしれない（参考、在日フランス大使館 2024）。

　試みに作ってみた図表Ａからも、人々が政治を考え評価する場合の、さまざまな基準やパターン（理性的／感情的、自律的／依存的、公共的配慮／私的利益優先など）が推測できる。

　「市民」は好ましい理想だとしても、現実には（日本では？）、まず自分や仲間のために競争に勝つことが賞賛されるようだ。教育を十分受けていない人、貧しくまた忙しすぎて余裕のない人、娯楽やインターネット情報のうち単純な

図表A　政治を見る視点——政党を比較し評価する基準を例に

政党の特徴と違いを 考えるための基準	分かりやすさ	政治における重要性・効果・問題点
選挙で強いか弱いか、伸びているか、団結しているか ＊議席数と得票率ではズレも	■■	政治的影響力の大小が予想できる。強い者を支持し従う「同調性」は、権力の集中を招く。
与党か、野党か	■■	政治的影響力の大小、政党の立場の違いが分かる。
保守か、リベラルか （左右軸における政治的立場）	＋【a】	政治の理念や、民主主義のバランスを考えるうえで重要。
改革指向か、現状の修正・維持か 　改革が目指す方向	＋＋ ＋【a】	重要だが、「改革」が目指す方向や、「改悪」でないか考えたい。
重要政策の効果・費用・リスク	＋	重要だが、良い情報が必要。
自分の利益になるか、否か 　政治家との人間関係	＋＋ ■■	この基準だけで判断すると、公共的な問題を無視するおそれも。
政党リーダーの資質・イメージ	■■	「虚像」の部分もありうる。
議員や候補者の資質・問題事件	＋	
宣伝にウソや誇張が少ないか、多いか	＋【a】	ウソや誇張で感情に訴える政治は、ポピュリズム（扇動政治）。
その他（　　？　　）		

注：日常的な観察や情報をもとに筆者が作成。マスコミ報道、世論調査などのデータを用いて、実証研究もできる。■■は分かりやすい、＋＋はやや分かりやすい、＋は勉強が必要。
【a】他国では、教育や批判力のある言論によって、＋＋になることもある。

ものに熱中する人は、社会や政治について知り考えることが難しいだろう。そして、日本社会では、所得格差が高く1980年代中盤から拡大し（OECD 2017）、政治に関する教育は不足し【→2章】、新聞の購読率は減っている。

5．ポピュリズム（扇動政治）

　ポピュリズム（populism、**扇動政治**または人民主義）とは、政治リーダーや政党が人々に強烈にアピールし支持を集める政治スタイルだが、単に「人気政治家」ではない。人気を得るための戦術が独特で、人々の「敵」を攻撃したり、利益や夢をバラまいて感情に訴える。攻撃性と単純化・非合理主義（反知性主義）が特徴で、前述の「市民」なら疑うが、「大衆」型の有権者は拍手を送るだろう。考えずに拍手を送る側の意識に問題があると見れば**衆愚政治**だが、そうした心

理を巧みに操作・利用して権力を握る政治家を、ポピュリストと呼ぶことが多い【→7章】。こうした扇動政治家は、デマゴーグとも呼ばれてきた。

　なお、扇動を含む政治的宣伝は20世紀に重要性を増し、ヒトラー率いるナチス政権は「政治宣伝大臣」（Propagandaminister）を設置したほどだ。

6．民主主義、保守とリベラル

1．政治体制の古典的な分類

　政治体制（political regime）とは、政治権力の所在・配分などの構造を言う。何と古代ギリシャからこの研究が存在し、アリストテレスによるシンプルかつ意味深い6分類は、権力が1人によって独占される**君主制**（monarchy）、権力が社会の有力な複数メンバーに共有される**貴族制**（aristocracy）、権力がすべての人々に属する**民主制**（democracy）を基本とした。ただし、当時は、民主主義は必ずしもすぐれた体制ではなく、しばしば人々の不合理な感情に引きずられる政治の劣化形態だとみなされていた。

2．民主主義の宣言、拡大、崩壊事例

　欧米の近現代史（キーン 2022など）【→6章】をたどると、絶対王政を倒した18世紀末のフランス革命等で、民主主義の諸原理が宣言された。19世紀には資本主義の発達で階級対立が激化し、経営者（資本家）の経済的な優位に対して、労働者の側は、労働組合を作り、政府に普通選挙制の導入を求める運動を行い、いわば民主主義をつうじて貧困や労働条件等を改善しようとした。

　ところが20世紀前半、民主主義の崩壊と独裁体制への移行が、いくつかの主要国で発生する。しかも、左派の社会主義（中国、かつてのソ連など）は労働者階級による支配、右派のファシズム（イタリア、ドイツ、日本など）は当該民族の勢力拡大という、一見「民主主義」的なスローガンのもとに、対抗勢力を排除したのだった。この左と右の2つの専制を合せて、**全体主義**（クリック 2003：77-80；矢野 2014：103-116）と呼ぶこともある。

★練習問題F　日本の民主主義の歴史についての教養を確認する→ p.39

３．民主主義の多面的な定義へ

　人々の意思が独裁を招いたのなら、民主主義には危険な面もある。ただし他の政治体制と比べれば、独裁化や戦争のリスクが小さいだろう【→６章注７】。

　政治学では、この衝撃的な事件すなわち「**多数の暴政**」(tyranny of the majority) を教訓に、民主主義の解釈を、多面的なものに変えてきた。日本の高校までの教育では民主主義を、「国民主権」「多数決」「みんなで決める」と教えることが多いが、それだけでよいのか、という問題である[8]。国際的には、つぎに述べる「多元主義」(pluralism) つまり複数の社会・政治集団の対抗と競争という要素・条件が必要だ、とする民主主義観が主流になっている【→６章】(宇野 2020：189-204；川出・谷口編2022：３章；村上 2020)。

　なお、人々が特定問題を直接に決める方式を**直接民主主義**と呼ぶ。これに対して、議会など、選挙で選んだ（おそらく優秀な？）代表者に決定を委ねる方法を、**間接（代議制）民主主義**と呼ぶ。議会に任せてしまわない主権者（市民）の参加はたいせつだが、直接民主主義だけでは、冷静に判断できるか、交渉や調整ができるか不安が残る。ただし、重大な決定（例、憲法改正、市町村合併、原発の建設など）については、議会の決定に加えて、国民（住民）投票をすることもある。

★練習問題G　民主主義の定義を、ちょっと深く考えてみる→ p.39

４．多元性のための対抗軸──政治の「右と左」、保守とリベラル

　現代の民主主義は、複数の集団・意見・立場が競争し議論する多元性・多元主義を前提にしている。むしろその方がバランスが取れて、安全だと考える。もしも政治や社会の多元性が弱ければ、たとえ国民主権や普通選挙の制度があっても、「選挙を通じた専制政治」になりがちだ（キーン 2022：180-189）。

　余談だが、20世紀中頃までの日本では、家の中でネズミが暴れ、家屋の構造

を工夫しても防ぎにくかったが、ネコを飼うとネズミがいなくなった。しかしノラ猫は、ワイルドなのに抑止効果がなかったと言う（寺田 1921）。

　多元性は、複数の民族ないしは宗教の併存や、有力政治家（政治エリート）の競争などからも生まれる。近現代の政治で重要なのは、右派と左派の対抗軸で、19世紀ヨーロッパの王党派・革命派、あるいは経営者・労働者の対立が起源だが、今日ではもっと複合的なものとして定義される。

　1980年代頃まで、日本政治では自民党などの保守（中道右派）と社会党、共産党などの革新（中道左派）とが対抗していたが、保守側も福祉や環境保全を改善し、経済成長によって「中間層」が形成され、海外で社会主義国が急減して、右と左のイデオロギー（政治的信念）としての対立は弱まった。しかし政治的な論争や選択肢がなくなっては困るし、政党が有権者にアピールするためには、（現実的な政策とともに）明快な理念や他の政党への違いつまり「対抗軸」を示す必要がある。野党がしっかりしないと、政権にある与党は暴走・堕落するかもしれない。

　21世紀初頭の日本では、アメリカと同じく、「**保守**」の対抗理念として「**リベラル**」[9]（寛容な自由主義）が用いられる（図表B）。リベラルは、保守と比べて、人々の自由を政府の介入・規制から守り、しかし人々の生活条件（自由の条件）を保障するため政府に再配分や経済的自由競争の統御を求める【→5章】（村上 2021）。個別の争点についての検討とともに、こうした座標軸を用いると、政治の動きが理解しやすくなる。また、「大胆な改革」をアピールする政治家に対して、「どちらの方向に変えるの？」「そのメリット、デメリットは？」と問いかける賢さが、生まれてくるだろう。

　保守とリベラルと、どちらが正しいかという議論は、各人の価値観や経済的地位にも左右される。まず、それぞれの立場の、長所と短所を考えてみよう。[10]もし、いずれにも長所と短所があるなら、両者のバランスと議論が民主主義にとって望ましいことになる【→8章】。

5．21世紀に民主主義が失われる2つ（または4つ）の経路
　先進国は、自由な（多元主義的な）民主主義がほぼ維持されている（石

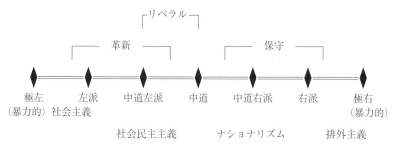

図表 B　政治的価値観（立場・理念）—右と左、保守とリベラル

注：国際比較は図表 8 - 3。政治的価値観（保守・リベラルなど）の区別には、経済的、文化的という 2 種
　　類の対抗軸があるというモデルに従えば、2 次元グラフ（図表 5 - 1）に展開できる。さらに常識的で説明
　　責任を果たすか、攻撃と単純化のポピュリズムか、という違いを追加すれば 3 次元のグラフになる。

附 2022）。とはいえ、経済・社会の問題が深刻になると、人々の不満は、既存
の政党や民主主義に向けられる。

　前述のポピュリズムは、新たな提案で民主主義に貢献するかもしれないが、
「人々の敵」を攻撃し自己の主張を絶対化して支持を集めているうちに、権威
主義や専制政治に進む危険がある。ヨーロッパ・ポピュリズム研究センター
（European Center for Populism Studies 2023）などは、そうした「**権威主義ポピュ
リズム**（authoritarian populism）」への警戒を訴えている。

　21 世紀になって、**民主主義が衰退・崩壊**した国は少なくない（参考、川出・
谷口編 2022：2 章 1）。1991 年に社会主義が崩壊して民主化したロシアは、選挙
に強い大統領が野党・批判勢力を弾圧し、再び専制化した。中国の共産党政府
は、政府批判や香港の民主主義への統制を強化した。アフガニスタンやミャン
マーでは、軍事組織が選挙で選ばれた政府を倒した。

　専制国家による侵略や社会主義は別として、民主主義が失われる代表的な 2
つの経路のうち、軍事クーデタに対しては、軍への文民統制（**シビリアン・コン
トロール**）という防止策がある程度役立つ。しかし、権威主義ポピュリズムと
いう経路は、人気のある政治家や政党が選挙で勝ち続け、選挙制度や人権条項
を「改革」して対抗勢力を抑圧・排除する巧みな戦術で、民主主義を利用しつ
つ、民主主義を破壊していく（フランツ 2021：6 章）。権威主義・全体主義的な

政権はなぜか極端な思考をしがちで、かつ誰もそれを止められない。これに気づき防ぐのは、既存の政党、有権者、マスコミ、政治学者などの見識だろう。また、民主主義の崩壊を、「民主主義への人々の不満が原因」と解釈するのは誤りのようだ。

7．公共性、政治的リーダーシップ

1．公共性とは国家の利益か、社会の利益か

　公共空間、公共ルール、公共交通、公共事業、公共の利益など、**公共性**または「公共的な」(public) という言葉はよく使われる。その意味は政治哲学によれば複雑だが（例、川崎・杉田編 2012：9章）、大きく3種類に分けて理解することもできる（村上 2008：村上・佐藤編 2016：18-21）。

　第1は、国家や政府に関連することがら。伝統的な定義で、「国益」や「国家の威信・名誉」を含むが、具体的な内容を考えてみたい。近年は、政府が「国のために」行う戦争やムダな「公共」事業に対して、実は国民や社会の利益に反するという批判も起こり、国家による公共性の独占は終わったと言われる。

　第2の公共性の定義は、社会のメンバーの利益の総和・合計といった意味だ。さらに2つに分類すると、すべてまたは大多数の社会メンバーに開かれた共通の利益や価値は、公共性を持つ。たとえば、一定のGDP水準、良い環境、社会の安全、有用な公共施設などだ。言論の自由や民主主義も、公共性に近い。これに対して、たとえ社会の利害が多様で対立していても、私たちは公共性を語ることができる。つまり、あるルールや政策が、異なる利益を調整し、すべて（大部分）のメンバーに今よりも良い状態を実現できれば、それは公共的である（例、歩道と車道の分離、最低賃金、労働時間の規制）。

　ここで第2の定義に従えば、現実は複雑だ。電気エネルギーの安定供給は、社会の共通利益である。しかし、原子力発電の是非や、代替案としての太陽光や風力（再生可能エネルギー）を考えるときに、政府や私達は、消費する大都市、立地自治体の住民、原発に関連する地元企業、リスクだけ被る隣接自治体、既存原発を利用したい電力会社、2011年の支援法制定のあとビジネスとして伸び

ている再生可能エネルギー業界などにとって、それぞれ発生する利益・不利益を計算し、不当な利益要求を除外し、深刻な不利益に配慮し、社会全体にとって最適の政策決定を行いたい。

　経済成長は、多くの人が嬉しいが、それを進める政策のレベルでは、利害対立も発生する。1990年以降の自民党政権による政策として、①法人税・所得税減税、公共事業（財政赤字、効果は限定的）、②規制緩和によるビジネスチャンスの拡大（格安高速バスの事故なども）、③非正規・派遣労働の規制緩和つまり拡大による人件費引き下げ（貧困・格差、少子化の一因）、④安倍政権の「アベノミクス」つまり日銀の国債大量買い入れによる円安・株高の誘導がある。以上は、「経済成長してから配分に回す」という考え方だ。リベラル派の対案には、⑤派遣・非正規労働の賃金引上げと一部の正社員化（企業経営にはマイナスも）、および、⑥福祉・教育サービスの充実（財政負担・増税も）による需要拡大や出生率回復があるだろう。こちらは、「配分によって経済成長を促す」考え方だ。

★練習問題H　現代日本の重要な政策争点を考える→p.40

2．政治的統合とリーダーシップ

　公共性の実現は、簡単ではない。公共施設も民主主義も、すべての人に提供されるだけに、かえって各人が支える意思が弱まる。市民や企業の努力とともに、政府による「統治」、つまり社会に対する統合・調整のプロセスが必要になる。たとえば、快適で、機能的な都市を築くために、地方自治体は、住宅、商業、工業地域を分離し、利己的な土地利用を抑えるような都市計画を作り、公共用地を確保する。各種政策の改善や、財政の健全化（歳出抑制、増税）などでも、しばしばリーダーシップ、つまり進むべき方向を示し、関係者を調整し動かす力が必要になる。

　しかも、とくに第2のタイプの公共性、つまり社会の多様なメンバーにとっての「最適解」はしばしば見つけにくい。はたして民主主義はリーダーシップを強めるか、弱めるのか。[11]強力なリーダーが、特定の価値（や有力団体の利益）のために反対を押し切ることも有益だが、議論や政権交替によって、「特定の

価値」を1つずつ拡大または縮小していくことも、公共性につながる。

　政治行政の実際については、いくつかの**政策決定過程**のモデルが、考えるヒントをくれる。首相や官房長官を先頭に進める官邸主導や、選挙での政権交代が、大規模な政策転換をもたらしうる。ただし、日常生活でも経験することだが、大胆で大きな変化が、必ず合理的でよい結果を生むとは限らないので、要注意だ【図表1-3】。各大臣の（熟慮した）提案や、いわゆる政策ネットワーク（政策分野ごとの議員、官僚、利益団体、専門家の協力）、社会運動、議員立法などによる政策決定も、各分野での改善に役立ってきた。

8．国際関係、国際政治

1．多面的な国際関係

　国際政治では、ここまで扱った国内政治に似て、資源の配分をめぐって参加者が影響力を行使しあう。では、国内の政治とどこが違うのか。それは、最終的な決定をくだし強制力を行使する単一の主体が存在しないことだ。国際連合、ユネスコ、ILO、WHO、IMF、国際司法裁判所などの**国際機関**は、重要な政策や調整を行なうが、決定にふつう加盟国の合意を要し、しばしば強制力を欠いて各国の自発的協力に依存する。条約も、複数の国の合意で締結される。

　そうした枠組みのなかで、複数の国のあいだでは協力が生まれるのか、あるいは解決できない紛争に陥るのか（参考、中西・石田・田所 2013：3章3）。

　たしかに領土、覇権、国や民族の威信・プライドなどの「**国益**」をめぐる争いは**ゼロサム（ゼロ和）ゲーム**（利益の総和が一定で、一方が得をすれば、他方が損をする）で妥協しにくい。しかし、戦争を避け、平和や経済交流を守り軍事費を抑えることは、各国の（戦争で儲けまたは満足する人以外の）利益を増やす**プラスサムゲーム**（どちらも得をする）になる。

　さらに、経済的な関係を見ると、製造業、資源開発などはしばしば競合し、自由貿易か国内産業保護かという古くからの論争もある。しかし、国際分業、貿易、観光の振興など協力すれば互いに得をする場合も多い。

文化的な関係（例、留学やホームステイ等を通じた異文化体験、自治体の姉妹都市提携、外国の言語・文化の経験、海外の友人・知人）も相互に利益になり、国家・民族間の理解が進んで、多くの人々は他民族の排斥に同調しにくくなった。ただし、日本には、国防や愛国心を絶対化する強い**ナショナリズム**も存在し、平和主義、リベラル派、中国、韓国などを単純に「反日」だとして攻撃・全否定することがある【→5章】。世界のいくつかの地域では、**宗教原理主義**にも関連する排他的な「過激主義」が猛威を振るっている。

２．国際政治史から学ぶ

　歴史を学ぶと、おもしろいだけでなく、過去の失敗と成功から学び、国や民族の行動の背景を知ることができる。近現代史の入門書（マクニール 2008など）で読んでほしいが、今でも新聞やテレビで取り上げられる知識として、明治維新と西洋文明の輸入による近代化の成功、ドイツのファシズムの遠因となった過酷なベルサイユ条約や世界恐慌、ミュンヘン会談でヒトラーによるチェコスロバキア併合を認め戦争を回避しようとした英・仏の宥和政策の是非、第二次世界大戦などでの日本軍の非人道的な作戦（特攻・玉砕など）、無差別空爆（アメリカの原爆投下を含む）や日本、ドイツ、ソ連などによる残虐行為（例、ビーヴァー 2015）、大戦後のヨーロッパでの協力とEUの構築、アメリカとソ連が厳しく対立した冷戦（1947年頃～89年）、そのなかでのキューバ危機（1962年）における戦争回避と緊張緩和などがある。

　もし私たち国民や政治家が、日本の昭和前半期を含む侵略戦争や独裁の歴史【→5章】を学ばないならば、今日、政府の権力・軍事力の強化を警戒し、それを憲法で統制しておく思考は弱まるだろう。

３．国際政治の複数のモデル

　国際政治の見方は、大きく二分される（小笠原・栗栖・広瀬・宮坂・森川編 2017：「国際関係」；中西・石田・田所 2013：1章；ナイ／ウェルチ 2017：2-3章）。

　まずリアリズムの立場は、国家が国益を追求し他国を疑いつつ争うような世界を、直視しようとする。**勢力均衡**（balance of power）の理論は、各国の力の

バランスから平和が生まれると考える。また、**抑止理論**は、国家が十分な軍事力を備え、相手国に、攻撃した場合の代償（反撃）を認識させることで、攻撃を抑制できるとする【→ I 部 9.】。このうち、核兵器による「核抑止」は、超大国が大量の核兵器を備えて相手の先制攻撃に十分反撃できる「相互確証破壊」、指導者間の信頼醸成、広島・長崎等の被害の知識などの条件が存在するかぎりで、第三次世界大戦を防いできたとも言われる。しかし、核兵器の量的・技術的な競争や、保有の拡散が続き、また万一、使用された場合の被害は甚大だ。

　これに対して**リベラリズム**——ときに理想主義とも呼ばれる——の立場は、平和、社会的な安定、人々の福祉といった理想を掲げ、しかも、理想を実現しうる現実の基盤が形成されてきたと主張する。たとえば、**相互依存**（interdependence）の理論は、経済、環境、平和構築などの面で、国々が依存し合っている構造に注目する。こうした構造は、国や企業、市民に対立よりも協力を選ばせるという論理だ。

　2 つの理論モデルはもっと複雑に議論されるが、具体例を当てはめて考えるとよいだろう。

4．グローバリゼーション

　グローバリゼーション（または**グローバル化**）とは、経済、社会、文化などの分野における、地球（globe）規模での、国境を越えた高度な浸透や結びつきを指す。その背景には、技術の進歩（例、テレビ、航空輸送、インターネット）、企業活動の展開や競争（例、多国籍企業、貿易の拡大、海外生産、Sushi〔寿司〕、マクドナルド）、研究や言語習得のための留学、あるいは経済格差のなかでの豊かな国への移民や、戦争・紛争による難民などがある。

　グローバリゼーションは、どんなプラスとマイナスを伴うだろうか。ある地域は、世界を相手に、良質または安価な製品を売ったり、観光客を集めることができる。別の地域は、国際競争に敗れて衰退するかもしれない。優れた音楽や映画、民主主義や人権の理念、科学技術、原発事故の情報が、他方では恐ろしい小型武器や伝染病が、世界中に容易に広がっていく。政府による国境での

管理には限りがあり、国際協力も進めて、マイナス面への対策を進めている。

9．戦争と平和

1．戦争の原因

　戦争（ナイ／ウェルチ 2017）は人々を殺し傷つけ、国土や経済を破壊する。たしかに、少なからぬ人間や動物が、本能的に戦いを好む（ゲームやスポーツは、「安全に」戦いを味わう代替手段かもしれない）。しかし、現代の戦争ははるかに破壊的で、また豊かさにもかかわらず起こるのだから、武器の発達や、戦争反対の意見を抑圧できる社会や国内政治にも原因があるだろう。つまり国と国とが、政治的対立を実力で決着させようとしたり、イデオロギー、宗教、民族間の対立（排他的ナショナリズム）も原因となる。政治家や軍事組織が理念、権力、予算を追求し、「強さ」を宣伝して国民へのアピールを狙う面もある。戦争で被害を受ける兵士や一般人と、安全なところから命令するリーダー等は、感覚がズレる（参考、加茂・大西・石田・伊藤 2012：196-197）。

　とくに第二次世界大戦の経緯は、「教養」または「国際常識」として知っておきたい【→5、6章】。政治史の知識と複合させることが、望ましい。日本の場合、軍が満州さらに中国本土に侵略し、中国の政府と国民は抵抗を続け、中国を支援する米英は強力な経済制裁を日本に課した。それでも日本が停戦交渉や譲歩をせず、かえって米英に対しても攻撃・宣戦した原因は、同盟するナチスドイツへの期待とともに、「戦争の国内政治的な原因」にもある。国民、マスコミ、そして政治家は、「大日本帝国」の膨張に喝采するとともに、国家統制や軍部の台頭のもとで、悲惨な戦争の実態や海外の批判を知り、意見を述べることが許されなかったのだ（加藤 2016）[12]。

★映像鑑賞Ｙ　第2次世界大戦での政治、市民を描いた映画（予告編）→ p.41

2．戦争の種類

　論理的には、国境線が確定し、すべての国が他国の領土を尊重して侵略戦争

を避けるなら、戦争は起こらないはずだ。ただし、侵略されたときに防衛する型の戦争とそのための軍事力は必要だろう。そのうち、自分の国を守る個別的自衛権は認められやすいが、友好国と同盟を結び守りあう集団的自衛権の行使とその範囲は、議論になる【→Ⅰ部10.】。

　実際には、第二次世界大戦後もいくつかの**侵略**行為が起こり（例、国連安全保障理事会が米国の提訴により北朝鮮を非難した、1950～53年の朝鮮戦争）、さらに国境線や民族の混在地域を争う**領土紛争**は多い（例、日本の場合、衝突には至っていないが尖閣列島、竹島、北方領土）。ロシアは2022年、ウクライナに侵略・侵攻し、ウクライナは国際的な支持・武器支援を受けて防衛に努めた。北朝鮮は、[13)]日本周辺海域へのミサイル発射を繰り返し核実験を進めている。核ミサイルなどの誤作動や、相手が先制攻撃してくるとの疑惑から、偶発戦争が起こるおそれもある。

　さらに、武器の拡散、強い不満、過激な思想の宣伝が原因なのか、国家以外の主体による武力行使が多発している。国内の政治勢力間（民族紛争、政府軍と武装勢力ないしはレジスタンスの間など）の**内戦**、一般市民も対象にする**テロリズム**（例、2001年、アメリカへの9・11同時多発テロ事件）などだ。テロ勢力の拠点を攻撃し脅威を除く「自衛」戦争として、アメリカ等が他国に侵攻する対テロ戦争（例、2001年からのアフガン戦争）も、発生してきた（小笠原・栗栖・広瀬・宮坂・森川編 2017：「戦争」「新しい戦争」「侵略」；BBC NEWS JAPAN 2024年1月27日）。

　以上のなかで「正義の戦争」と「悪い戦争」（他国への侵略など）を分けうるが、正当性のある戦争であっても、「いかなる戦争も罪悪である」という視点を並置することは、とくに被害を受ける市民にとってたいせつだ（赤澤 2001）。

3．戦争をどう防ぐか

　戦争を防ぐ努力と工夫には、どんなものがあるだろうか（参考、中西・石田・田所 2013：5章）。まず国家や政府、それが行う外交（五百旗頭編 2014）によるものを列挙しよう。ただし、国家以外の「武装勢力」による戦争には、当てはまりにくい場合がある。

　①軍事力による**抑止**――個別的自衛権、集団的自衛権の行使を準備して、相

手側に攻撃を思いとどまらせる。近年、周辺の複数の権威主義・全体主義国家が軍拡を進めるなか、日本でも軍事力による抑止のシミュレーション（例、岩間・村野 2021）が議論される。軍事的抑止への懐疑（例、日本平和学会 2024）もあるが、他の有効な手段を提案するべきかもしれない。ただし、とくに相手が自国民に配慮しない独裁国家の場合、軍事力以外の対抗手段が減るが、多少の軍事力を準備しても抑止効果が小さく、大規模な軍事力は先制攻撃の準備に見えて相手側の攻撃を誘発するので、工夫を要する。

②国際的なルールの形成——軍縮の交渉、戦争の違法化の試みなど。後者として、1928年の**不戦条約**（戦争放棄に関する条約）は、国際紛争の解決はすべて平和的手段によるものとし、戦争の放棄を約した。これを侵略戦争の禁止と読むことは可能だが、自衛戦争は許されると解釈された。

③第一次世界大戦後に創られた国際連盟は、アメリカが加盟せず、日独伊が脱退し、規約違反国に対する制裁も不十分だった。第二次世界大戦後の国際連合は、PKO（平和維持活動）による停戦の実施や監視、戦後復興を行う（国際連合広報センター）。

④各国の憲法における軍事力行使の制限（例、日本国憲法 9 条）

⑤軍事力に訴えない**経済制裁**——他国への侵略、新たな国による核兵器の開発、国内の人権侵害を止めるため、各国が協力して試みてきた。

⑥政治指導者や国民のあいだの交流、信頼の醸成。

それとともに、国家以外の主体を含む、国際社会のつぎのような動向も、平和に役立っている。

①経済成長および、②政府や、市民の NGO（非政府組織）による国際援助——国際的な資源の総量や配分を改善し、貧困に由来する対立や過激主義を防ぐ。

③国際的な相互依存、国際交流の拡大【→Ｉ部 8.】。

④民主主義——民主主義国は、自国民の、そして相手側の被害（の予測）が報道され、批判され、議会や選挙などで争点になるなどの結果、戦争を起こしにくいといわれる（苅部・宇野・中本編 2011：unit 19）。

⑤**平和・反戦運動**——近代国家は、「凱旋門」の建設にみられるように愛国心や戦争の意義を強調した。反戦運動が本格化したのは、第一次世界大戦（悲

惨な戦場、国民の食糧不足）や、アメリカによるベトナム戦争（アメリカ兵の死傷、
住民への残虐行為の報道）においてだ。日本では、日露戦争では反戦的な詩「君
死にたまふことなかれ」もあったが、満州事変から第二次世界大戦になると沈
黙させられた。戦後、原水爆禁止運動が世界に広島・長崎の悲惨な事実を伝
え、米軍基地等への反対運動が展開された。戦争の記憶を継承する活動は、地
方自治体の平和教育や博物館でも取り組まれている。

10.　安全保障と軍事力

1．さまざまな安全保障

　国連憲章の第6章は、まず紛争の平和的解決、つまり交渉、審査、調停、司
法的解決などを求めている。とはいえ、同第7章では、安全保障理事会が、
「平和に対する脅威、平和の破壊又は侵略行為」を認定し、経済制裁など非軍
事的な措置や、軍事的な措置を進めることになっている。

　さらに、よく引用される同第51条

　　「この憲章のいかなる規定も、国際連合加盟国に対して武力攻撃が発生し
　　た場合には、安全保障理事会が国際の平和及び安全の維持に必要な措置をと
　　るまでの間、個別的又は集団的自衛（individual or collective self-defense）の固
　　有の権利を害するものではない。」

の規定にもとづいて、各国が、この2種類の武力による自衛権を準備できる
が、その選択は国により異なる。たとえば**集団的自衛権**のための同盟である
NATO（北大西洋条約機構）には、ソ連・ロシアと対抗する等の目的で、ヨーロッ
パ・北米の約30の国々が順次、加盟してきた。他方、スイスのような中立国（軍
事力は持つ）は、**個別的自衛権**だけを準備する。

　以上とは別に、**人間の安全保障**（human security）も提唱される。「従来の国
家安全保障に代わって人々の安全を保障しようとする概念」で、貧困、紛争、
環境破壊、感染症など世界の人々が直面する脅威に、人々を中心とした視点か
ら対処するという理念だ。

2．憲法9条と自衛隊

　日本国憲法第9条は、他国に例の少ない（参考、辻村 2014：5章2）「戦争放棄」「戦力不保持」の理念を掲げる。

　自衛隊は、アメリカ・ソ連の冷戦と朝鮮戦争のなかで、1954年に設立された。再軍備ないしは軍隊の保有は憲法9条に反するとの批判もあったが、自民党政権は、その活動が侵略に反撃する「**専守防衛**」[14]の枠内にとどまる限り、国家が当然に持つ個別的自衛権の行使であるという論理で合憲性を主張し（辻村 2014：5章3）、世論や野党もしだいに支持・認容が増えた。しかし、2015年の「安全保障法制」は自衛隊の軍事的活動の範囲をさらに拡大するもので、賛否両論がある。

　それとは別に、自衛隊は、国際連合平和維持活動等に対する協力に関する法律（1992年）にもとづき、世界各地で展開される**平和維持活動（PKO）**に参加し貢献している。

3．日米安全保障条約と自衛隊

　同条約は、1951年に締結され、対日占領の終了後も、アメリカ軍の駐留を認めた。1960年の改訂後は、「日本国の安全に寄与し、並びに極東における国際の平和及び安全の維持に寄与するため、アメリカ合衆国は、その陸軍、空軍及び海軍が日本国において施設及び区域を使用することを許される」（6条）などとなっている。日本側は、2015年の安全保障法制までは、日本の領域外で米軍とともに戦闘を行うことは予定しなかったが、米軍に沖縄（沖縄県 2017）をはじめ全国各地で広大な基地を提供し、燃料輸送などの「後方支援」を行い、駐留経費の一部を負担してきた。

　日米安保条約（吉次 2015：2018など）への賛成論は、米軍の日本に対する、「核の傘」を含む防衛義務（5条）は（複数の近隣諸国が全体主義的な軍事大国である）日本にとって必要で、日本の防衛費も抑えられると主張し、さらに米軍の存在による極東（東・東南アジア）やアジア太平洋地域の安定（韓国、台湾への攻撃の抑止）を評価する。反対論は、日本がアメリカの戦争に巻き込まれるおそれと、米軍による土地の占有、訓練を含む騒音、事故、兵士の犯罪を指摘する。

とくに、**日米地位協定**（日本国における合衆国軍隊の地位に関する協定）は、罪を犯したアメリカの軍人を、起訴時まではアメリカ側が拘禁できると定めるなど、「対米従属」の象徴とみなされることがある。

2015年に自民党政権が制定した**安全保障法制**（内閣官房 2016）は、自衛隊がアメリカ軍への協力を強め、海外での戦闘に参加する新方針だとも解釈できる。賛成派は、国際的な緊張関係への現実的な対応、アメリカ等の民主的な友好国との協力の重要性を主張する、反対派は、憲法9条および従来の専守防衛原則に大きく反していて違憲であること、そして自衛隊の海外戦闘の条件や限界が法文上あいまいなことを指摘する（長谷部編 2015）。それとは別に、近隣の非民主的な国々が軍拡を進めるなかで、日本、アメリカ軍、韓国、台湾などへのどのような攻撃が予想され、どのような抑止活動と、専守防衛を超える自衛隊の海外戦闘が必要なのか（参考、岩間・村野 2021）、またその限界（参考、日本平和学会 2024）、必要な武器装備のコスト・負担、危険性が、論点になる。安全保障法制で追加された自衛隊法76条1項「二」をインターネット等で読むと、日本が実際に攻撃されなくても、アメリカなど日本と密接な関係のある国（の海外派遣軍）が攻撃され、それを日本政府が日本や国民への脅威とみなせば、地球のどこでも自衛隊は戦いに行く可能性がある。

日本が、戦前のような「自立した軍事大国」を選ぶことはありえないとして、近年の、アメリカと（へ？）の協力と自衛隊の強化をどこまで進めるのか、考え議論してみたい。

11.【補論】政治の研究方法の種類と選び方

政治や社会に関する調査研究の方法論は、研究者、学生、公務員、政治家、マスコミ人、さらに企業（マーケット、環境意識の調査など）にとって重要だ。

（1）**量的研究**は、回答選択式のアンケート、世論調査、データセット（例、選挙、公共政策、立法手続き等の諸指標）を用いる。**質的研究**は、体験を含む観察、インタビュー、記録、報道に基づくケーススタディを用いる。

量的研究は、現象を幅広く概観できるが、質問やデータあるいは統計分析が

不適当だと、客観的とは言えずときに狭い誤った見解に陥る。たとえば、①「あなたは日本の民主主義（または国会）を評価しますか？」という世論調査だけで何かを論じるのは、あまりに単純だ。同時に、評価する・しない理由や、回答者の政治に関する知識も質問する方がよい。②インターネットに登場するある論説は、少数のデータセットをもとに、非民主的な政治と高い経済成長率の間に相関関係があると主張する。しかし、「疑似的相関」かもしれない。なぜなら、多くの非民主的な国は GDP の値が低く人口増加率が高いゆえに、GDP の「成長率」が高く見えやすいから。さらに、自由、人権、所得配分などのデータを忘れてはならず、速すぎる経済成長は深刻な問題を引き起こす。③もしポピュリズム【→7章】を国際的な有力説の「扇動政治」と理解するなら、当該政党の宣伝・公約の真偽や隠された問題点をファクト・チェック（質的研究を含む）して、ウソや誇張などの扇動を測定するべきだ。工夫された扇動は、「ポピュリズム支持態度」を持つ有権者以外をも引き付けるので、その意識調査だけでは測定できない。

　したがって、質的研究やケーススタディは、社会をリアルに認識し理解するために不可欠（クレスウェル／クレスウェル2022）と思われるが、結論が数値でクリアに見える量的研究を好む人も多い。

　（２）今の日本の政治学では（社会学や、欧米の政治学よりも？）、**中立性、公平性、客観性**に気を使う。

　たしかに政治学はまず、複数の政治的立場の動向・見解や、ある政策提案の長所と短所について、観察し情報を集めなければならない。けれどもこの公平で客観的な調査と並行して、現実の政治で何が正しいかあるいは間違いかなど「**評価と提言**」を考え、述べることは自然だ。**批判精神**は、とくに強い意見がブームになり重要な別の情報が見えにくい日本社会において、社会に利益をもたらす（バーダック／パタシュニック 2023：日本語版への序文）。また、規範論を忘れない研究の個人的メリットとして、各種の論点を検討する必要があり視野が広くなること、自分の精神の自由を守れることが挙げられる。逆に、危険な政治動向について研究を怠ることは、中立的なのだろうか。

　現代日本では、かなりの報道や政治評論が、支持率や選挙の議席数が伸びた

政党が良い政策・方針を持っていると推定し、その政策等の良否を自ら審査する責任を負わない。これも実は一種の規範論なのだが、特定の根拠や資料だけから評価するゆえに、中立性と実証性が弱い。

（3）細分化された研究は、正確な知識を大量に産み出す。けれども知識は、研究者そして市民のために、分かりやすく総合化されるべきだ。

日本では、**民主主義**はしばしば、「国民主権」や「（少数意見と議論を尊重した）多数決」として教えられる。議会での異なる政党間のバランスは、必ずしも重視されない（例、『Voters』No.71）。しかし国際的には、民主主義は、競争的な多元主義・多党制や政府批判の自由を含めて定義・解説されている【→6章】。日本での狭い視点は、民主主義の各論点ごとの研究の細分化によって、あるいは選挙管理・教育行政の方針によって生ずるのだろうか。

日本の民主主義の評価（参考、日本国際交流センター 2022）については、議員の問題行動、国会審議の形骸化、野党の弱さなどが、**政治報道**では多い。結果的に人々を、「そんなにひどい政治なら、選挙は棄権しよう」「強いリーダーにすべて改革してほしい」という気分にさせる。けれども政治学とマスコミは、日本の民主主義、政党、内閣がともあれ私たちの自由を守り多くの政策を改善してきたこと（図表1-2）、日本の野党（2023年現在）が左派から保守系ポピュリズムまで分散している事情【→8章】、改憲論争の重要性【→9章】なども知らせて、バランスを取る方がよい。

最後に、このテーマを考えるために、教員やマスコミの方には、（学生の）**民主主義・国会等に関する知識と評価の相関を調べるアンケート調査**をお勧めしたい。エクセルで簡単に分析できるが、私の学生への調査では、投票意欲と政治的知識、あるいは民主主義の重視と新聞を読む習慣はプラスの相関になり、政治への低評価の原因は、政治の現状だけでなく人々の知識の不足にあるようだ。つまり政治学教育にも、責任の一端がある【→8章】。

¶¶¶¶ アクティブ・ラーニングのための練習問題、映像鑑賞 ¶¶¶¶

　　練習問題の答えの例は、注と参考文献リストの後の、p. 46にあります。

■【練習問題A】　政治の目的と手段を資料から読み取る

　この第Ⅰ部の扉（p. 1）にある４つの資料を読んで、それぞれ政治の目的と手段についてどう述べているか読み取り、ノートに書いてみる。

　　○マキャベェッリ『君主論』 → 目的（　　　　　）、手段（　　　　　）
　　○イタリア共和国憲法２条 → 目的（　　　　　）、手段（　　　　　）
　　○日本国憲法９条 → 目的（　　　　　）、手段（　　　　　）
　　○同13条 → 目的（　　　　　）、手段（　　　　　）

★【映像鑑賞X】　複数の公用語で歌われる国歌を聞く

You Tube で、次のキーワードで検索してください。

　　「ニュージーランド国歌　日本語訳　National anthem」
　　「南アフリカ共和国 国歌 日本語訳　National anthem」

■【練習問題B】　日本国憲法の基礎を復習しておこう

思い出すかまたは調べて、下のカッコに答えを書いてみましょう。

　1．国民主権
　2．**基本的人権の尊重**——政府の介入を（　a　）する自由権、最低限の生活保障などのために政府の介入を（　b　）する社会権・生存権、および参政権がある。
　3．**平和主義**（または戦争放棄、第９条）——ただし、自衛隊は少なくとも（　c　）防衛の範囲での軍事活動について、合憲という解釈が定着している。
　4．**国民の義務**——子供に普通教育を受けさせること、（　d　）、および（　e　）。
　5．中央政府の**統治機構**——三権分立のなかで、（　f　）府である（　g　）が最高機関である。（　h　）府である内閣は、その長である（　i　）を、

　（　g　）が指名する。

　6．改正手続き──国会の衆議院、参議院が各（　　j　　）以上の多数で発
　　議（議決）したあと、（　k　）投票で過半数の賛成を得なければならない。

■【練習問題C】　衆議院HP（ウェブサイト）を、訪ねてみる

　次のページを見て、とくに重要な情報にマーカーを引くか、ノートにまとめ
るとよい。

1．国会関係資料　→　国会について　→　国会の構成　（本会議、委員会など）
2．議員情報　→　会派名及び会派別所属議員数　（政党の議席数）

■【練習問題D】　小選挙区制と比例代表制の比較シミュレーション

　政党の得票率が同じでも、制度によって議席配分が大きく異なる「制度の効
果」を、具体的に確かめてみる。

　とても小さな国または都市の、定数10の議会を想定。政党の得票率がA党
40％、B党30％（うち3人の候補は個人的人気が高い）、C党10％、D党10％
である場合の、当選者の政党名を推定し、記号で書いてみよう。

　①小選挙区制の場合→（　）（　）（　）（　）（　）（　）（　）（　）（　）（　）
　②比例代表制の場合→（　　　　　　　　　　　　　　　　　　　）

　注：①は10の小選挙区で1人ずつが当選し、②は国または都市の全体で10人が選ばれ
　　る。①でB、C、D党が選挙協力した場合のシミュレーションも興味深いが、協力
　　の可能性は、各党の政治的立場（政治的価値観）の距離などによって決まる。

■【練習問題E】　投票率低下および棄権の諸原因と対策を考える

　選挙に関する詳細なアンケート調査である、

　　　　　明るい選挙推進協会『第＊＊回衆議院議員選挙全国意識調査』

の最新版をインターネットで呼び出してざっと読み、「投票に行かなかった理
由」を尋ねる質問の結果のグラフ・表を見る。

　回答率が高い諸理由をノートに書き出し、それぞれへの対策（有効な対策が

ないかもしれないが）を考えてみよう。

■【練習問題F】　日本の民主主義の歴史についての教養を確認する

　とくに大きな事件等について、次のカッコに答えを入れ、確認してみよう。

1889年　大日本帝国（　1　）の制定、帝国（　2　）の設置

1925年　大正デモクラシーのなかで、男子普通（　3　）制を導入／言論・社会運動を厳しく規制する（　　4　　）法を制定

30年代　日本は（　5　）、（　6　）での戦争を拡大し、並行して、軍国主義が強まる。

45年〜　日本は、第2次世界大戦での敗北・降伏後、連合国の占領のもとで（　7　）化および非軍事化を行ない、日本国（　8　）を制定し、女性にも参政権を認める。

60年代　自民党（保守）政権が高度（　9　）成長を推進／社会党・共産党などが与党の（　10　）自治体が、環境・福祉施策を改善

80年代　直接民主主義に近い、住民（　11　）条例が登場

1993年　非自民連立政権が誕生／94年　（　12　）院の選挙制度を、中選挙区制から、（　　　　13　　　　）並立制に変更

2009年　（　14　）党政権が誕生。公立高校無償化、太陽光・風力発電等促進など。

2012年　（　15　）党・（　16　）党が政権に復帰。円安株高誘導、安全保障法制、働き方改革など。

■【練習問題G】　民主主義の定義を、ちょっと深く考えてみる

　民主主義とそれに近い言葉の関連について考え、下のカッコに答えを書いてみよう。

　1．**民主主義**＝　国民主権　＋　多元主義・複数の（　a　）のバランス

　　　　　　　　＋（　b　）の自由

　　　　　　　　＋（　c　）主義（政府が憲法のルールに従い、拘束される）

2．**国民主権**＝　議会制民主主義（国民が選挙で選んだ代表者が決める）

　　　　　　　　＋　重要問題に関しての（　d　）民主主義

3．**民主的な決定**＝　多数決　＋　（　　e　　）の尊重

　　　　　　　　＋　十分な（　　f　　）と議論

■**【練習問題 H】　現代日本の重要な政策争点を考える**

　下の争点のうちいくつかについて、賛成・反対の主張とその根拠（メリット、デメリット、リスクなど）を記入し、できれば自分の意見をまとめ、他の人と議論してみよう。

	賛成論、メリット	反対論、デメリット等	私見
1．安全保障：自衛隊が海外で、米軍等と共同で軍事活動を行なえるようにする	【C】	【L】	
2．安全保障：反撃能力（敵基地攻撃能力）	【C】	【L】	
3．原発の再稼動、運転期間延長	【C】	【L】	
4．改憲「緊急事態条項」＝内閣による立法、人権規制の強化を可能にする	【C】	【L】	
5．改憲「憲法９条改正」＝自衛隊を戦争放棄の例外として（？）明記する	【C】	【L】	
6．財政健全化、公共サービス拡充のために消費税を引き上げる			
7．上記目的のために、企業や富裕層に増税する	【L？】	【C？】	
8．最低賃金の引き上げ	【L】【C？】		
9．国会・地方議員数の大幅削減（これを「身を切る改革」と呼ぶ政党もある）		【L】	
（その他）			

注：【C】は保守（conservative、中道右派）寄りの意見、【L】はリベラル（liberal、中道〜中道左派）寄りの意見。なお、保守・リベラルの概念については、国際標準は安定しているが、日本では異なる理解もある（村上2021）。また、政策をめぐる論争や、政策の導入・変動は、実際には複雑なので、専門書や新聞等で学んでいただきたい。

★【映像鑑賞Y】　第２次世界大戦での政治、市民を描いた映画（予告編）

　　You Tube で、次のキーワードで検索してください。

　１．「ヒトラー最期の12日間　日本版劇場予告」

　２．「日本のいちばん長い日　予告編（松竹）」

　３．「バトル・オブ・ブリテン　史上最大の航空作戦　予告編」

　　１の制作は、2004年ドイツなど。２は、2015年日本。映画が伝えようとするのは、1945年に日本とドイツの専制政府が、自ら始めた戦争の降伏（敗北）を決断できない様子、および（ドイツの場合）巻き込まれず生き延びようとする人々。

　　３は、2018年、イギリス・ポーランド共同の映画。強力なナチスドイツ軍の侵略を初めて止めた、有名な戦いで、連合国内部での、イギリス、ポーランド、ソ連（現ロシア）の複雑な関係にも触れる。

　　注：近現代政治史をリアルに描くお勧め映画を多数、**図表6-1**で紹介。関心を持ったら、DVDなどで鑑賞しましょう。

■注

1）　君主制を前提に書かれた本だが、民主主義の今日でも、目的のためには権謀術数（策略やウソ）を辞さない行動様式をマキアベリズムと呼ぶ。この言葉は、善良な政治家・市民も、賢く対処するために知っておきたい。

2）　「政治」をはじめ政治学のおもな基礎概念について定義の一覧表が、（Tansey / Jackson 2014）に掲載されていて、参考になる。

3）　20世紀の有名な政治学の入門書で、日本語訳がコンパクトな文庫本で読めるものとして、（ヴェーバー 1980）（クリック 2003）をお勧めしたい。百年前、ドイツが第一次世界大戦に敗れ民主主義を目指した時期に（ヴェーバー 1980：9-12、77-81、89-90）が書いた、国家の定義、支配の正当性、政治家の権力本能とデマゴーグ（今日のポピュリズム論に近い？）、純粋な「正義」を貫く心情倫理よりも結果に責任を持つ責任倫理が望ましいという見解は、今日でもよく引用される。

4）　「○○氏（または△△グループ）が権力を握っている」という言い方は分かりやすいが、現代の政治学では、現実の世界を複数のアクター（参加者）の大小の「影響力」が相互に働きあっているものとして認識することが多い。

5）　この問いの解答の一例は、6章（**図表6-2**など）を参照。なお、ある政権や与党の高支持率が続くとき、その「強さ」の原因を考察するとともに、支持率とは独立してその政治を評価・批判する思考もたいせつだ。

6）　国民と民族は、どちらも英語では nation と言う。日本人、フランス人などは、歴史的
　に形成された共通の言語、文化を持つ集団（民族）で、そうした民族が単位となって近
　現代の国家の多くは作られてきた。しかし、国家形成過程で周辺の他民族も包含・支配
　しあるいはそれと交流して、1つの国家（国）は複数の民族から成り立つことが多い。

7）　この問いへの解答の一例は、2章（「政治参加」の節）を参照。

8）　この問いへの有力な解答は、6章とくに図表6-2を参照。

9）　リベラルはリベラリズム（自由主義）の意味で、現在では多くの人々の精神的な自由、
　発展をめざし、それを支える教育・福祉・所得保障などについて「大きな政府」を求め
　るとともに、個人の自由に対する政府権力の拡大は抑える【→5章】。（日本経済新聞政
　治部編 2016：161-164）では、保守対リベラルという座標軸を明示するとともに、リベ
　ラルという言葉のやや多義的な理解の状況も分かる。

10）　解答の一例は、この本の図表5-2、5-3。

11）　「民主的リーダーシップ」のモデルは、参加、交渉、議論をすれば「急がば回れ」「3
　人寄れば」で合意や合理性が高まると期待する。逆に、「権威的リーダーシップ」のモデ
　ルは、民主主義では「船頭多くして」で決定や改革ができないので、強い政治権力を求
　める【→6章】。

12）　第二次世界大戦の原因について、ドイツ、日本、イタリアの枢軸国が、①周辺諸国を
　侵略した過程は知られているが、それが②国内のファシズム・軍国主義という独裁と相
　互に強化しあった事実もたいせつだ。

　　②について、日本の歴史博物館は、戦争の悲惨さ、国民・兵士の苦難の展示が中心に
　なる（それも重要だが）。ドイツの博物館はナチス独裁の実態を展示するし、イタリアで
　は、一部政治家やレジスタンス勢力がファシズム勢力に抵抗したので、終戦の4月25日
　はファシズムからの「解放記念日」として祝われる（ただし、両勢力の内戦が厳しかった）。

13）　2023年末現在で、戦争の目的を比較すると、ロシアは―1930年代の日中戦争での日本
　に似て―あいまいで、「ロシア系住民の保護」（民族の混住は世界各地にあり、普通の国
　なら平和的に交渉する）、帝国や社会主義の頃の「ウクライナはロシアの一部」論まで主
　張するが、ウクライナは侵略に対する自衛、国民の人権、民主主義、穀物のアフリカ等
　への輸出など欧州と世界に共通の価値を訴え、国連でも圧倒的な支持を得た。侵略の正
　当化は、専制体制のもとでのみ容易になる。しかし戦争の手段の面では、人口・経済規
　模がはるかに大きいロシアが、大砲・弾薬等の大量生産、強固な防御施設の設置、情報
　収集、（専制政治ゆえの）兵士の動員・大量投入、国内の批判への弾圧を行ない、ウクラ
　イナは米欧等からの高度な武器の提供、自らの武器の工夫、兵士の動員、市民の協力、
　国民の一部の海外避難で対抗する。

14）　以前の政府見解を記録保存しておく（防衛省・自衛隊 2016）。

　　「（前略）わが国は、憲法のもと、専守防衛に徹し、他国に脅威を与えるような軍事大
　国とならないとの基本理念に従い、日米安保体制を堅持するとともに、文民統制を確保
　し、非核三原則を守りつつ、実効性の高い統合的な防衛力を効率的に整備していきます。

　　（1）専守防衛　専守防衛とは、相手から武力攻撃を受けたときにはじめて防衛力を行

使し、その態様も自衛のための必要最小限にとどめ、また、保持する防衛力も自衛のための必要最小限のものに限るなど、憲法の精神にのっとった受動的な防衛戦略の姿勢をいいます。（以下略）」

15)　憲法 9 条との不整合（ズレ）については、次の選択肢があるだろう。①集団的自衛権を認める安全保障法制（既成事実）に合わせて、9 条を変える。②安全保障法制を廃止または縮小し、9 条に適合させる。③安全保障法制を維持し、それと整合しなくても 9 条は変えず、9 条に日本の軍拡やアメリカからの協力要求に対する「抑止」効果、さらに日本の平和主義のアピール効果を期待する。

■参考文献（本文中のカッコ内に示した文献）

　＊この本で紹介する新聞記事・論文の大部分は、インターネットで読める。

赤澤史朗「戦後日本の戦争責任論の動向」『立命館法学』2000 年 6 号、2001 年

五百旗頭真編『戦後日本外交史』第 3 版補訂版、有斐閣、2014 年

石附賢実「世界自由度ランキングが語る民主主義の凋落と 権威主義の台頭（2022 年版 update）」第一生命経済研究所ウェブサイト、2022 年

伊藤正己『憲法入門』第 4 版補訂版、有斐閣、2006 年

岩間陽子・村野将「日本の「抑止力」とアジアの安定」PHP 総研ウェブサイト、2021 年

上神貴佳・三浦まり編『日本政治の第一歩』新版、有斐閣、2023 年

ヴェーバー、マックス（脇圭平訳）『職業としての政治』岩波書店、1980 年［原著 1919 年］

『Voters』No.71（特集　民主主義を考える）2022 年、ウェブサイト

宇野重規『民主主義とは何か』講談社、2020 年

OECD 編（高木郁朗監訳・麻生裕子訳）『図表でみる世界の社会問題 4』明石書店、2017 年

大渕憲一『新版 人を傷つける心―攻撃性の社会心理学』サイエンス社、2011 年

小笠原高雪・栗栖薫子・広瀬佳一・宮坂直史・森川幸一編『国際関係・安全保障用語辞典』第 2 版、ミネルヴァ書房、2017 年

沖縄県「沖縄から伝えたい。米軍基地の話。」2017 年、ウェブサイト
（https://www.pref.okinawa.jp/site/chijiko/kichitai/tyosa/qanda.html）

加藤陽子『それでも日本人は戦争を選んだ』新潮社、2016 年

加茂利男・大西仁・石田徹・伊藤恭彦『現代政治学』第 4 版、有斐閣、2012 年

苅部直・宇野重規・中本義彦編『政治学をつかむ』有斐閣、2011 年

川崎修・杉田敦編『現代政治理論』新版、有斐閣、2012 年

川出良枝・谷口将紀編『政治学』第 2 版、東京大学出版会、2022 年

キーン、ジョン（岩本正明訳）『民主主義全史―ビジネスパーソンとして知っておきたい教養』ダイヤモンド社、2022 年

クリック、バーナード（添谷育志・金田耕一訳）『現代政治学入門』講談社、2003年

クレスウェル、ジョン・W／クレスウェル・バイアス、ジョアンナ（廣瀬眞理子訳）『質的研究をはじめるための30の基礎スキル』新曜社、2022年

国際連合広報センター「国際の平和と安全」「経済社会開発」＜「主な活動」、ウェブサイト

在日フランス大使館「自由、平等、友愛」、2024年訪問、ウェブサイト

佐々木毅『政治学講義』第2版、東京大学出版会、2012年

高橋和之・伊藤眞・小早川光郎・能見善久・山口厚編『法律学小辞典』第5版、有斐閣、2016年

ダール、ロバート・A（高畠通敏・前田脩訳）『ポリアーキー』岩波書店、2014年［原著1972年］

辻村みよ子『比較のなかの改憲論——日本国憲法の位置』岩波書店、2014年

寺田寅彦「ねずみと猫」1921年、青空文庫ウェブサイトで閲覧

友枝敏雄・浜日出夫・山田真茂留編『社会学の力——最重要概念・命題集』有斐閣、2017年

内閣官房「平和安全法制等の整備について」2016年、ウェブサイト

ナイ ジュニア、ジョセフ・S.／ウェルチ、デイヴィッド・A.（田中明彦・村田晃嗣訳）『国際紛争 — 理論と歴史』原書第10版、有斐閣、2017年

中西寛・石田淳・田所昌幸『国際政治学』有斐閣、2013年

新川敏光・大西裕・大矢根聡・田村哲樹『政治学』有斐閣、2017年

日本経済新聞政治部編『18歳からの政治入門』日本経済新聞出版社、2016年

日本国際交流センター『日本の民主主義の再評価　最終報告書』2022年、ウェブサイト

日本平和学会「抑止力とは何でしょうか」2024年訪問
（https://www.psaj.org/100points62/）

日本弁護士連合会「憲法って、何だろう？」2023年訪問
（https://www.nichibenren.or.jp/activity/human/constitution_issue/what.html）

長谷部恭男編『検証・安保法案——どこが憲法違反か』有斐閣、2015年

バーダック、ユージン／パタシュニック、エリック・M（白石賢司訳）『政策立案の技法— 問題解決を「成果」に結び付ける8つのステップ』東洋経済新報社、第2版、2023年

ビーヴァー、アントニー（平賀秀明訳）『第二次世界大戦1939-45』白水社、2015年

BBC NEWS JAPAN「絶滅危惧のスコットランドヤマネコ」2015年、ウェブサイト
（http://www.bbc.com/japanese/video-34513170）

BBC NEWS JAPAN 2024年1月27日「イスラエルに「ジェノサイド」防止の暫定命令 戦闘停止は命じず」、ウェブサイト

樋口陽一・小林節『「憲法改正」の真実』集英社、2016年

フランツ、エリカ（上谷直克・今井宏平・中井遼訳）『権威主義―独裁政治の歴史と変貌』白水社、2021年

防衛省・自衛隊「防衛政策の基本」、2016年6月訪問、ウェブサイト

防衛省『防衛白書』＞　図表、毎年、ウェブサイトも

マクニール、W・H（増田義郎・佐々木昭夫訳）『世界史』下、中央公論新社、2008年

村上弘「公共性について」『立命館法学』2007年6号、2008年

村上弘「強くない日本の市民社会―市民の政治参加の「3層構造」モデル」『政策科学』22-3、2015年

村上弘「政治学教育における目的、内容、方法――多元的民主主義と政党システムの教え方を中心に」『年報政治学』2016-Ⅰ政治と教育、2016年

村上弘「【教材・資料集】ウェブで読める日本と世界の「民主主義」の定義・解説」『立命館法学』2020年2号、2020年

村上弘「日本の「保守・リベラル」と政党システム」『立命館法学』2021 年2号、2021年

村上弘・佐藤満編『よくわかる行政学』第2版、ミネルヴァ書房、2016年

矢野久美子『ハンナ・アーレント』中央公論新社、2014年

山本圭『現代民主主義―指導者論から熟議、ポピュリズムまで』中央公論新社、2021年

吉次公介「アジア冷戦のなかの日米安保体制」吉田裕ほか編『岩波講座日本歴史19近現代5』岩波書店、2015年

吉次公介『日米安保体制史』岩波書店、2018年

Athabasca University, Online Dictionary of the Social Sciences, website

Caramani, Daniele ed., Comparative Politics, 5 th ed., Oxford University Press, 2020

European Center for Populism Studies, DICTIONARY OF POPULISM ＞ populism, visited in 2023, website

Senato della Repubblica, Costituzione della Repubblica Italiana, 2012
　（http://www.senato.it/documenti/repository/istituzione/costituzione.pdf）

Tansey, Stephen D./ Jackson, Nigel A., Politics: The Basics, 5 th ed., Routledge, 2014

Vierecke, Andreas/ Mayerhofer, Bernd/ Kohout, Franz, dtv-Atlas Politik, 4. Auflage, dtv Verlagsgesellschaft, 2015

《練習問題の解答（の例）》

A→

○マキャヴェッリ『君主論』→目的（ここでは述べない）、手段（憎まれず、実力で脅して、だます）

○イタリア憲法2条→目的（個人や社会組織の権利の保障）、手段（国［共和国］の活動、社会的連帯の要請）

○日本国憲法9条→目的（国際平和）、手段（戦力を持たず、戦争を放棄＊）

　　　＊ただし、自衛隊が専守防衛のために戦うことは合憲だと解釈されている。

○同13条→目的（国民の権利の尊重、権利どうしの衝突の調整＊＊）、手段（立法その他の国の政治）

　　　＊＊「公共の福祉」は、一般に「他の人々の人権」の意味だと理解されている。

B→a 制限　b 要請　c 専守　d 勤労　e 納税　f 立法　g 国会　h 行政　i 首相（内閣総理大臣）　j 3分の2　k 国民

C→この本の、1章「国会」、8章も参照。

D→①の場合は、当選者の政党名は、（A）（A）（A）（A）（A）（A）（A）（B？）（B？）（B？）。②の場合は、（A A A A B B B C D）で、残る1議席はドント方式などの計算で決まる。なお、①の結果で、「死票」（当選につながらない票）の割合を計算してみるとよい。

E→省略。この本の2章の「政治的無関心・棄権」も参照。

F→この本の図表1-2、図表6-1、高校の日本史教科書・年表などを参照。

G→　a 政党　b 言論　c 立憲　d 直接　e 少数意見　f 説明（または情報）

　　この本の6章を参照。ただし、民主主義の概念や定義は多様である。国際的には多元主義や政府批判を不可欠の要素・条件とみなす理解が主流だが、日本の学校では（少数意見を「尊重」した）多数決や話し合いだけを民主主義として教える傾向もある。

　　授業では、受講者にそれぞれ回答を書いてもらい、教員の方が挙手やアンケートで各回答の状況を数えると、学生が民主主義をどう理解しているかが分かって興味深いだろう。

H→省略。公共政策の教科書、インターネットの信頼できそうな情報を参照。

第II部　日本政治の基礎知識

Basics of Japanese Politics

♜ ♜ ♜ ♜ ♜ ♜

　前　文　……そもそも国政は、国民の厳粛な信託によるものであつて、その権威は国民に由来し、その権力は国民の代表者がこれを行使し、その福利は国民がこれを享受する。……

　第13条　……生命、自由及び幸福追求に対する国民の権利については、公共の福祉に反しない限り、立法その他の国政の上で、最大の尊重を必要とする。

　第30条　国民は、法律の定めるところにより、納税の義務を負ふ。

（日本国憲法［1946年］）

　第29条　日本臣民ハ法律ノ範囲内ニ於テ言論著作印行集会及結社ノ自由ヲ有ス

（大日本帝国憲法［1889年］）

　第1条　国体ヲ変革シ又ハ私有財産制度ヲ否認スルコトヲ目的トシテ結社ヲ組織シ又ハ情ヲ知リテ之ニ加入シタル者ハ十年以下ノ懲役又ハ禁錮ニ処ス

　2　前項ノ未遂罪ハ之ヲ罰ス

（治安維持法［1925年］より―その後さらに強化された）

♜ ♜ ♜ ♜ ♜ ♜

1章　政府と国会

◆政府の役割——経済システムを補い修正する

　Ⅰ部1．の続きになるが、政治とは、「公共の（国や社会全体の）事柄について強制力を持って決定する仕組み」といった意味だ。

　政治は、税制や、交通、保育所などの公共サービスはともかく、たとえば自由な言論への攻撃、憲法の改定でも、「自分には関係ないよ」と済ませられる。ある意味では、政治は個人から遠く、経済の方が身近に感じられるだろう。世の中のかなりの問題はお金を払えば、あるいは個人的にまたは仲間で解決できるようにみえる。

　しかし、第1に、私たちは働いて賃金をもらい、不満があれば転職し、商品を選んで買って消費し、ゴミまたはリサイクル資源として排出し、住居を探して契約し、家族や友人と時間を過ごすが、実はそうした生活は、国や自治体に支えられまた影響を受けている（労働基準法、最低賃金、品質表示、公共交通や道路整備、清掃行政、上下水道、介護保険、ミュージアム、自然保護など）。

　第2に、私たちは、自分に直接関係しない社会問題にも、関心を持ったほうがよい。政治や民主主義について知識や判断力を持ち、投票などで参加する有権者が全体の一定割合いなければ、政府は勝手に動き、民主主義は崩壊し、大きな害悪がもたらされるかもしれない。

　第1の部分は、経済や人間関係だけでは解決できない問題も多い、ということだ。資本主義の基本である市場原理または市場メカニズム（market mechanism）の「市場（しじょう）」とは、企業や個人が、商品・サービス・労働力を自由に売買する場を指す。この原理の長所は、簡単に言えば、人々が自分の利益のために生産・販売するとしても、市場での競争に勝つには、良い商品やサービスを適正な価格で供給しなければならないという点にある。自己利益（私益）の追求が、社会全体の利益（公益）に自動的につながるという、この「ありがたい」メカニズムを、18世紀英国の経済学者アダム・スミスは、「見えざる手」

と名づけた。しかし、この市場原理ではうまく解決できない事柄も増えて、「市場の失敗」(market failure[1]) と呼ばれる。警察、消防、都市整備、経済成長と不況への対策、所得格差や貧困への対策、福祉や教育、文化などは、政府(国や地方自治体)の活動がなければ、個人や企業の努力ではなかなか進まない。

　このように、市場経済それ自体の短所や、経済とは別に発生する社会的問題に取り組むために、現代の政府（国、地方自治体）は、膨大な種類と量の公共政策を展開し、それに国民、議員、公務員・官僚、利益団体、マスコミなどのアクター（関係者、登場人物）が参加している。

　国は地方自治体とともに、国民の基本的人権を守り、社会全体の利益、つまり「公共性[2]」を支え高めるために、活動することになっている。

◆国や政府が問題を起こすこともある──政府の両義性

　とは言え、政府やそれを中心にした政治は、いつも社会や国民に（つまり公共のために）奉仕するわけではない。その点を疑う視点として、どんなものが思い浮かぶだろうか。

　第1は、「政府の失敗」(government failure) の理論だ。市場メカニズムにも欠点があるが、政府機構も別の失敗や欠点を伴う。①財源が保障され市場での競争を欠くことによる非効率、供給過剰、②特定の歳出予算を急に増やせないことによる供給不足、③「既得権」ないしは、レントシーキング (rent seeking)、つまり政権や行政機関が特定勢力から政治的圧力を受けることによる資源配分の歪み（例、必要が薄れた政策の継続、政策の過剰供給）などである。こうした視点からは、政策評価や小さな政府論【→5章】が主張される。

　第2は、特定集団による政治支配の理論。「資本主義経済のもとでは、政府は支配階級である資本家の道具となっている」といった素朴なマルクス主義国家論（参照、アバークロンビー/ヒル/ターナー 2005：405-406；中野・クラウチ・グッドマン 2015）は、今では弱まったが、それでも政府や政権が特定の階層や集団と結びつき、その利益を図ることはしばしば起こる。

　第3に、組織の自己肥大化や権力者のエゴイズムがある。政府や官庁（警察、軍隊を含む）、政党などの組織は、外部からチェックされなければ、自分の

信念・論理を絶対化し、組織・予算・権限の拡大を追求する傾向がある。私たちは、独立国家を発展させるため尽力した明治の歴史とともに、昭和初期の軍国主義下で、言論統制、戦争の拡大、国家総動員等が進んだ「負の歴史」の記憶【→5、6章】を、継承していかなければならないだろう。

　以上を一般化すると、「政府または政治の両義性」というキーワードになる。つまり政治学では、政治や、代表的な政治機構である国家・政府を、社会の公共性の実現と、特定集団による支配という両義性・二面性を持つものとして、とらえてきた（加茂・大西・石田・伊藤 2012：20-23）【→Ⅰ部1、3.】。

　国家や政治は社会や人々のために貢献するが、そのための強い組織・権限・財源などの権力（パワー）を備え、それを用いて社会や人々を害する危険性も持つ。期待し応援したいとともに、（たとえ民主主義のもとであっても）警戒もすべき存在なのだ。

◆立憲主義と国民主権

　ここまでをまとめると、国家や政府は、マイナスもあるが不可欠で有益な存在だ（政治学者の多くは、「必要悪」よりもう少し好意的な評価をする）。そこで、この二面性を持つ国家や政府、そして政治を、いかに賢明で安全で有益なものにしていくかが、古来より議論・実践されてきた（伊藤 2006：4-7）。

　第1のアイデアは、政府が専制的にならないように憲法や法律で統制する、というもので、立憲主義や法の支配（参考、田中 2011：105-118）の考え方だ。

　立憲主義とは、政治や国家権力の行使を憲法のルールにもとづいて行うという原理だ。18世紀末以降、各国で憲法が制定されたのは、この目的による。ただし、君主の特権を認めたり、「法律の範囲内で人権・自由を認める」と定める憲法【例、Ⅱ部扉】なら、政府はかなり自由に権力を振るえる。

　「法の支配」は、「人の支配」の反対概念で、元来は絶対君主の権力を法律によって制約しようとしたものだが、民主主義のもとでも政府や政治リーダーの独善・暴走を防ぐ原理として意味がある。

　第2のアイデアは、政府の意思形成に一部ではなくすべての人々が参加するという、民主主義だ。

　第二次世界大戦直後に制定された日本国憲法の前文でも、つぎのように、「国民主権」という言葉で、それまでの明治憲法（大日本帝国憲法）の「天皇主権[3]」（伊藤　2006：22-23）に代わって、民主主義が宣言された。

　　「日本国民は、正当に選挙された国会における代表者を通じて行動し、われらとわれらの子孫のために、諸国民との協和による成果と、わが国全土にわたつて自由のもたらす恵沢を確保し、政府の行為によつて再び戦争の惨禍が起ることのないやうにすることを決意し、ここに主権が国民に存することを宣言し、この憲法を確定する。」

　前文は、長くやや難解な（格調高い）文章で、戦争とそれを進めた軍国主義への反省（「自由のもたらす恵沢を確保」）、民主主義や平和主義への大転換など、戦後日本の原点の気分を伝えてくれる。

　第３に、基本的人権のリストを憲法に規定し、政府にそれを尊重させるというアイデアが発達してきた。18世紀末のアメリカ、フランスの革命で生まれた憲法は、参政権と、自由権（言論、結社、信仰などの自由を国家等から侵害されない権利）とを保障した。20世紀に追加されるようになった社会権（生存権）は、福祉、教育、勤労など、人間にふさわしい生活の保障を国家に求める権利を意味する。日本国憲法が定める勤労者の労働基本権（団結権、団体交渉権、争議権）も、これに含まれる。

◆権力分立

　政府の横暴・専制を防ぐ第４のアイデアは、政府の権力をいくつかに分割し、相互に抑制・均衡（check and balance）させるというものだ。

　とくに有名な「三権分立」とは、政府の権力を、立法、行政、司法の３つに分割して異なる機関に委ね、互いに牽制させて権力の集中や濫用を防ぎ、国民の権利と自由を保障するという原理である（さらにそれぞれの機関の強み・弱みを補い合う効用もある）。立法とは法律を制定すること、行政は法律等を執行すること、司法は紛争や事件に法律を適用し裁定することを意味する。一例だけあげると、国会（立法機関）が消費税、所得税などに関する法律を制定・改正し、

国税庁・税務署（行政機関）が法律に従って徴税を行い、企業や国民が税額等に不服があれば裁判所（司法）に訴え判断を求める[4]、というようなしくみだ。

　日本国憲法によれば、国会が立法権【→1章】を、内閣が行政権【→3章】を、最高裁判所と下級裁判所が司法権を担当する（それぞれ41条、65条、76条）。

　なお、裁判所（司法）は、独立性と法的専門性を生かして、政府のあらゆる活動（国会による立法、内閣による行政など）が、法律さらに憲法に反していないかを審査する重要な権限と役割を持つ（憲法81条）。裁判官の任命は内閣が行う（同79条1項、80条1項）が、「司法権の独立」のための身分保障があり、罷免は、国会が組織する弾劾裁判所などによってしか行えない。

　三権分立の制度では、各機関のあいだの、選出・指示・承認・不信任などの相互関係が重要になる。中学や高校で学ぶ知識なので、有名なその図を確認してみていただきたい。つまり、紙に三角形を書き、上の頂点に「国会」、左下に「内閣」、右下に「裁判所」と書く。そして、三角形の3つの辺をそれぞれ両方向への矢印（計6本）に変えて、順に「国会が内閣を統制する手段は○○」などと、書き込んでいくわけだ。正解の例は、インターネットで衆議院「三権分立について」を検索すれば分かる[5]。あるいは（高橋・伊藤・小早川・能見・山口編 2016：「権力分立主義」）などを見ていただきたい。

　さらに、権力分立に準ずるものとして、地方自治または地方分権、つまり国に対して地方自治体が一定の自律性を持つしくみがある【→4章】。

◆最高機関としての国会

　国会の制度は、上に述べた国民主権と、三権分立の原理とを組み合わせて理解できる。つまり国会は、国民に選ばれた代表機関であり、かつ他の2種類の政府機関と複雑な関係にある。

　憲法の第4章「国会」を見ると、最初に、つぎの条文がある。

　41条「国会は、国権の最高機関であつて、国の唯一の立法機関である。」

　この規定には、どんな意味があるだろうか。前半は、国民を代表する（国民から選挙で選ばれる）国会が最高の決定権を持つという意味で、議会制（間接）

民主主義の原理を定めている。ただし、例外的に、国民・住民が直接に決定を下す制度として、憲法改正に関する国民投票や、1つの地方自治体のみに適用される特別法に関する住民投票（95条）、最高裁判所裁判官の国民審査（79条）がある。

41条後半の「唯一の」にも重要な意味が込められている。これは、法律は国会のみが制定するという原理で、戦前の大日本帝国憲法が天皇に統帥権（軍の指揮権）や、法律に代わる緊急勅令、独立命令等の重要な権限を認め、それが議会の承認なしでの軍部や政府の暴走、専制を助長した（伊藤 2006：18-28）ことへの反省を含んでいる。

続く42条は、「国会は、衆議院及び参議院の両議院でこれを構成する」として、二院制を定める。

両議院の議員の定数、議員およびその選挙人の資格、選挙区、投票の方法、議員の歳費も重要な事項だが、日本国憲法は、法律に委ねる（44、47条）。選挙区ごとの定数について、「上院は各州から2名ずつ」と定めるアメリカ合衆国（1条3節）や、連邦参議院で持つ票数を最大の州で6、最小の州で3などと定めるドイツ（51条）のような地域間の平等化の憲法規定を持たないこともあって、選挙区の議員当たり有権者数が大都市で農村より大きい「1票の格差」を、不平等で違憲だとする訴訟や判決が相次いでいる。[6)]

◆国会の権限

国会の権限には、つぎのようなものがある。

①立法権

法律を国会に提案できるのは、内閣または一定数以上の国会議員である。前者は内閣提出法案と呼ばれ、しばしば中央府省の官僚が与党や関係団体と調整しながら作成し、閣議で決定して国会に提出する【→3章】。件数が多く、また、与党は事前審査で説明を受け修正・承認済みなので、国会で野党や世論からとくに反対が強いとき以外は、可決されることが多い。この事前審査の慣行は、与党（だけ）の官僚への優位【→3章】を、しかし同時に国会審議の空洞化をもたらしうる（大石・大山編 2017：2部）。

　これに対して、議員みずからが法案を作って国会に提案する「議員立法」は、本来これが国会の役割だという見方もあるが、低調だった。たしかに与党議員にとって、政策は内閣に頼んで法案にしてもらう方が簡単だ。しかし近年は、議員の政策的関心や専門能力、選挙に向けたアピールの必要が高まってきて、提案数も成立数も増えている（衆議院法制局、毎年）。NPO法、いじめ防止法、臓器移植法、自殺対策基本法などだ。

　②条約の承認、予算の議決

　条約の締結、および予算の作成は内閣の職務である（憲法73条）。とは言え、国会は条約を承認し（同条）、予算を議決する（86条）権限を持つ。いずれも国会の同意がなければ、成立しない。

　なお、租税の新たな賦課や変更は、「法律または法律の定める条件によることを必要とする」（84条）とされ、国会の議決が必要になる（租税法律主義）。

　③行政府の主要人事への関与

　民主主義の視点からは、国民が自らの代表者（議員）を選ぶだけでは不十分で、選んだ代表者が行政機構をコントロールするべきだ。このための制度には、2種類ある。大統領制では、行政府の長である大統領を国民が選出するが、議院内閣制では、行政府の長である首相を国会が選出する。

　日本は国政レベルでは議院内閣制を採用するので、国会は首相（内閣総理大臣）を指名し、[7]この首相が大臣（国務大臣）を任命する。そして首相と大臣で構成する内閣が、行政の指揮をとることになる（憲法65〜68条）。また、首相は任意に大臣を罷免することができる。

　さらに衆議院は、内閣不信任決議によって、内閣を総辞職させることができる（69条）。内閣は不信任決議を受けると、総辞職するか、衆議院を解散するかしなければならない。後者の場合には、選挙のあと内閣は総辞職し、新しい国会が改めて首相を選ぶことになる（69〜70条）。もっとも、国会が一度選んだ首相と内閣を不信任するのは、与党の分裂、選挙での与党の敗北など特別な場合に限られる。

　なお、首相や内閣が行政委員会等の人事を決めるときに、国会の同意を必要とする制度がある（国家公安委員会、公正取引委員会の委員、日本銀行の総裁など）。

④国政調査権

両議院はそれぞれ、国政に関する調査を行い、これに関して、証人の出頭、証言、記録の提出を要求することができる（62条）。

なお、以上の諸権限は、国会の機能（仕事）として4つに分類すると、公式決定（正当化を含む）、審議、提案、内閣・行政への監視などとして理解できる。国会や議員の活動の不備だけを非難する報道や本も多いが、それぞれの機能ごとに成果も含めて「採点」する方がバランスが取れる。

◆二院制と衆議院の優越

日本に衆議院と参議院があるように、国会を2つの議院によって構成する制度を、「二院制」と呼ぶ。古くは、国民を代表する第1院（下院）に対して、2番目の議院（上院）には、貴族など特権階級の代表機関という意味が与えられていた（イギリスの上院、日本の旧貴族院など）。貴族の特権がない現代では、第2院は、民主主義に関連づけてその存在意義を主張しなければならない。

衆議院と参議院のしくみ（図表1-1）から、両者の違いを検討してみよう。それほど差がないように見えるが、衆議院の方が最大政党に有利で、有権者の選択が良い意味でも悪い意味でもクリアーに示される。衆議院では、小選挙区の定数（選ばれる議員数）が全体の6割を超えているが、参議院の「1人区」は30程度で、半数ずつ改選する議席数の3割以下だからである。また参議院は3年ごとに議員の半数を改選していくので、ブーム等で一挙に政党の力関係が変化することはない。

二院制の最大の問題は、ともに国民を代表する2つの議院のあいだで、とくに政党の構成にズレや違いが発生しうることだ。違いがあってこそ第2院の存在理由が上がるが、違いが大きすぎると混乱につながる、という難問である。とくに、参議院で野党が多数を占める「ねじれ国会」が起こることがあり、国会審議と国政が停滞することがあった。

もちろん、憲法はそうした対立を予想していて、「衆議院の優越」の制度を設けている。まず、「衆議院で可決し、参議院でこれと異なった議決をした法律案は、衆議院で出席議員の3分の2以上の多数で再び議決したときは、法律

図表1-1　衆議院と参議院の比較

	任期	議員定数	選挙制度	被選挙権	特別な権限
衆議院	4年（解散の場合は短縮）	465人	小選挙区（289人）、および全国11ブロックごとの比例代表制（176人）との「並立制」	満25歳以上	衆議院の優越（法案の再議決、予算、条約、内閣総理大臣の指名）
参議院	6年（3年ごとに半数改選）	248人	都道府県を単位とする選挙区（148人）、および全国を単位とする比例代表（100人）	満30歳以上	衆議院解散時の緊急集会

注：本会議ではこの人数が集まるが、おもな審議や活動は、分野別の委員会に分属しておこなう。数字は2023年のもの。しばしば増減されるので、衆議院ウェブサイトの「国会について」で確認しよう。

となる」（憲法59条2項）という規定だ。つまり、法律案は、衆参両院で賛成多数で可決されて成立するのだが、衆議院は可決、参議院は否決と分かれたときでも、もう一度、衆議院に戻して（今度は2分の1ではなく）3分の2以上の賛成を集めれば、成立させられる。ただ、3分の2の賛成というのは、容易なことではない。

　これに対して、予算（60条2項）、条約（61条）、内閣総理大臣の指名（67条2項）については、特別な衆議院の優越の制度がある。こうした最重要事項の場合、参議院が異なる議決をし、両院協議会を開いても意見が一致しないときは、衆議院の議決のまま決まる。しかし、これら以外の法案については、59条2項の方が適用されるので、2010年前後に生じた「ねじれ国会」では政府案がつぎつぎと阻止され、問題になってきた。

◆明治憲法（大日本帝国憲法）

　ここで、政治の理念としくみを定める、憲法について知っておきたい。

　明治維新のあと、自由民権運動（一種の民主化運動）にも押されて、政府は大日本帝国憲法を1889年に公布した。インターネットでも読めるが、国民が政治に参与するための帝国議会を開設する一方で、「天皇ハ国ノ元首ニシテ統治権ヲ総攬シ此ノ憲法ノ条規ニ依リ之ヲ行フ」（4条）などと、主権を持つ天皇が

いくつかの重要権限を有した（第1章）。そもそも、この憲法の制定手続きは、天皇が「臣民ニ対シ此ノ不磨ノ大典ヲ宣布」（前文）するという一方的なもので、それを承認する議会はその時点では存在しなかった。

とはいえ、「富国強兵」策のもとで日本は近代化が進み、憲法により1890年に開設された帝国議会は力を蓄えて、大正時代（1912〜26年）にはデモクラシー（民本主義と呼ばれた）の高揚のもと、政党内閣を実現し、選挙権を成人男性に拡大した（1925年、普通選挙法）。

しかし天皇中心主義は、1930年代になって、議会や自由主義（リベラリズム）を抑える理由づけに利用されてしまった。具体的には、天皇が軍の指揮権（統帥権）を持つとする11条にもとづき、軍部は、政治家や議会からの統制や批判を「統帥権の侵犯」だとして激しく攻撃し、さらに軍の一部はクーデタ未遂・政治家殺害（5・15事件、2・26事件）を起こした。

もう1つの欠陥は、憲法が人権を「法律ノ範囲内ニ於テ」認めていたことで、つまり法律を作ればいくらでも制限できた。とくに、1925年の治安維持法【Ⅱ部扉】は、「国体」（天皇制）や「私有財産制度」（資本主義）を否認するような団体の結成やそれへの加入を厳罰をもって禁じ、拡大解釈もされて、政府や警察機構は、広く言論、報道、政治活動を制限、弾圧していく（中澤 2012；下山・會田編 2017）。こうした民主主義や自由主義（リベラリズム）の縮小と、1930年代からの日本の侵略的な満州事変、日中戦争、さらに太平洋戦争（対英米開戦）は、相互に支えあい、悪循環していった【→5章、図表6-1】。

◆日本国憲法

第二次世界大戦に敗北しポツダム宣言（共同通信社出版センター編 2015；下山・會田編 2017）を受諾した日本は、アメリカを中心とする連合国の占領下で、同宣言が述べる民主化と非軍事化（軍国主義の排除）を進め、再出発することになった。これを、「戦後改革」と呼ぶ。「占領改革」と呼ぶことも多いが、日本国内の改革の動きや期待を軽視する印象を与えてしまう。連合国総司令部（GHQ）の指示にもとづいて、政治犯の釈放、男女同権、農地解放（地主・小作人制度の廃止）、財閥の解体などが進められた。またGHQの案に基づいて、日

本政府は新しい憲法案を作り、国会が圧倒的多数で可決した【→9章】。

　こうした制定過程もあって、1946年の日本国憲法は、明治憲法と多くの点で対照的なものとなっている。

　日本国憲法でとりわけ重要な「3大原理」（伊藤 2006：42など）とは、つぎのとおり。

　①「国民主権」（憲法前文、1条）——明治憲法では、天皇に主権があった。

　②「基本的人権の尊重」（3章、97条）——明治憲法は人権を定めたが、法律で自由に制限できた。

　③「平和主義」（憲法前文、9条）——明治憲法では天皇が（内閣や議会から独立して）軍の指揮権を持ち、国民は兵役の義務を負った。

　これらは、明治憲法の特徴・問題点を根本的に改革し、戦後日本の政治・社会を形成する基礎になった。同時に、①の民主主義にせよ②の人権保障にせよ、民主主義的な欧米諸国の憲法と共通項が多く、日本が敗戦により「国際標準」を取り入れたとも言える（辻村 2018）。もっとも、明治憲法下でその理念に慣れ親しんでいた人々、特権的地位にあった人々にとっては、アメリカからの忌まわしい「押しつけ憲法」に見えただろう。今でも保守右派の人々には、日本独自の「自主憲法」に変えるべきだという主張があるが、問題はその「独自」の中身だ【→9章】。とくに、③の第9条が定める戦争放棄については、世界の平和希求の理想の最先端を行くのか、専守防衛の自衛隊は許容しつつ理想によって歯止めを掛けるメリットがあるか、あるいは自衛隊は海外でも戦うべきなので有害な理想なのか、論争が続いてきた【→Ⅰ部10.】。

　「3大原理」など憲法の特徴については、インターネットでも読める日本国憲法、憲法や高校の教科書などで、確認しておくとよいだろう。

◆日本国憲法のもとでの政治の展開

　新憲法のもとでの70年余の政治史を、図表1-2でごく簡単にまとめておく。詳しくは（吉見 2009；石川・山口 2021；高畠 2012；上神・三浦編 2023：1章）などを読んでいただきたい。

図表1-2 1950年代以降の日本政治のおもな流れ

	政権、選挙1）	経済	財政	福祉・労働	環境・都市	防衛・軍事2）	憲法、統治機構3）
1950年代	＊55年体制（自民党の一党優位と社会党）55～自民党政権	戦後復興経済成長		労働運動の活発化	戦災からの復興	自衛隊創設（専守防衛方針）	保守「自主憲法」制定論革新の護憲運動
1960～70年代	自民党政権＊多党化＊革新（中道左派）自治体が台頭	高度経済成長「石油ショック」後の低成長	税収増公共事業（新幹線、高速道路、ダムなど）	「春闘」による賃上げ国民皆医療保険高齢者医療への補助	深刻な公害問題と対策都市の過密問題原発建設	日米安全保障条約改定非核3原則沖縄返還と米軍基地の存続	平和運動公害反対運動・訴訟大学紛争
1980年代	自民党政権	先進国は低成長に移行	緊縮財政民営化消費税導入		都市の整備進む		住民投票条例が登場
1990年代	自民党政権【93～94非自民連立】94～自社＊無党派層の有権者が急増99～自公	バブル（投機）による好況のあと、低成長	公共事業膨張と減税↓国債発行（財政赤字が拡大）	介護保険	自動車排気ガス規制廃棄物リサイクル地球温暖化対策	自衛隊が国連PKOに参加戦後50年の村山首相談話（植民地支配・侵略を反省）	衆議院に小選挙区制を導入地方分権中央省庁改革情報公開国旗・国歌法制化
2000年代	自公【09～民主】	低成長郵政民営化	派遣労働拡大少子化対策	中心市街地活性化景観法	中国、北朝鮮が軍事力強化	ナショナリズム再燃	
2010年代	12～自公希望の党のブーム	アベノミクス＝円安誘導等	消費税引き上げ	公立高校無償化少子化続く働き方改革	大震災後に全原発停止・再エネ促進法原発再稼動	安全保障法制＝集団的自衛権の可能性	自民党の改憲草案・維新の改憲案テロ等準備罪（共謀罪）法
2020年代	維新の会の伸長	円安によるインフレ			地球温暖化が進行	中国等の軍事力強化に対処	

注：政権について【　】は自民党が野党の時期。おもな政党のみ示し、「自」は自民党、「社」は社会党、「公」は公明党。この本では、1）を8章、2）をⅠ部10で、3）を3章、9章などで扱う。

◆意思決定——変化と合理性

　国会に権限があるが国会だけで進めるわけではない、日本政治における政策決定の実際については、政党、内閣、行政官僚制、市民などのアクター（参加者）を説明してから、3章で述べる。

　ここではやや抽象的に、意思決定の「変化量」と「質」について考えてみよう。政治や政策では改革やイノベーション（改革、革新）がたいせつだといっても、変化がつねに正しいわけではない（例、大型公共事業、原発の推進あるいは廃止、改憲など）。現状に問題があっても、変革のメリット、デメリット、コストなどを合理的に予想し、市民に説明しなければならない。ここで合理的とは、ある制度や政策が、目的（効果・メリット）を達成し、デメリットを抑え、妥当な「費用対効果」で進めうることを言う。

　図表1-3は、タテ軸で決定の質、とくに合理性を表す。合理性は、政策の成功、合意形成、信頼をもたらす可能性がある。多数派に同調しない意見や視点が、実は正しいこともある。ヨコ軸では変化の大きさを表し、それは、決定のコスト、リスク、選挙でのアピール効果をもたらす可能性がある。

　意思決定のスタイルの有名な二分法は、①上に述べた合理主義と、②漸増主

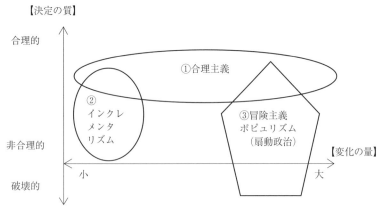

図表1-3　意思決定や「改革」の3つのモデル

【決定の質】

合理的

①合理主義

②インクレメンタリズム

③冒険主義 ポピュリズム（扇動政治）

非合理的

破壊的

小　　　　　　　　　　　大　　【変化の量】

注：筆者が作成。政策決定や改革を記述し評価するさいに重要な「合理性」は、必ずしも一義的ではなく、有効性、効率性（費用対効果）、さらに民主性、合法性、実行可能性なども含んでいる。

義（インクレメンタリズム）だ（村上・佐藤編 2016：5部 I-2）。①は、十分に検討し、最大の効果あるいは「費用対効果」をもたらす選択肢を選ぶ。②は、現状の部分的変更の枠内で選択肢を選ぶスタイルで、今のまま続ける（前例踏襲）、小さな修正をして様子を見るなどを言う。①が望ましく思えるが、合理的とされる案があっても、情報の限界（本当にそれがベストか、デメリットが小さいか、予測しにくい）と、政治的合意の限界やコストが妨げになりうる。②は変化が小さいので結果が予想しやすく、合意しやすいが、状況が改善できる（合理的な）ことも、対策が遅れ悪化してしまう（非合理的な）こともある。

　これに加えて、図の③は、メリット、デメリット、コストの議論よりも、ともかく現行の制度や政策を大胆に「改革」する、という主張で、いわば「冒険主義」ないしはギャンブルでもある。大きな変革は、たまたま成功するかもしれないが、破滅的なリスクにもつながりうる（例、カジノ誘致のため異例の埋立島開催になった2025年大阪万博、改憲による緊急事態・人権制限）。個人レベルではそうした冒険も、ときには許される。しかし国家や地方自治体のレベルでは、成功の保障はなく、途中でやめにくく、コストがかかり合意形成も難しい。ただ、ポピュリズム（扇動政治）が、自分の力をアピールし、合理的でない有権者を「改革」で引きつけるためには、役立つ。

　以上の3つのモデルは本書でも、政治機構や改憲をめぐる論争【→9章】を考えるときに参考になる。関心のある人は、「政策科学[8]」を学んでほしい。

　図表1-3を眺めると、（1）問題の原因と、目標を達成できる合理的手段を研究し、（2）原因を抑制し手段を伸ばす政策（大中小の変化）を決定・実施すれば、成功するはずだ。日本は各種の政策で成果を上げてきた（図表1-2）が、難問も多い。地球温暖化は（1）原因が二酸化炭素等だと確定し、排出削減の目標値が合意されたが、（2）削減の実行がまだむずかしい国もある。日本の少子化問題の場合は、（1）非正規雇用の低賃金、教育費、長い労働時間、「出会い」の機会の不足など、いくつかの原因が推定され（日本経済新聞2022年7月31日）、（2）それらへの対策を進めてきたが、予算の制約、企業や人々の意識の変わりにくさ、所得格差などにより、低い出生率が続く。

■注

1）「市場の失敗」とは、市場原理から生じる弊害を指す。具体的には、不完全競争（独占やカルテル）、公共財【→5章注3】の不足、負の外部性、市場の存在しない領域での供給不足、消費者への情報の不足、景気変動、所得分配の不平等、価値財の不足などであり、放置すれば社会に不利益をもたらす。

2）　公共性には、「国家や政府に関係する事柄」と「社会全体の利益」という2つの意味がある。2つの意味は重なることも多いが、「この公共事業（政府が建設する施設）は本当に公共的なのか（社会の利益になるのか）」と批判するときには、両者のズレが指摘されている。

3）　大日本帝国憲法1条「大日本帝国ハ万世一系ノ天皇之（これ）ヲ統治ス。」

4）　正確には、まず国税庁のなかの国税不服審判所に訴えることになっている。

5）　ただし詳しく言えば、衆議院HP（ウェブサイト）の図には、つぎの事項を追加すべきだろう。［国民→行政］として請願、世論、訴訟、［国民→立法］として請願、世論、［立法→行政］として法律・予算の議決、条約の承認である。

6）　この違憲論を回避するために、議員の数を大都市で増やし農村で減らしてきた。

7）　ここで任命ではなく指名という用語が用いられる理由は、首相を任命するのは天皇だからだ。もちろん、戦後の象徴天皇制（日本国憲法1条）のもとでは、天皇は実質的な判断をせず、国会の指名にもとづいて任命行為を行う（6条1項）。それ以外に、憲法改正・法律・政令・条約の公布、国会の召集などの「国事行為」も、天皇は、内閣の助言と承認に従って（形式的にのみ）行わなければならない（7条）。

8）　大学の政策系の科目では、政策の立案・実施について、合理性を追求するための「科学的」手法と、しかし実際の政治行政過程ではそうは行かないという現実認識とが、ともに教えられる。本格的に学ぶためには、（秋吉・伊藤・北山 2020）などを参照されたい。事例研究とともに、さまざまなモデルの開発・紹介が進み、政策過程の複雑さや意外な側面を浮き彫りにする。

　　また、政策ごとの成果指標の国際比較（総務省統計局；労働政策研究・研修機構）が、参考になる。日本が遅れている分野もあるが、逆に保健衛生について外務省の「世界の医療事情」（ウェブサイト）を見ると、かなり恵まれていることが分かる。

■参考文献　＊本文中カッコ内の文献、および参考書を示す。

秋吉貴雄・伊藤修一郎・北山俊哉『公共政策学の基礎』第3版、有斐閣、2020年

アバークロンビー、N.／ヒル、S.／ターナー、B.S.（丸山哲央監訳・編）『新しい世紀の社会学中辞典』新版、ミネルヴァ書房、2005年

石川真澄・山口二郎『戦後政治史』第4版、岩波書店、2021年

伊藤正己『憲法入門』第4版補訂版、有斐閣、2006年

上神貴佳・三浦まり編『日本政治の第一歩』新版、有斐閣、2023年

大石眞・大山礼子編『国会を考える』三省堂、2017年

加茂利男・大西仁・石田徹・伊藤恭彦『現代政治学』第4版、有斐閣、2012年

共同通信社出版センター編『「ポツダム宣言」を読んだことがありますか?』共同通信社、2015年

下山忍・會田康範編『もういちど読む山川　日本史史料』山川出版社、2017年

衆議院法制局「成立した議員立法」毎年、ウェブサイト

総務省統計局『日本統計年鑑』『世界の統計』毎年、ウェブサイトも

高橋和之・伊藤眞・小早川光郎・能見善久・山口厚編『法律学小辞典』第5版、有斐閣、2016年

高畠通敏『政治学への道案内』講談社、2012年［原著1984年］

田中成明『現代法理学』有斐閣、2011年

辻村みよ子『比較憲法』第3版、岩波書店、2018年

中澤俊輔『治安維持法—なぜ政党政治は「悪法」を生んだか』中央公論新社、2012年

日本経済新聞2022年7月31日「出生率反転、波乗れぬ日本　先進国の8割上昇」ウェブサイト

村上弘・佐藤満編『よくわかる行政学』第2版、ミネルヴァ書房、2016年

吉見俊哉『ポスト戦後社会』岩波書店、2009年

労働政策研究・研修機構『データブック国際労働比較』毎年、ウェブサイト

　　＊日本政治、政治学全般に関する事典類は、第Ⅰ部の冒頭で紹介している。

■ウェブサイト　　＊タイトルで検索しやすいものは、URLを略す。

朝日新聞「ビジュアル年表　写真と映像で振り返る戦後70年」2015年

外務省「海外安全ホームページ」「各国・地域情勢」

国立国会図書館「日本国憲法の誕生」＞「論点」

参議院「参議院のあらまし」

衆議院「国会について」

日本国憲法（法令データ提供システムなど）

BBC, Country Profiles　＊世界各国の紹介、年表付き

GOV.UK, Foreign travel advice　＞Safety and security
　　＊海外に行く人へのイギリス政府のアドバイス。日本を含む世界各国で危険を避けるための注意が書かれ、参考になるとともに興味深い。

2章　政党・選挙と政治参加

◆政党の定義、役割、分類

　政党（political party）とは、「共通の政治的な理念や政策を持つ人々が結成し、選挙で候補者を立てて公職の獲得を目指す集団」と定義される。[1]前半部分は、市民団体などにも当てはまるが、政党は後半の、選挙のための活動が大きな役割だ。ここで、公職とは、国・地方の議員や知事、市町村長などを指している。

　政府と人々を結びつける民主主義において、政党はいくつかの重要な機能を果たす。政治や政策のアイデアと選択肢を提供し論争すること、それらを政府や議会において推進すること、議員・社会集団・有権者を統合すること、政治家を募集・養成することなどだ。もし政党がなければ、人々も政府も不便なことが多いだろう。

　時には覚えられないほど多くの政党が登場するが、分類すれば頭が整理できる。政党の分類基準になるのは、①政治理念や政策（左派、リベラル、保守、右派など）、②組織形態（集権的か分権的かなど）、③国政レベルに進出するか、地方レベルだけか（地域政党）、などの特徴である。

　①は重要な基準で、5章で説明する。

　②に注目すると、富裕層だけが投票できる制限選挙制の時代には、議員がそれぞれ地盤や支持者を持ち、緩やかに集まった「議員政党」が普通だった。しかし、普通選挙制が導入され有権者数が急増すると、党のイデオロギー、規律、そして国民全体への活発な宣伝活動によって、数多くの党員や議員を統合する「組織政党」が、とくに社会主義・社会民主主義の側で出現した。

　2つの中間タイプと言えるのが、経済団体、労働組合、宗教団体などの社会集団に支えられる政党だ。この方法なら、イデオロギー色を弱め幅広く支持を集める「包括政党」を作ることも可能だ。さらに異質な「ポピュリズム型政党」は、人々に直接アピールする才能を持った強いリーダーが中心になり、組織としてはやや弱い【→7章】。

　政党は、ふつう幅広く国全体の各種政策について、整合性のある方針を持とうとする。これに対して「地域政党」は、地域独自の課題が顕著であるなら意味があるだろう。また、特定の重要争点を訴える「単一争点政党」が一定の議席を得ることもある。たとえば、環境保護に重点化した「緑の党」は多くの国に存在し、とくにドイツでは連立政権に入って発言力を示してきた。

◆政党システム（政党制）

　政党システムまたは政党制（party system）とは、「複数の政党の大きさ、配置とそれらの相互作用のしくみ」を指す政治学用語で、2大政党制、1党独裁などの言葉は、一般にもよく使われる。

　政党システムを観察するポイントは、政党の数、大きさ、政治的立場の3つだ。初めの2つは、ちょうど太陽系（solar system）での惑星の並び方にも似て分かりやすいが、「立場」はどう測定すればよいのか。

　各政党の政治的立場、理念、政策の違いを示すための座標軸としては、「左か右か」の区分が代表的だ。冷戦終結後は左右の対立が弱まったが、それでも中道左派（またはリベラル）と中道右派（保守）とは一定の政策の違いがあり、議論・相互批判と有権者にとっての選択肢を提供する【→Ⅰ部図表Ｂ、5章】。

　政治学では、政党システムを図表2-1のように、7つ程度までの類型（タイプ）に分ける（岩崎 2020: 2章）。政党システムのありかたは議会や政府（内閣）の構成に影響するので、政治を良くも悪くもする。表の上側に並べたように、評価の基準には「政権安定」、「政権交代」、「少数意見の反映」など複数あり、それぞれの類型には一長一短がある。しかし、評価が低いのは、紛争を激化させる「分極化した多党制」や、不安定な連立政権しか作れない小党分立型の多党制だ。逆に、自由な議論を抑圧する「1党制」も危険で、独善的な意思決定に陥りやすい。政権交代が起こらない「1党優位制」や、2つの保守政党が（右寄りの？）政策を競う「保守2大政党制」にも、弊害がある。

　先進民主主義国の政党システムの主流は、中道左派またはリベラルと、中道右派（保守）のあたりを中心にした、穏健な多党制、2大政党中心の多党制、または「純粋な」2大政党制になっている。前の2タイプは、筆者の作った図

図表2-1　政党システムの類型と効果

政党システムの類型	事例	政治に及ぼす効果				そのシステムを生みやすい、議会の選挙制度や、その他の制度・条件
		政権安定、社会への統制	政権交代	少数意見の反映、有権者の選択肢	自由の保障独裁の防止	
多党制（分極化した）[1]	ドイツ・ワイマル時代（1920～33年）	－　不安定な連立政権	○	○	？	比例代表制、社会の激しいイデオロギー対立
多党制（穏健な）[1]	イタリア　ベルギー	△－連立政権。小党分立なら不安定	○	○	○	比例代表制
2大政党を中心とする多党制[2]	イギリス　ドイツ、韓国　日本（2000～2012年）	○　安定した連立政権	○	○	○　強力な野党が存在	小選挙区制、比例代表制、あるいは両者の並立制など
2大政党制	アメリカ　台湾	○　単独政権	○	△　選択肢は2つだけ	○　強力な野党が存在	小選挙区制
保守2大政党制		○	△　交替でも大差ない	△　右寄りの政策推進？	△	？
1党優位制（自由な競争的選挙だが、ある政党が継続して他党よりも強い）	日本（1955～93、2012～?）　スウェーデン（20世紀中期）　ロシア　シンガポール	○　長期単独政権	－　長期単独政権	△	△	小選挙区制、他の諸条件【→8章】
1党制[3]（1党独裁またはそれに近い体制）	旧ソ連、中国、北朝鮮　ドイツ・ナチス党（1933～45年）	◉	－	－	－	憲法等による特定政党の優越、他の政党の禁止・抑圧、言論の自由の抑圧

注：筆者が観察や（Caramani 2020：237-241）などをもとに一部修正して作成。◉は効果が非常に強い、○は強い、△は中くらい、－は弱い。

[1]　多党制は、大政党が左と右の両極にある「分極化した」タイプと、大政党が中道寄りにある「穏健な」タイプに分類される。　[2]　多党制のなかで2つの政党が他より強い形態で、現実にはよく起こるが、教科書では省くことも多い。　[3]　特定政党以外の政党が禁止される場合が典型的だが、複数政党のなかで例えば共産党が主導する（中華人民共和国憲法、前文）場合もこれに近い。

表2-1では（もちろん読者の方自身で考えてほしいが）、4種類の効果の欄で割合よい評価を得る。政党システムは「安定」と「対抗・競争」そして「多様な民意の反映」という、相反しうる複数の条件を満たすべきだが、大政党を2つ含む多党制ならば、野党による批判や政権交代が起こりやすく、また連立政権を組むときにも核が存在する。

　たとえばイギリス、ドイツ、スウェーデン、アメリカ、韓国、台湾、オーストラリア、チリなどの先進工業国で、中道右派と中道左派の大政党が対抗する「2大政党（中心の多党）制」が見られる。2012〜13年以降の日本のように1つの政党（自民党）だけが突出するシステムは、ロシア、シンガポールに似て、先進国では例外的だ【図表8-2】。政党システムの国ごとの違いや、ある国での変化がなぜ生じるのか。3つ先の節で述べるように、選挙制度の効果が大きい。しかし、有権者の意識、社会構造、歴史、政党の戦略など、いくつかの要因もまた作用している。

◆日本の政党システム

　戦後の日本での、政党システムの変遷（上神・三浦編 2023：1、4章）【→8章】においては、さまざまな理由から自民党の「1党優位制」が長く続いてきた。1994年の衆議院への小選挙区制（比例代表との並立制）導入のあと、政党システムの大規模な再編が起こって民主党が伸び、他方、自民党も組織力を維持し公明党との連立政権で態勢を整えた。2009年には戦後初の本格的な政権交代で民主党政権が誕生し、「2大政党制」を思わせたが、2012年以降の選挙では自民党が（得票率ではなく議席数で）大勝して「1強多弱」（中北 2017：上川 2013など）になった。1党優位制が復活したように見えるが、実は自民党の比例代表得票率は3〜4割にとどまる。つまり、野党の分立（とくにリベラル系野党と距離が大きい保守新党の参入）が、自民に対抗する選挙協力を阻害している面もある。

　おもな政党[4]について、インターネットで綱領等を調べると、党の特徴や価値観を示す表現が見つかるので抜粋してみた。

　まず、保守（中道右派）に分類できる政党を挙げる。

　自由民主党（自民党）は、平成22年綱領（2010年）を見ると、「我が党は、「反

共産・社会主義、反独裁・統制的統治」と「日本らしい日本の確立」の2つを目的とし、「政治は国民のもの」との原点に立ち立党された。……常に進歩を目指す保守政党である」などと述べる。社会主義への対抗、保守主義、一定のナショナリズムの表明と言える。また、経済的だけではなく政治的な自由主義も抱くようだが、1955年の結党以来、「現行憲法の自主的改正」を掲げ続け、2012年には憲法改正草案をまとめた【→9章】。

　維新の会【→7章】の原型は、橋下大阪市長と石原東京都知事の率いる各グループが2012年に合同したもので、綱領では、「自立する個人、自立する地域、自立する国家」「公助がもたらす既得権を排除し、政府は真の弱者支援に徹する」などと述べていた。同年の「維新八策」と合わせて、小さな政府、改憲、権威主義（または強いリーダーシップ）、ナショナリズムへの指向が強い。最近は、議員を減らす「身を切る改革」（議会縮小論）や教育無償化でアピールしている。

　つぎに、保守以外の政党を見よう。公明党は、創価学会を母体として1964年に発足した。綱領では、「〈生命・生活・生存〉を最大に尊重する人間主義を貫き、人間・人類の幸福追求を目的とする、開かれた国民政党です」とし、「人間主義＝中道主義」とも書いている。しかし99年以降は、自民党との連立政権・協力に移行した。

　民主党は、1996年と98年の2段階で結党。それを継承した民進党は、2017年に党首が保守系新党への合併を決め、反発するメンバーが立憲民主党を作った。2023年現在、リベラル・中道系の立憲民主党と、保守・中道系の国民民主党とが、競争・協力している。立憲民主党は綱領で、「立憲主義と熟議を重んずる民主政治を守り育て、人間の命とくらしを守る、国民が主役の政党」と述べ、「「自由」と「多様性」を尊重し、支え合い、人間が基軸となる「共生社会」を創り、「国際協調」をめざ……すこと」を基本理念とする。

　さらに、つぎの2つの中道左派政党も、保守に対抗してきた。

　日本共産党は、1922年の結党で、綱領では、「資本主義を乗り越え、社会主義・共産主義の社会への前進をはかる社会主義的変革が、課題となる」としつつも、「旧ソ連の誤り」を前提にさまざまな約束を掲げている。

　社民党は、旧社会党の一部を引き継ぎ1996年に改名した。「社会民主党宣言」では、理念として「平和・自由・平等・共生」を掲げる。

　政党の違いを知るには、日常的に新聞（小さな記事を含む）を読むとよいが、手軽な情報源は、国政選挙で配付される「比例代表選挙公報」（インターネットも）や、政党のウェブサイトだ。マスコミがときどき行う議員・候補者アンケートも、政党ごとの考え方の差異が分かる。

◆自民党一党優位の4種類の説明

　選挙研究で、日本の野党（おもにリベラル政党）が弱い原因は一般に、①大政党の有利さと小党分立を同時に引き起こす「並立制」の選挙制度（例、日本国際交流センター 2022：9；上神・三浦編 2023：93）や、②民主党政権の「失敗」や立憲民主党の力不足（例、山本 2021）であると説明される。けれども、二大政党化の傾向が生まれたあと崩れたのだから、2010年代の追加的な原因として、③保守系の維新の会が「改革」を訴えるポピュリズムで、自民党を支持しない有権者の票を立憲民主党などから奪い（村上 2021：351-357）、かつ「野党」内での政策・理念の分立と協力困難を促すメカニズム（①のモデルの修正タイプ）、さらに④日本の有権者調査で、一貫して「保守」が「革新」または「リベラル」より多いデータにも、注目してみたい（詳しくは8章）。

◆選挙制度の種類と長所・短所

　議員を選挙する方法として、比例代表制と、大選挙区制、中選挙区制、小選挙区制がある。比例代表制は、政党などの候補者リストに投票し、各党の得票率にほぼ比例して議席を配分する。それ以外の3種類は候補者に投票するが、「大」では各選挙区で当選する議員数（定数）が2人以上数十人くらいまで、「小」では1人だけとなる。中選挙区制は大選挙区制の一種だが、各選挙区で2〜5人くらいを選ぶ制度を言う。

　各制度には、高校の教科書にもあるように一長一短がある。広く用いられかつ対照的な2種類の制度の効果は、基本的には、つぎのように考えればよい。

●小選挙区制 → 各選挙区で最多得票者が当選→大政党に有利（対策は？）

→２大政党制または１党優位制

●比例代表制→得票率に比例して政党に議席配分→中小政党にも公平

→多党制・小党分立（対策は？）

　それ以外にもさまざまな効果が付随するので、ここでは図表2-2で、選挙制度とそれに影響される政党システムに期待される複数の―しばしば矛盾する

図表2-2　議会の選挙制度の比較　【議論の整理】

	制度上の投票の対象	選挙制度に期待される目的の実現度					日本での採用
		政党間の競争、政権交代	政権の安定	少数意見の反映、小政党の議席獲得	専門家や女性が議員になれる可能性[2]	議員の政党からの自律性[3]	
比例代表制	おもに政党	○（多党制）	△●（小党分立のおそれも）	○	○	△	衆議院 参議院（比例区）
大選挙区制	候補者	△（無所属が増える）	△●	○	△	○	市町村議会
中選挙区制	候補者	△（大政党の派閥間競争も）	△	△	△	○	参議院（2〜5人区）府県議会（大都市部）指定都市議会
小選挙区制	候補者	○（2大政党）●（1党優位）[1]	○	●（大政党に有利で死票が多い）	△	△（政党の支援が必要）	衆議院 参議院（1人区）府県議会（農村部）
（読者のメモ）							

注：筆者が作成。　○大きい　△中程度　●小さい

1）最大政党が第2党に差をつけていると、得票率以上の議席率を獲得して「圧勝」する。

2）人を選ぶ選挙制度では、資金、時間、地域での地盤を持たない専門家（弁護士、研究者など）や女性は、政党からの強い支援がない限り、立候補・当選しにくい。なお、日本では公務員の立候補が禁止されているので、国公立大学・学校の研究者・教員を含む多くの国民は、辞職しない限り議員になれない。比例代表制では専門家等が当選しやすくなるが、同時に、政治家の資質に乏しい人でもリストに乗れば当選できる。

3）この自律性それ自体に、メリットとデメリット（政党の統合力や責任が弱くなる）が考えられる。

一目的を上の欄に５項目並べて、議論を整理しておこう。

　小選挙区制は、日本では衆議院で定数の約３分の２の部分の選出に適用され【図表1-1】、参議院や都道府県議会にも「１人区」がかなり多い。長所は、２大政党制を生みやすく、政権交代と政権の安定がともに実現しやすいことと、候補者の人物を見て選べることだ。短所は何といっても、ほとんどの選挙区で大政党が当選し、中小政党が排除され、それに有権者が投じた票が無意味（つまり「死票」）になる。さらに、第２番目の政党が弱い場合には、最大政党が圧勝し専制的にさえなってしまう。

　比例代表制は中小政党にも得票率に比例して議席を与え公平で、多党制を生みやすい。政権交代も可能だ。しかし、この多党制の長所である多様な民意（少数意見を含む）の反映は、裏返せば小党分立による政治の不安定化という短所にもつながる。つまり連立政権が崩壊したり、そもそも連立交渉に時間がかかる。ただ、この短所は、議席獲得に必要な最低得票率（例、ドイツでは５％）を設定すれば、抑制できる。さらに、比例代表制は人を選べないという不満も、候補者個人の得票を考慮する小選挙区との重複立候補や、非拘束式名簿制度によって緩和される。

　なお、あまり指摘されないが、党首やスローガンの強烈なイメージで集票するポピュリズム政党は、有力な仲間が集まらないと選挙区で弱いが、党の名前を書く比例代表では伸びやすい。

　このように議論はかなり複雑になる。実際には、２種類の選挙制度を組み合わせて欠点を補い合う方式を、衆議院・参議院ともに採用している【図表1-1】。

　ただし、政党システムは、選挙制度だけでは決まらない。とくに小選挙区制は、アメリカのような２大政党、イギリスのような「２大政党と中小政党」を生みやすいが、カナダの３〜４党制にも、逆に最大政党がとくに強ければシンガポール、ロシア、日本のような１党優位にもつながりうる。

◆衆議院選挙の並立制

　日本の衆議院でかつて用いられた定数３〜５の中選挙区制は、世界でも珍しい制度で、自民党の１党優位と、党内の派閥分立につながっていた。ただし、

小選挙区制ほど大政党に有利ではなく、中小政党でも議席を取れるので、自民党は、憲法改正に必要な3分の2の多数（憲法96条）は超えられなかった。

「政治改革」を謳う1994年の法改正で、「小選挙区比例代表並立制」が導入され、約30年間、運用されている（川上 2022）。はたして小選挙区制が2大政党制を促したか、比例代表制が中小政党の活動や多様な民意の反映を保障したか、また、2つの制度の組合せから他のどんな効果が発生したのか。政治学者が好きな難問だが、8章で考えよう。

マスコミ記者も、いっそう政治学の教養を求められる。議席数だけに注目し第1党が「圧勝」と伝える報道は一面的で、比例代表得票率のデータを添えるべきだ。ところが、第2、第3党争いに関しては、比例代表得票率だけに注目する記事もある。それが一面的な理由は、有権者は選挙区と比例代表で別の政党に投票することも多く、前者は各政党を構成する「人」（政治家）への評価を含むからだ。

◆18歳選挙権と政治学（主権者）教育

2016年、選挙権が20歳以上から18歳以上へと引き下げられた。先進国の趨勢に沿い、若い世代に政治参加を促す目的があるが、一般に社会経験が乏しいので、高校までの勉学や生活が政治的知識や思考を養うものでない場合には、感覚的な投票や棄権のおそれもある。

これに関連して、高校までを含む政治に関する教育の必要性が叫ばれるようになった。従来は、「教育の政治的中立性」の原理によって萎縮しがちだったが、今や、具体的な政策をめぐる議論の調査、自分たちでのディベイト、政治参加としての請願の実習など（総務省・文部科学省 2015）の教育実践が推奨されるようになったのは、好ましい。他方で、とくに高校までの教育では、自由で多元的な民主主義【→6章】の観点からは、つぎのような問題を教え考えてもらうことも必要だろう（村上 2016）。

- 重要な政策争点についての賛否両論（強い反対があるときに、政府の方針だけを教えるのは、「中立性」違反だろう。）
- おもな政党の歴史や、理念と政策の特徴

- 政治における対立軸、「左と右」「保守とリベラル」の違い
- 民主主義の発展、そして崩壊の事例（日本の昭和の軍国主義など）と教訓

さらに、「正しい」知識の記憶だけではなく、アクティブ・ラーニング（能動的な学び）、つまり対立する複数の主張・情報の入手、その検討や議論、社会の現場での体験学習などが必要で、海外での実践が日本でも参考にされる（日本学術会議政治学委員会 2017）。

一方、大学生からは、「住民票を今の学生アパート・マンションに移していないので故郷に帰らないと投票できない」という声も聞かれる。実際には、「不在者投票」の制度があり、故郷の選挙管理委員会に手続きすれば、今の「滞在先」の自治体で投票できるので、宣伝し活用したい。

◆政治参加

政治参加の代表的な方法は、選挙（日本国憲法15条、43条以下、93条2項）や請願（同16条）だが、それ以外にも、政府機関への投書や電話、署名運動、不買運動、集会、デモ、抗議活動、訴訟、選挙運動への参加（日本経済新聞政治部編 2016：5章）、市民運動、NPO活動など、弱いものから強いものまで、少数でできるものから多人数が必要なものまで、いろいろある【→4章】。欧米と比べて、日本のそうした政治参加は「相対的に低水準」（山田 2016：2章；Klesner 2014：chap. 8，9；荒牧・村田・吉澤 2019；NHK放送文化研究所 2020：73-102；村上 2015：図表3）だが、成果もあげている。同時に、年令、所得、教育程度などに左右されるという調査結果（蒲島・境家 2020：表6-10）をもとに、改善の方法（または限界）を論じうる。

なお、政治参加は、政党のメンバーになって党費を支払うこと、政治的な集会・パーティに参加すること、支援する政党・政治家への寄付を含む。宣伝活動などお金がかかるので（国の政党助成金もあるが）、もし政治献金がなければ、個人的に富裕な政治家が圧倒的に有利になるだろう。ただし、隠れたまたは莫大な献金を防ぐために、政治資金規正法に従って報告が義務づけられる。

人々が政治に参加しなければ、政府は独善的になり、民主主義は形骸化する。とはいえ、それなりに豊かで、かつ仕事や遊びに忙しい現代社会では、個

人として計算すると、政治参加の便益（予想される利益）が費用（コストや時間）より小さいことも多い。

　言い換えれば、政治参加には、つぎのような条件が必要になる。①参加のための幅広い方法・制度。それらは、効果が期待されかつ費用が大きすぎない方がよい。近年の例として、情報公開、住民投票、パブリックコメントなどの制度化がある。低コストの選挙ですら投票率が下がるので、期日前投票の簡易化などの配慮で、低下を食い止めてきた。②参加を支援する政党、市民団体、人間関係など。③人々が政治知識や参加意識を持つこと。マスコミ報道、ニュースについてのおしゃべり、日常的な社会への関心や参加、主権者（政治学）教育などから、情報や動機づけが得られる。なお、「社会運動論」の研究からも、かなり似た理論モデルが得られている（久保・末近・高橋 2016：10章）。

◆投票行動はどのように決まるか

　議会制民主主義のもとでは、選挙はもっとも重要な政治参加の方法だ。

　有権者の投票行動に影響を与える諸要因について、総合的なモデルとしては、米国のコロンビア学派とミシガン学派のものが有名だ（白崎 2005：108-115）。前者は職業、階層、宗派など（そこで社会的ネットワークや他の人との接触が生まれる）、有権者の社会学的属性の影響を重視する。後者は、投票行動の変化を説明するためにも、政党帰属意識、政治的業績への評価など、有権者の心理的な要因の影響が重要だと主張する。

　２つのモデルの混合が選挙学会で認容されるかは微妙だが、合せて考えると、つぎのような要因（変数）が投票行動に影響しうる（参考、飯田・松林・大村 2015：２部）。

　①「政党帰属意識」または「政党支持態度」——家族の影響、自分の所属する階層や民族、自分の政治的価値観などをもとに、ある政党に親近感・信頼を持っている状況。

　②政党や党首のイメージ——政党に対する好き・嫌いなどのイメージはさまざまに形成されるが、党首の言動や印象が決め手となることも多い。

　③政策・争点——選挙での争点に関する政党の公約が、投票基準になる。有

権者がどの政策を重視するか、各政策に関してどの政党に担当能力があると考えるか、という世論調査(例、『Voters』2022：6，11)は、とても参考になる。(ただし質問項目に「民主主義」「人権」などが欠落する調査は、改善を要する。)

④「業績」——将来の約束よりもむしろ、これまでの政権の業績、さらに国や地域の今の経済状況などへの評価が基準になる。

⑤候補者に対する評価——「信頼できるのは政党よりも人間だ」という感覚は正しい面があるが、実際には、多くの議員は議論の過程では意見を述べても、議会の投票では党の決定(党議拘束)に従うことになる。

⑥社会的ネットワーク——議員の後援会、業界団体、宗教団体、労働組合などへの所属、さらに知人からの依頼などをつうじて投票が誘導される。そこで利益(政府予算や公共事業)の配分と支持・票が交換される場合、これを利益政治(clientelism)と呼ぶ。ただし、政治家の資金等で有権者に供応などすることは、以前と違い今は禁じられる。

⑦戦略投票——選挙結果の予想にもとづいて、意味のある投票を行おうとする心理。とくに一方の勢力の大勝を防ぐバランス感覚から投票する心理は、「バッファー・プレイヤー」(牽制的投票者)と呼ばれ、1980年代、与党(自民党)有利の選挙予測が報じられると野党に投票する行動が注目された(三宅 1989：226-229)。

⑧しかし逆に、とくに同調性の高い社会では、強そうな側への支持を促す「バンドワゴン効果」も存在する。「沈黙のらせん」(Schweigespirale)、つまり少数意見の持ち主が発言をためらい少数派がますます弱くなるメカニズムも、指摘される(三宅 1989：225-226)。

◆政治的無関心、棄権

政治的無関心や棄権には、いくつかの原因や心理が考えられる(総務省選挙部 2022)。①「政治がどうなってもかまわない。自分には無関係」(政治や民主主義の重要度の低さ)。②「自分の1票では政治は変わらない」(政治的有効性感覚の低さ)。③選挙結果が変わったとしても、「どの政党も魅力がなく、信じられない。違いがない」(政治不信、適当な選択肢の不在)などである。そのように投

票の便益（メリット）が小さいかゼロだと思う人が、④所要時間、仕事や遊びへの影響など投票の費用（コスト）がそれを上回ると思う場合に棄権するのは、「合理的」（自然なこと）だ（参考、蒲島・境家 2020：73-78）。

他方で、これらの心理は必ずしも合理的ではない。①②③は、客観的な面と主観的な面を含み、変動しうるからだ。①に関しては、政府が各種の政策や権力行使を行う現代社会では、政治は私達の生活や社会に大いに影響する。③に関しては、新聞を読み議論すれば（政治学を勉強すれば）、政党の特徴や違いを見つけることは難しくない。そして、「より悪くない」政党への投票は、棄権より賢明である。なお、②は難しいが、ある程度の接戦の場合に、一定数の人が変えようと思えば選挙結果は変わりうる。④の負担の改善は、選挙を管理する行政側も配慮しなければならない。

近年は、期日前投票、長期出張者や故郷を離れた学生が利用できる不在者投票（前述）などの制度が便利になり、もっと知られるべきだ。投票所に行くコストはイベントや有名店に行くよりずっと低いのに、それをインターネット投票で引き下げる提案もある。しかし、投票内容を他の人から見られ「秘密投票」の原則に反するおそれや、政府が結果を操作・改変する危険（参考、毎日新聞2021年10月2日）が深刻だ。

◆無党派層と政党衰退論

無党派層（支持政党がない有権者）は、1994年頃から急増し、4〜6割に達している。前節で列挙した「政党帰属意識」や、「社会的ネットワーク」つまり後援会や政党関連団体を通じての支持の弱まりが一因だ。それに加えて、無党派層は、そもそも政治に関心がないか、どの政党も同じに見えあるいは信頼できないと感じている。後者の人々は、政治的関心はあるが、情報や知識の不足で（？）投票先が見つからないということだ。

後者の無党派層は、「おもしろそうな」選挙では投票に行く。その場合、政党リーダーのイメージやブーム（流行）に影響されやすいのではないか。90年代以降、国政そして地方選挙（とくに首長選挙）の振幅は、良くも悪くも大きくなっている。無党派層は、2009年には民主党の大勝と政権交代をもたらし、

2012年衆院選では大きく維新の会に流れ、2017年衆院選では立憲民主党と希望の党の2位争いに答えを出した。

こうした有権者の意識の変化は、政党への信頼低下を含み、「政党衰退」の現象（加茂・大西・石田・伊藤 2012：145-147；岩崎 2020：7章）と見ることもできる。社会の側で階層や組織が流動化していくと、隆盛だった「組織政党」は限界に直面する。より広く支持を集める「包括政党」（catch-all party）が有利になり、そこではマスコミ対策、選挙宣伝などの専門家の役割も重要になる。

ただし、2つの留保が必要だ。①この章の冒頭に挙げた民主主義における政治的機能を、政党はなお果たしている（Caramani 2020：ch.12）し、その機能は他の制度（市民団体、マスコミ、有力政治家など）には十分果たせない。②とくに議会選挙では、小選挙区でも比例代表でも政党系候補が相対的に票を集めて当選し、無党派層の有権者は、棄権ではなく、争点等に応じて政党選択を変える行動を通じて、政治の流動化（活性化？）をもたらしている【→8章】。

◆棄権のデメリットは何か

投票は日本など多くの国では義務でないから、投票に行かないことは、選挙権の放棄つまり「棄権」と呼ばれる。衆議院選挙での投票率は、1990年代に衆院選で60％前後、参院選で50％以下に下がった後、やや回復したりまた下がったりしている（総務省選挙部 2022）。もちろん政党の側も、政策や理念を提示し、説明し、議論・討論をして、選挙を盛り上げる努力をするべきだ。

棄権を考えるときには、つぎの2つのメカニズムを知っておきたい。

第1に、低投票率でも、一定の人々は必ず投票に行く。投票率が下がると、強いイデオロギーや宗教組織を持つ政党、活発な利益団体、あるいは熱烈なファンがいるポピュリズムにとって有利になる。そして棄権は、そのような一部の信念や「既得権」を助け、それらに政治を「全権委任」する意思表示に他ならない。（反発を受けにくい言い方は、「若者が棄権すれば投票率が高い高齢者に予算が取られてしまう」）。

第2に、選挙の目的は、良い政治を選ぶだけでなく悪い政治を避けることでもある。極端に言うなら、「より小さな悪を選ぶ」ことに価値がある。それは、

棄権して、よりデメリットの大きい政党に勝たせるよりも、賢明ではないだろうか。

◆デモ、内閣支持率、「日本会議」

　デモ（demonstration、示威運動）や集会は、かつては政党や諸団体が動員していたが、インターネットやSNSによる情報発信で個人も集まりやすくなった。2011年の大震災・福島原発大事故のあとの反原発デモの活発化は、一定の理解のあった民主党政権に、ひとまず全原発を停止させる「社会実験」を実現させた（小熊 2013）。2015年の安全保障法制（集団的自衛権の行使の根拠法）反対のデモは、学生による「SEALDS」の結成、野党や研究者との連携、平和的に実施され右翼や警察の介入もなかったことなど、日本の市民社会の新たな発展を示したと言う見方もある。「有権者全体のなかでデモ参加者は少数に過ぎない」という保守派の冷笑もあったが、賛成のデモが少なく、時間と労力を投じて多数の反対者が行動した事実は、「民意」の1つとして尊重したい。また、デモや集会は、反対意見の存在や規模を示し、参加者の意思や知識を強め、同じ立場の政党、マスコミ人などを励ます効果を持つ。

　2016年の参院選では、そうした市民運動は、野党の選挙協力と結びついて1人区中心にある程度の成果を得たが、有権者全体への影響は限定的だった。内閣支持率は、安全保障法制の制定の直後10％くらい下がり不支持が増えたが、16年になると（自民党政権の計算通り？）回復した。多くの有権者は、自分の利益に直結しない事柄は忘れやすい。

　保守右派の政策を批判するかなりのリベラルな人々と、支持・容認あるいは無関心の多くの有権者との、二重構造が見られる（村上 2015）。世論調査では、自民党の全面的改憲、原発再稼動に反対する意見が多いが、そうした「公共的」争点が投票行動で重視されるとはかぎらない。

　もちろん、たとえ劣勢でも、リベラル派の存在は政党とともに、強力な保守政治に対抗する議論や問題提起を行う基盤となるわけで、貴重である。デモや集会で情報発信し、裁判で争うほか、とくに有権者が関心を持つ争点が浮上した場合には、広く無党派層などを引き寄せ、国政・地方選挙や国民・住民投票

を左右する潜在力がある。

　これに対して、保守派・右派も、日本会議という「国民運動」を組織して、天皇の地位の強化、愛国心の強調、表現の自由の法律による一定の制限などを含む改憲を訴える。並行して、中国や韓国を軽蔑し日本の戦争を正しかったと主張する排他的ナショナリズムの本や、リベラル派を「反日的」だと批判する本も大量に出版されてきた【→5章】。

◆市民社会と大衆社会

　有権者もさまざまで、社会学における、「市民」と「大衆」という古典的な対比概念が、役に立つ。市民（citizen）と呼ばれるタイプは、社会に良いことを自律的に行う、あるいは「自由」を尊ぶ意識を持つ（大澤・吉見・鷲田 2012：「市民」）。さらに、知的側面にも注目し、知識を持って合理的に考え、かつ主体的に活動する人々とするような定義が多い（濱嶋・竹内・石川編 2005：「市民意識」「大衆社会」）。たしかに、いくら主体的に動いても、あまり感情的では、公共機関や企業にうるさく文句を付ける「クレーマー」や、政治・社会的な暴力やテロになりかねない。

　市民と反対に、大衆（mass）は、自分で考えず扇動されやすい人々を指す。つまり、大衆と市民が対照的なのは、合理性と自律性という2つの尺度においてだと考えてよい（阿部・内田・高柳編 1999：「市民」「大衆社会」）。なお筆者は、市民の定義として、以上の自律性、および知性・合理性とともに、「公共性・他者への配慮」も加えるべきだと考えている。

　第二次世界大戦後、ナチズムやファシズムの原因を、社会的ネットワークから切り離された人々（大衆）に求める「大衆社会論」が盛んになった。そうしたバラバラの個人は、伝統的な価値観を失い、また仲間と協力・議論する習慣もないので、無力かつ情緒的・受動的で、強力な指導者を求め、政治家やマスコミの単純な宣伝に扇動されやすいといった説明だ（加茂・大西・石田・伊藤 2012：153-154；友枝・浜・山田編 2017；盛山・金・佐藤・難波2017：57、293-295など）。最近のポピュリズムも、単純な扇動で集票している。

　日本人の意識調査（例、荒牧・村田・吉澤 2019）や、身の回りの経験をもとに、

検討してみたい。

　なお、「市民社会」（civil society）は、国家とも市場とも違う領域、あるいはそうした領域を構成するさまざまな集団などと定義される。つまり、上に述べたような「市民」の意識や態度と少し違って、政府や企業から自律した社会団体・市民団体の諸活動を指す言葉で、それが民主主義や政策を良くすると論じられることが多い。

　もちろん現実には、「政治は難しい」「関係ない」「自分ではどうしようもない」「忙しく、政治を考える暇はない」といった意識もある。若い人々が政治の話題を避けるのは、「もし相手が自分と違う政治的意見なら、人間関係が悪くなる」という心配があると、学生から聞いた[7]。

◆マスコミとインターネット

　マス・コミュニケーション（mass communication）は、日本ではマスコミとも略し、不特定多数の大衆(mass)を対象とする大量の情報伝達を指す。新聞、テレビなどの情報伝達機関を、マス・メディア（media＝媒体）と呼ぶ。その活動・受容の状況（春原・武市編 2016；藤竹編 2012）や、政治への影響が、おもに社会学や心理学の分野で研究されている。

　情報の伝え方とともに、そもそもどのテーマを取り上げるかというマスコミの選択（議題設定機能）も、社会に影響力を持つ。たとえば、政党や選挙について、報道され広く知られる問題と、重要なのに報道・注目されにくい問題とがあるようだ【Ⅰ部図表A】。

　テレビでは、よく取材し考察した勉強になる番組もあるが、人気タレントが単純化しおもしろくしゃべる番組の方が視聴率が上がるようだ。

　新聞を日常的に読む人は、20歳代では2割程度にまで下がっている（藤竹編 2012：2部）。印刷されたメディアは多くの情報と多面的な解説を提供し、読者は、自ら思考するために休止できる。政府・与党関係の記事よりは小さい扱いになるとはいえ、野党の主張も知ることができる。テレビでは、有力政治家の演説が直接流され、工夫しなければ単純化が起こる。

　さて、21世紀になって急速に普及したインターネットは、個人の情報発信が

広く自由に流通するので、テレビや新聞で報道されにくい、少数派の市民、政党、団体、研究者（あるいは暴言でアピールする人々）も情報発信できる。一方、フェイスブックやツイッターなどのSNS（ソーシャル・ネットワーク・サービス）は、集会・デモの案内などを含む政治的情報の拡散に役立つが、閉ざされた仲間の内部で過激な言論が昂進していくデメリット（扇動のためにはメリット）もあるとされる。新聞よりも短く一元的なインターネット情報に浸っていることが、人々の思考力の低下、保守化を生む可能性もある。

◆政府のマスコミへの関与

　2012年からの自民党・安倍政権は、NHK会長の任命を通じてコントロールを試みたり、放送法4条の定める「政治的公平」に反した放送局への処分を示唆した（砂川 2016；『月刊マスコミ市民』2016；東京新聞外報部 2023：7章）。攻撃的な政権・政治家を批判できない「御用マスコミ」になるなら、まさに「中立性」違反というべきだ。

　国際的なNPOによる「報道の自由度ランキング」は、民主党政権の2010年には11位だった（代わりに政権批判は激しかった）が、安倍政権になると下がり、2016年には対象の180カ国・地域のうち72位となった。

◆利益団体

　利益団体（interest group[8]）とは、特定の利益・関心（interest）の実現のために政府（議会や行政機関）に働きかける団体・集団をいう。つまり利益団体は、社会と政府・政治を媒介する機能を持つ。

　では、政党やマスコミと比べてどこが違うのだろうか。マスコミは情報の収集伝達が中心だが、利益団体は、社会の意見を政治過程に表出させるという点で政党に似る。しかし、政党は選挙で候補を立てて議席や政権を目指し、そのために、総合的な政策体系を国民に示す。これに対して、利益団体の場合には選挙への参加は間接的で、関心も特定分野に集中しがちだ。

　日本に数万ないし十数万ある利益団体を理解するために、政治学では、利益団体を大きくつぎの3種類くらいに区分し、またその戦術、ネットワーク、影

響力を分析している（伊藤・田中・真渕 2000：7章）。

　①経済部門（セクター）団体——経済活動における同業者や同じ地位にある人々が、利益を増進するために集まったもの。たとえば、経営者団体（経団連）は経済活性化や法人税の減税などを求める。建設業、銀行、スーパーマーケットなどの業界団体は、その業界の発展を追求する。企業の従業員や公務員の側は、条件改善のために労働組合を作り（仁田・中村・野川編 2021）、その全国組織（ナショナル・センター）として、「連合」、「全労連」などがある。農家は農業協同組合（農協）に集まり、資材の購入や作物の販売を共同で行うとともに、政府に農業の振興を訴えてきた。さらに、専門家団体として、医師会、弁護士会などが有力だ。

　②価値推進団体——自分たちの経済利益というよりも、公共的な目的や価値の増進を掲げて、市民団体、NPO（非営利団体、non-profit organization）が活動する。追求する目的は、環境・自然保護（例、神奈川県 2023）、平和・軍縮、人権擁護、死刑廃止や逆に厳罰化など多様だ。社会運動（濱西・鈴木・中根・青木・小杉 2020；大嶽 2020）とも呼ばれ、現代社会のさまざまな問題に取り組む点で貴重だが、①のように経済上の組織や利益にもとづいていないだけに、基盤が必ずしも強くない。

　③政策受益団体——政府や行政が進める政策に協力しつつ利益を受けることを1つの目的にして、作られる団体。政府から見ると、政策推進のための協力者になってくれる。社会福祉協議会、まちづくり協議会などが一例だ。

　以上のような利益団体の長所は、政党が政治全般を扱う「デパート（百貨店）」なのに対して、特定の政策や課題に「専門店」のように関心・能力を集中して取り組むことにある。しかし、そのための議員や行政への要望・陳情活動（ロビーイングと呼ぶ）が過剰にまたは非公開で進めば、予算を分捕り、「既得権」を守るために圧力をかけていると非難されるだろう。

■注
　1）　こうした基礎概念は、定義をいくつかの教科書等で調べると、共通点と違いがあり、勉強になる。
　2）　リベラル・中道左派が強い欧米では起こらず、したがって欧米の政治理論やそれに準

拠する日本の教科書には登場しない。しかし、日本では国政レベルで、自民（保守）と維新（保守）ないしは希望の党の競争という形で起こりそうになり【→8章】、農村部の自治体では保守系2会派の競争が見られる。

3）　政治学者ダウンズの有名なモデルは、有権者が左右の軸の中央に厚く分布する場合、2大政党は票を求めて中央に収れんすると説明する。ただし、違和感もある。中央の右側や左側の有権者を引きつけようと、2大政党は相手とは違う一定の特徴をアピールし相手を批判する可能性がある。たとえば、2010年代の自民党や立憲民主党の事例だ。また他に中小政党が存在すれば、小さくても情報発信機能は持つので、純粋な2大政党制よりも議論の幅が広がる。そもそも今日の先進国での世論調査では、多くの争点について有権者の意見が分かれて分布している。

4）　政治学の研究が少ない新しい政党は、説明していない。自民党と民主党などとの競争については、8章で考察する。

5）　衆議院選挙の候補者は小選挙区と比例代表の両方に立候補してもよく、小選挙区で落選しても「惜敗率」が高ければ比例代表で（所属政党が得た議席数の範囲で）「復活当選」できる。得票の多い議員や、政党にとって重要な議員が、小選挙区で落選してしまうことを防ぐ、いわば安定化機能を持つ。

6）　この二次元モデル（I部図表A）では、右や上に寄りすぎても問題が生じる。人間社会では感情も、周囲との調和も必要だ。ただ日本ではそうした心配は少なく、むしろ全体の傾向としては、左側の感情的傾向や、下側の他律性・同調性に偏る。自己主張の強い人に対して、「空気が読めない」とけなす。ことわざでも、「寄らば大樹の陰」「出る杭は打たれる」と言う。他方で、かつての戦争、経済成長、オリンピックなどの「国家的」目標には、団結して必死で取り組む。裏側から見れば、「和をもって尊しとなす」「旅は道連れ世は情け」（逆は、「人を見たら泥棒と思え」）と言われ、順法意識や資源ゴミの回収・リサイクル率の向上など好ましい効果もある。

7）　映画の評論や、好きなスポーツチームなどの話題なら、意見が違ってもかえって盛り上がるのに、なぜだろう。（議論してみよう。）

8）　以前は「圧力団体」とも呼び、公式の政治過程に圧力をかける邪魔者とされたが、今日では団体の活動のメリットも認識されるようになったので、中立的な「利益団体」（または利益集団）という言葉を使うことが多い。

■参考文献　　＊本文中カッコ内の文献、および参考書を示す。

阿部斉・内田満・高柳先男編『現代政治学小辞典』新版、有斐閣、1999年

荒牧央・村田ひろ子・吉澤千和子「45年で日本人はどう変わったか（2）」『放送研究と調査』2019年6月号、ウェブサイト
　（https://www.nhk.or.jp/bunken/research/yoron/pdf/20190601_6.pdf）

飯田健・松林哲也・大村華子『政治行動論―有権者は政治を変えられるのか』有斐閣、2015年

石澤靖治編『政治コミュニケーション概論』ミネルヴァ書房、2021年

伊藤光利・田中愛治・真渕勝『政治過程論』有斐閣、2000年

岩崎正洋『政党システム』日本経済評論社、2020年

上神貴佳・三浦まり編『日本政治の第一歩』新版、有斐閣、2023年

『Voters』（明るい選挙推進協会）No.70（特集　参議院選挙をふりかえる）、2022年、ウェブサイト

NHK放送文化研究所『現代日本人の意識構造』第9版、日本放送出版協会、2020年

大澤真幸・吉見俊哉・鷲田清一編『現代社会学事典』弘文堂、2012年

尾中香尚里『野党第1党―「保守2大政党」に抗した30年』現代書館、2023年

大嶽秀夫『平成政治史―政界再編とポスト冷戦型社会運動』筑摩書房、2020年

上川龍之進「民主党政権の失敗と一党優位政党制の弊害」『レヴァイアサン』53号、2013年

神奈川県「かながわ環境団体リスト」2023年訪問、ウェブサイト

蒲島郁夫・境家史郎『政治参加論』東京大学出版会、2020年

加茂利男・大西仁・石田徹・伊藤恭彦『現代政治学』第4版、有斐閣、2012年

川上高志『検証 政治改革　なぜ劣化を招いたのか』岩波書店、2022年

久保慶一・末近浩太・高橋百合子『比較政治学の考え方』有斐閣、2016年

『月刊マスコミ市民』2016年4号（特集：安倍政権とメディア）

小熊英二編『原発を止める人々―3・11から官邸前まで』文藝春秋、2013年

白崎護「政党支持と投票行動におよぼすソーシャル・ネットワークとマスメディアの影響―JEDS96データの分析」『年報政治学』2005（1）、2005年、ウェブサイトも

砂川浩慶『安倍官邸とテレビ』集英社、2016年

総務省選挙部「目で見る投票率」2022年、ウェブサイト

総務省・文部科学省『私たちが拓く日本の未来―有権者として求められる力を身に付けるために』2015年、ウェブサイト

東京新聞外報部『言論弾圧―言論の自由に命を賭けた記者たち』筑摩書房、2023年

友枝敏雄・浜日出夫・山田真茂留編『社会学の力―最重要概念・命題集』有斐閣、2017年

中北浩爾『自民党―「一強」の実像』中央公論新社、2017年

仁田道夫・中村圭介・野川忍編『労働組合の基礎――働く人の未来をつくる』日本評論社、2021年

日本学術会議政治学委員会「提言　高等学校新設科目「公共」にむけて─政治学からの提言」2017年、ウェブサイト

日本学術会議政治学委員会政治過程分科会「報告　主権者教育の理論と実践」2020年、ウェブサイト

日本国際交流センター『日本の民主主義の再評価　最終報告書』2022年、ウェブサイト

濱嶋朗・竹内郁郎・石川晃弘編『社会学小辞典』新版増補版、有斐閣、2005年

濱西栄司・鈴木彩加・中根多恵・青木聡子・小杉亮子『問いからはじめる社会運動論』有斐閣、2020年

春原昭彦・武市英雄編『ゼミナール　日本のマス・メディア』日本評論社、2016年

藤竹暁編『図説　日本のメディア』NHK出版、2012年

毎日新聞 2021年10月2日「ロシア電子投票不正か　下院選不自然な大逆転」、ウェブサイト

待鳥聡史『政党システムと政党組織』東京大学出版会、2015年

三宅一郎『投票行動』東京大学出版会、1989年

村上弘「強くない日本の市民社会」『政策科学』22─3、2015年

村上弘「政治学教育における目的、内容、方法─多元的民主主義と政党システムの教え方を中心に」『年報政治学』2016-Ⅰ（政治と教育）、2016年

村上弘「日本の「保守・リベラル」と政党システム」『立命館法学』2021年2号、2021年

盛山和夫・金明秀・佐藤哲彦・難波功士編『社会学入門』ミネルヴァ書房、2017年

山口二郎・中北浩爾編『民主党政権とは何だったのか─キーパーソンたちの証言』岩波書店、2014年

山田真裕『政治参加と民主政治』東京大学出版会、2016年

山本健太郎『政界再編─離合集散の30年から何を学ぶか』中央公論新社、2021年

連合（JTUC）プレスリリース「多様な社会運動と労働組合に関する意識調査2021」2021年、ウェブサイト

Caramani, Daniele ed., "Comparative Politics" 5 th ed., Oxford University Press, 2020

Klesner, Joseph L., Comparative Politics : an Introduction, McGraw-Hill international edition, 2014

■ウェブサイト　＊タイトルで検索しやすいものは、URL を略す。

明るい選挙推進協会『Voters』

NHK 放送文化研究所「政治意識月例調査」

経団連（日本経済団体連合会）、連合（日本労働組合総連合会）、全労連（全国労働組合総連合）、JA 全農（全国農業協同組合連合会）、日弁連（日本弁護士連合会）、日本 NPO センターなど

国民政治協会（http://www.kokuseikyo.or.jp/）　＊自民党の政治資金団体であり、「収支報告書」で、同党の支持基盤を観察できる。

総務省「政治資金収支報告書」（定期公表）

　＊政党や国会議員の収入や政治資金調達のデータを通じて、その支持基盤をうかがい知れる。

総務省「選挙・政治資金」

それぞれの政党のホームページ

Afonso, Alexandre, 'The party systems of 12 European countries in 2018, in one chart.' 2018

　　（https://alexandreafonso.me/2018/04/08/the-party-systems-of-12-european-countries-in-2018-in-one-chart/）

3章　内閣と行政

◆行政の活動と組織

　行政とは何かを考えるには、三権分立の図式、あるいは後述の官僚制理論や政官関係の視点が役立つ。

　三権分立【→1章】のなかで行政府が担当する法律（や予算）の「執行」とは、立法府が決定した法律等を、社会のなかで具体的に実現していくことを言う。

　法律は数ページ程度の紙に書かれた言葉であるが、言葉だけではほとんど効果がない。それを実際に執行（実施とも言う）するためには、多くの人々の共同作業と、財源や細かな規則が必要になる。たとえば、都市計画法は、道路や公園等の整備計画、用途地域の指定などを含む都市計画を決定して地図にし、それにもとづいて公共事業を進め民間の建築行為の確認（許可）を行うことなどを定めるが、これを実際に全国の都市で実施していく作業は、膨大なものになる。介護保険制度の実施は、全国のお年寄り等について要介護度を認定し、デイサービスや老人ホームを案内し、必要な施設や人員を増やさなければならない。法律外の政策や予算の執行も、同じような方法をとる。そのため、どの国でも、自治体でも、行政機関は議会よりもはるかに規模が大きく、専門的な職員を集め、複雑な組織を作っている。

　とくに、日本の行政は省庁間で競争し、外部の企業・業界、諸団体、地方自治体、専門家などとのネットワークを発達させ資源を「最大動員」し、政策出力を拡大してきた（村松 1994）。

　巨大な行政機関は内部で分業体制を構築し、日本の国レベルでは「中央府省」「中央省庁」などと呼ばれる。内閣府と他の省庁の名称と内部編成について、最新の情報を、この章の終わりに示す政府ウェブサイトで確認していただきたい（地方自治体でも、同じような分業体制をとっている）。

　多くの省は、国土交通省、文部科学省、厚生労働省、経済産業省、農林水産省、外務省、法務省、環境省、防衛省、国家公安委員会、復興庁というよう

に、政策の目的や対象を名前に掲げ、その分野の行政活動を担当する。そして、たとえば国土交通省の内部は、都市局、道路局、住宅局、鉄道局などの分野に分かれ、それぞれの局はさらに課、係などに細分化されていく。

◆内閣と議院内閣制

　もちろん、こうした行政機関の公務員に重要問題の決定をすべて委ねるわけにはいかない。民主主義のもとでは、この行政機関と、議会や国民をどう結び付ければ、うまく行くのだろうか。

　議会は、法律や予算を議決し、あるいは国政について調査し審議することを通じて、行政をコントロールする。行政は、法律や予算に縛られ、監視されることになるからだ。さらにより直接の民主的統制として、行政機関のトップに国民・住民の代表者が就く制度が用いられる。この代表者とは、有権者が選んだリーダー（大統領、日本の知事や市町村長など）か、あるいは有権者が選んだ議会がさらに選んだリーダー（首相など）である。

　憲法65条では、「行政権は、内閣に属する」と規定し、行政機構の上にそれを統括する内閣が置かれることを示す。内閣は、長である首相（内閣総理大臣）と、首相が任命する大臣（国務大臣）とで構成される。大臣の過半数は、国会議員から選ばなければならない。大臣は、各省庁の長を務める。さらに、各大臣の申し出と内閣の決定によって、各省庁の副大臣と大臣政務官がおもに国会議員から任命される。

　そして、この内閣（首相を含む）と国会との関係について、日本国憲法は、「議院内閣制」を採用している。

　66条3項「内閣は、行政権の行使について、国会に対し連帯して責任を負ふ。」

　67条「内閣総理大臣は、国会議員の中から国会の議決で、これを指名する。（以下略）」

　69条「内閣は、衆議院で不信任の決議案を可決し、又は信任の決議案を否決したときは、十日以内に衆議院が解散されない限り、総辞職をしなけれ

ばならない¹⁾。」

　条文から読み取れるように、議院内閣制とは、行政府を指揮する内閣の存立が国会の信任にもとづく制度である。簡単に言うと、国会が首相を選び、かつ内閣に対して不信任決議ができるような制度だ。国会の首相に対する影響力が強く、与党の議員が大臣に就くことが多い【→9章】。

◆**政府と行政の規模──赤字財政の原因は？**

　行政（政府）の規模が大きいか、また増大しつつあるかを測る基準としては、ふつう、政府の財政規模と公務員の人数を用いる。財政規模は、国内総生産（GDP）との比率で、公務員数は総人口に占める割合で、測定される。そうしたデータの国際比較（例、曽我 2022：13章3）も、日本の政府・行政規模を論じるさいには参考になる。

　日本の財政の特徴として有名なのは、国・地方合わせて1000兆円にのぼる「世界最悪の長期債務残高（累積債務）」だ。巨大な財政赤字の原因は、予算の法制度、国会の審議手続き、社会保険制度、あるいは首相や内閣府の調整不足にあると言われる。しかし同時に、歳出や税収のレベルを、国際比較しなければならない。

　2011年の国内総生産に対する国・地方政府の支出の比率を見ると、日本42.4％、アメリカ41.7％、イギリス48.6％、フランス55.9％、ドイツ45.3％、スウェーデン51.2％となっていて、ドイツやスウェーデンは縮小の努力をしているが、日本の支出はより小さかった。最近のデータは（財務省、毎年）を参照。ヨーロッパ並みの政策や公共サービスを求めるなら、これ以上支出を減らすのは難しそうだ。他方で、日本は消費税率が低く、個人所得や資産への課税も少なく、その結果「国民負担率」（［租税負担＋社会保障負担］÷国民所得）が小さくなっている（図表3-1）。この構造のままでは、税収の不足分を、多額の国債・地方債の発行（借金）で埋めるやり方は、避けられない。

　公務員数の方は、2023年現在、国家公務員が約59万人、地方公務員が約280万人となっている（人事院、毎年）。国家公務員は、一般職と特別職に分けら

図表 3-1 日本と諸外国の税負担・社会保険負担の比較（国民所得比）(%)

	個人所得課税	法人所得課税	消費課税	資産課税等	租税負担率（左の4項目計）	社会保障負担率
日本	8.8	5.5	9.9	3.9	28.2	19.8
アメリカ	12.8	1.5	5.4	4.0	23.8	8.5
イギリス	12.4	3.2	13.5	5.2	34.3	11.7
ドイツ	13.6	2.2	12.9	1.7	30.3	23.7
フランス	14.1	3.4	18.1	9.4	45.0	24.9
スウェーデン	18.1	4.4	17.9	9.4	49.5	5.1

注：数字は2020年、国民所得に対する比率。財務省「諸外国における国民負担率（対国民所得比）の内訳の比較」
＜負担率に関する資料、ウェブサイト、2023年より作成。

れ、一般職には国家公務員法や競争試験による採用方式が適用されるが、特別職にはそれが適用されない。特別職とは、政治的に任用される国家公務員（首相、大臣など）や、三権分立の観点や職務の性質から国家公務員法を適用しない公務員（裁判官、裁判所職員、国会職員、防衛省の職員など）を指している。

　一般職と特別職を合わせた国家公務員は、2000年の約113万人から大きく減少しているが、これは、定員削減や、郵政公社の民営化によるとともに、国立大学等の独立行政法人化による「見かけ上」の減も含んでいる。

　地方公務員数も、1995年から連続して減少している。一般行政部門および公営企業では、組織の見直し、民間移譲・民間委託等により減っているが、警察と消防部門は、組織の充実・強化のため増えている。

　多く見える（と言う人もいる）日本の公務員数も、統計によれば人口当たりで他国より少ない（上神・三浦編 2023：表7-3）。すでに、（野村総合研究所 2005）の調査報告において、人口千人当たり公務員数（人）は、日本42.2、イギリス70.5、フランス83.8、アメリカ73.9、ドイツ67.0だった。[2]

◆公務員・官僚の膨張、待遇への批判

　巨大な組織を作り、かつ政策執行上の権限や立案への影響力を持つ行政官僚・公務員に対しては、批判も強い。批判は、第1に公務員の人数と給与、第2に行政組織の権力や能力に向けられる。

　第1の問題は、統計上は前述のとおり、日本の人口に占める公務員の数は、すでに他国と比べて少なく、かつ削減されつつある。ただし、部門によっては人が余り、あるいは逆に不足するという問題があるだろう。

　給与や雇用保障については、とくに日本で冷遇される民間企業の派遣・パートタイムの人から見ると、公務員の方が恵まれているので、「税金のムダ使いだ」という批判もある。しかし、公務員の待遇・給与を大きく下げると、民間の条件も連動して下がるかもしれない。低賃金・不安定雇用が、日本の理想なのだろうか。

　これとは別種の問題が、「エリート」である高級官僚（旧1種・現総合職での合格採用者）における自治体などからの接待や、民間企業や政府の外郭団体に好条件で再就職する「天下り」だ。接待は、公務員倫理法（1999年）で規制されるようになった。「天下り」は、特権的で、企業との癒着にもつながりかねない慣習だが、職業選択の自由であるとか、中途退職する官僚の再就職先が必要だという（やや身勝手な）弁明もある。

　「公務員叩き」「官僚批判」による監視、ムダな人件費の指摘にも効用はあるが、公務員にしっかり仕事をしてもらうためには、もっと複雑な制度設計が必要になる。[3] 過剰負担を強いたり待遇を大幅に下げると、有能な人材の応募が減り、結局は政策能力やサービスの質を下げてしまう。それが、（小さな政府論が好む）市場原理が優勢な現代社会での、人々の行動様式だろう。

◆行政の権力の源泉──官僚制の理論

　行政の第2の問題である「権力」について考える。まず、前に述べた三権分立モデルでは、政治家（議会）が政府の方針や政策を決定し、行政機構と公務員が、その決定を忠実に実施・執行することになっている。しかし、この分担図は単純で、実際には、公務員（官僚）の仕事は、マニュアルどおりの実施・執行だけではない。

　行政を運営する官僚制（bureaucracy）は、有能で強力な組織だ。ドイツの社会学者マックス・ウェーバーが定義したように、官僚制は、役割と権限を持つ役職が配置されたピラミッド型の組織であり、そこに専門家としての公務員

（官僚）が常勤で、組織が準備した各種の道具・資源・規則を用いて働いている。大量の仕事を正確に進めるには、分業のなかで担当業務について養われる高い能力と、規則にもとづく整然とした活動が必要だ。しかしそれらは、行政が持つ、ときおり秘密の大量の情報とともに、大きな影響力（権力）の源泉となる（ウェーバー　2012：282-298）。

　このように、ウェーバーの理論は、しばしば批判される官僚制型組織がなぜ現代の政府や企業に広がっているかに注目し、仕事を専門単位に分業したうえで統合する官僚制が優秀であることを指摘した。とはいえ、こうした分業や、統合のための大量の規則には、マイナス（逆機能）もある（真渕2020：1章；村上・佐藤編 2016：3部2章）。分業を絶対化すると、セクショナリズムに陥る。規則の重視が行き過ぎると、仕事の本来の目的や個別のケースの事情を考えずに、規則を一律に適用することだけを繰り返す「規則の自己目的化」が起こるので、注意しなければならない。

　日本等での、将来の幹部候補を難関の採用試験で選抜する制度は、選ばれた高級官僚（キャリア官僚）に、責任感や連帯感とともに、特権意識や傲慢さを持たせることがある。それ以外の公務員でも、行政は民間企業と違って競争原理が弱く、もし倫理観や、市民からの監視も弱ければ、不親切な態度が発生しうる。（近年の採用試験では、「人物重視」の基準を加味する。）

◆行政の2つの仕事

　行政の本来の任務は、法律の執行にある。執行とは、さまざまな個別の状況に法律や予算を当てはめて判断していく仕事だ。ここで、行政の「裁量」（細部を決定する権限）が発生する。具体的には、議会が法律で定めなかった政策の細部について政令・省令をつくる[4]、許認可や補助金の交付について判断する、法律の根拠なしに行政指導を行う[5]などの作業を、行政組織が行う。これは、複雑な課題に柔軟に対応するために役立つ。しかし、行政が不適当な、違法な、あるいは恣意的な判断をしたとき、議会や市民はどう統制（コントロール）できるのかが課題になる。

　さらに、行政官僚制は、政治の領域である政策決定にも、参入していく。つ

まり、専門家集団として、政策の立案を進め、ときには「素人」である政治家や大臣に助言する。政治家が方向性や枠組みを指示することもあるが、官僚がしばしば法律や政策を立案し原案を書くという進め方で、よいのだろうか。

　以下で、この2つの場面について、順に考えてみよう。

◆政策の執行──行政の裁量をどう統制するか

　行政を担当する官僚制（公務員集団）は、一般的には能力が高いが、主権者である国民や社会のために行動する保証はない。選挙によって選ばれないので、「すべて公務員は、全体の奉仕者であつて、一部の奉仕者ではない」（憲法15条2項）という理念を、確保する制度がとくに必要になる。

　第1に、執行活動段階では、行政の裁量を統制（コントロール）するために、次の制度がある。

①政策ごとの個別法による統制、それに違反したと思われる場合の市民や企業からの訴訟。

②行政手続法──行政機関の活動の進め方について、公正の確保、透明性、国民の権利利益の保護を目的に規定した法律。たとえば、行政庁は許認可手続きについて審査基準を定め公開しなければならず、また、許認可を拒否するときは申請者に理由を示さなければならない。担当する公務員の恣意的・個人的判断では、困るからだ。

③市民から行政機関への苦情申し立て（行政不服審査法・条例）や、（しばしば署名を集めての）請願・働きかけ、投書メールなど。

④市民から地方議会への請願、陳情。それを議会が採択（承認）すれば、首長や行政は尊重しなければならない。

⑤行政機関による広聴──市民の意見を広く聞くしくみを指し、最近は、計画や政策の原案についてパブリックコメントを募集することも多い。

　そもそも行政活動をコントロールする前提として、行政が何をしているのか、しようとしているのかを把握しなければならない。この点で役立つのが情報公開法（および自治体の同条例）だ。私たちが行政機関に請求すれば、法律に定められた一定の非公開理由（生命・健康等の保護に必要な場合を除く個人や法人

の情報、防衛・外交、犯罪の予防・捜査に関する情報の一部など）に当てはまる場合
以外は、その情報を提供してもらえるという制度だ。

◆政策の立案・決定──官僚優位から政治主導へ

　第2に、（執行に先立つ）政策の立案と決定の段階は、本来は政治の領域なの
に行政官僚も関与するので、話題になり、論議される。政治家と官僚との関係
（政官関係）について、「どちらが優位であるべきか」、「現実にはどちらが優位
か」と、問いを分けて考えよう（参考、村松 2001：105-116）。

　前者の規範面について、憲法上は国民を代表する国会が最高機関なので、行
政官僚を立案や審議から排除すべきだという意見がある。しかし、官僚・公務
員の専門能力や執行能力を重視し、また政治家も利己的に行動することがある
ことに注目するなら、政治主導の行き過ぎはマイナスを生むと懸念される。

　現実の影響力関係（力関係）の変遷（参考、信田 2013）を見ると、高度経済成
長の少し後まで、日本はしばしば「官僚国家」「官僚支配」と呼ばれた。国会
の権限が制約されていた明治憲法のもとで、官僚は「官尊民卑」と呼ばれる特
権的な地位にあったのだが、戦後その伝統に加えて、政府の社会経済への介入
や政策が拡大したために、官僚はその立案・執行の担当者としていっそう素人
である政治家に優越するようになった、という状況だった。政治学は、民主化
の理念から、この官僚優位システムに批判の目を向けた。

　それに対して、1980年代になると、与党・自民党が強くなり、憲法が国会に
与える権限と、長期与党として蓄えた政策知識や能力を武器に、行政官僚制を
かなり統制しているという側面が注目された。これは、「政党優位」モデル（村
松 2001：111-121）と呼ばれた。政策分野ごとの与党・自民党議員（族議員）と
行政各省、さらに関連団体の協力関係（政策ネットワーク）のなかで、政治家が
パワーを握るようになった現象だ。道路、農業補助、学校整備など各分野で予
算が確保され、政策がすすめられていった。

　しかし、こうした分野ごとのネットワークでは、国政全体の重要課題や、歳
出削減、規制緩和、大型公共事業の停止、など進みにくい問題も残る。そうし
た課題に取り組める「政治主導」への期待が、1990年代以降、高まった。

広義の政治主導の主体や方法には、つぎのようなものがある。

①首相およびその補佐機関のリーダーシップ

②賢明で意欲的な大臣のリーダーシップ

③国会議員からの法律の提案（議員立法）、野党の指摘・批判

④地方自治体における知事・市長等の政策推進

⑤市民、専門家などからの意見・アイデアの導入

とくに①や④の「政治主導で日本を変える」といったスローガンは、2009年選挙で民主党、2012年には自民党や維新の会が訴え、集票につながった。しかし、政治主導には次節で述べる欠点もあり、注意を要する。

◆首相・与党と官僚の関係

政治主導のうちでも、国政のコアになるのは、首相・与党と、行政官僚制との関係だ（真渕 2020：13章；上神・三浦編 2023：7章；村上・佐藤編 2016：3部Ⅲ）。

この場合の政治主導は、より客観的に表現すれば「行政の政治化（politicization）」（Rouban 2007）を含み、メリットだけではなくデメリットもある。

政策立案の場合について、やや図式的に考えてみよう。図表3−2では、政治家（首相・与党議員）が行政官僚に影響力を持つための資源として、専門能力と、行政に対する制度的・非制度的な対応の2つに注目する[6]。前者はヨコ軸で、専門的な政策知識、執務知識に関して、政治家が十分に高いか、あるいは低いかを分ける。後者はタテ軸で、政治家の行政に対する対応を、①排除（政治家だけで立案・決定する）、②行政幹部の政治的任命、そして③協力（強制力のある権限行使を控える）に分ける。なお、政治家が追求する目的を、自らの権力のアピール（政治主導など）、合理的な政策形成（図中のR）、行政官僚制の意欲・協力の確保（C）の3点と想定している。

図を縦方向に見ていくと、①官僚を排除してしまう、あるいは②適切な官僚や外部者を政治リーダーに任用し昇進させるというスタイルは、政治主導をアピールできるし、問題が複雑でなければ、大胆な変革を実現できる。しかし、民主党政権が当初に進めた①は、官僚の情報や協力を得にくく、やる気（士気）の低下やサボタージュが起こるかもしれない。②の行政幹部を政治的任用する

方法は、日本では限られていたが、アメリカでは政権交代に伴い大規模な公務員の入れ替えが行われる。日本でも、2014年に内閣人事局が発足し、幹部公務員の人事を、首相や官房長官が一元管理できるようになった。その結果、官僚が首相等に従属し、その「ご意向」を伺うようになったとも言われるが。大阪市の橋下市長（維新の会）は、区長や校長を公募し任命する方式を試みた（問題を起こす人物もいた）。こうした政治的任用は、政治リーダーの意思を行政機構に注入しやすくするが、コネ・情実によって政治家が（不適格者を含む）知人や仲間に公職を与える「猟官制」（spoils system）に陥るおそれもある。

　逆に、③行政官僚と協力するスタイルは、自民党長期政権のもとで成熟し、行政各省に対応して党側でも政策に詳しい「族議員」がグループを作り、相互に協議してきた。これは前に述べた、安定感のある「政策ネットワーク」で、かつ首相や大臣等が基本方針の指示や重要判断などを行えば、リーダーシップを行使または演出できる。しかし、政治家が意志薄弱または不勉強ならば、官僚の言いなりになってしまう。また、各省の政策や予算の拡大・維持を、議員、関係団体・業界が一緒に推進し、そのセクショナリズムを助長するおそれもある。

　図の横軸では、政治側の専門能力、政策立案能力がポイントになる。左側にあるように、政策の内容や推進方法について判断できる能力・知識が不足した

図表3-2　政治と官僚の関係の1つのモデル（政策立案について）

政治家の専門能力 行政への対応	低い （合理的検討の意思、または能力を欠く）	高い （合理的検討の意思、および能力を持つ）	
①行政官僚を排除	政治家の思いつきの強行または挫折のおそれ	R? 官僚の協力・自主性が得にくくなる	【政治主導】
②行政幹部を政治的任用	政治家の思いつきの強行または挫折のおそれ	R?　C	
③行政官僚と協力	C 官僚の判断に依存	R?　C 官僚と政党が議論・調整	
	【官僚優位】	【政官協力・融合】	

注：筆者が作成。　R：政策の合理性が得やすい　C：官僚の意欲や協力を引き出しやすい

ままでは、政治主導を演じても、官僚と協力しても、空虚なものになる。ただ、協力タイプの方が少しは安全だろう。右側のように政治家に政策能力があれば、適度な政治主導を試みる余地が出てくる。

そのために、政党であれば、議員の経歴・能力・見識に加えて、「政務調査会」などの政策立案組織や、シンクタンク、専門家や市民との協力が望まれる。

◆官邸主導

多くの重要課題に責任を負う首相になると、個人的な意思や能力とともに、補佐機関（スタッフ）の協力がとくに不可欠で、そのための制度が整備されてきた。まず、首相を直接補佐する機関として、内閣官房（官房長官、副長官、補佐官など）や、内閣府が置かれている。大臣の集合体である内閣も、首相のリーダーシップを支える。さらに、各界の有力メンバーや学者を集めて首相直属の審議会を設置することも、役立ってきた。首相が、政治任用を含む直属スタッフに補佐され、閣僚や与党執行部の協力を得て進める政治運営は、「官邸主導」と呼ばれ、注目されている。

ただし、首相・官邸主導が行き過ぎると、野党はもちろん与党内の別の意見にも配慮しなくなるので、難しいところだ。

◆首相のリーダーシップ──2000年代

首相（内閣総理大臣）（参考、宮城編 2021；鳥海・季武編 2022）は憲法上、大臣の任免権、国会への提案権、行政に対する指揮監督権など、強い指導力（リーダーシップ）を与えられる。（憲法68条1項、2項、72条を参照。）

他方で、首相の影響力は、多くの要因によって制約される。世論調査での支持率低下や、与党内の派閥の「反乱」などを受け、首相は短期間で辞任・交代することが多かった。前例のない困難な課題が発生しても、対応に不備があれば、それは首相と内閣の責任になる。各府省や利益団体、それに連なる関係議員の反対を抑えることも、簡単ではない。

それでも、21世紀になって、「強い首相」が登場しうる少なくとも制度的条件は整ってきたようだ。小泉政権の事例研究をもとに、つぎのような1990年代

以降の、内閣と選挙に関する制度改革が、首相のリーダーシップを支えたと指摘されている（上川 2010：307-318；待鳥 2012）。

①内閣府（2001年設置）に、経済財政諮問会議などが置かれ、首相が重要政策について、調整し方向を示すことを助ける。

②衆議院での小選挙区制（1994年導入）では、大政党でも候補者を１人だけ立てるので、その公認権を持つ党首・首相候補（自民党総裁など）の力が強まった。また、中選挙区下で選挙区の複数候補をそれぞれ支援していた自民党の派閥の力が弱まった。

③小選挙区制と政党間競争によって、政党支持率の変動が議席変動・獲得に及ぼす効果が強まり、議員の心理としても、派閥の駆け引きによってではなく、選挙で勝てる党の「顔」として党首・首相候補を選ぶようになった。

ちなみに、首相を公選にすれば、「強い首相」を選べるという主張が一部にある。しかし、首相公選制（大統領制に近い）には別の、深刻なデメリットのおそれもある【→9章】。

◆首相のリーダーシップ──2010年代

とはいえ、小泉首相のあとの自民党政権（３人の首相）は短命だった。2009年の政権交代で生まれた民主党政権（３人の首相）も、公立高校無償化や再生可能エネルギーの振興などの改革を決め、福祉財源としての消費税引き上げも決めた（それにより選挙は大敗した）が、党内の対立、「脱官僚」の行き過ぎ、参議院で多数を取った野党自民党の抵抗・攻勢などによって、不安定で支持率が低下した【→8章】。

2012年末からの自民党・安倍政権の強さや安定性は、官邸主導モデルで説明された。つまり、政権の「首相・官房長官を中心とするチームの組織化」で自民党内の反対意見、公明党、官僚を抑えることに成功し、実力のある官房長官を得て、内閣情報調査室を含む内閣官房も機能している。また、民主党の官僚排除とは逆に、人事権を活用し本来独立的な日銀、内閣法制局を、政権に同調・協力させた（牧原 2016：1、2章）。他方で、首相が行政執行に関して知人の優遇を促すことになった複数の事件疑惑は、「政治の私物化」と批判された。

　ただし、政権の方針に同調する幹部公務員の任命はともかく、自民党内と公明の反対を抑える技術は、2000年代の自民党で既に存在し、経験が積まれていた。また以上に加えて、進まない政策もあるが「一点突破」で懸案の円安株高を実現し、「地域創生」などのスローガンを掲げ、反対の多い集団的自衛権やカジノ解禁は次の国政選挙までの有権者の「忘却期間」を確保して早めに法制化し、民主党政権が責任を取った消費税引き上げにもとづいて歳出を拡大し、あらゆる策で支持率を維持したことも、強さの理由だ。しかし、さらに「秘密」がある。選挙で自民党の得票率が3割台なのに（議席数で）「大勝」できるメカニズムであり、これは別途、認識しなければならない【→8章】。

◆アクターの協力、ガバナンス

　ここまでを読むと、政策決定のパターンとは、首相、与党、野党、官僚、社会集団などの参加者（アクター）のうち強いのはどれか、という問題のように見えたかもしれない。現実には、複数のパターンが連動することもある。たとえば、1997年の介護保険法は、家族（とくに女性）の責任とされていた高齢者への世話を、社会保険、国、自治体、民間の福祉施設など「社会全体で支えあう」ように変える画期的なものだったが、それだけに抵抗も大きく、政府・民間の福祉専門家のネットワーク、連立与党（自民、社民など）、民主党など野党、社会運動などの動きが重なって何とか実現にこぎつけた（佐藤 2014: 6章）。

　さらに国や自治体において、政府が推進するだけでなく、市民・社会団体の自発性、それと政府との連携にもとづく政策や統治を、ガバナンス（governance）と呼ぶことがある。似た意味だが、政府と市民・社会団体が協力して政策を立案・執行するしくみを、パートナーシップ（partnership、協働）と呼ぶ。これも、反対意見を無視したり、市民に負担を押し付けることにならなければ、望ましい政策立案・執行のパターンだ。たとえば、地域の産業や観光の活性化は、自治体と企業、住民が分担し協力するとより成果があがる。現代の多様化社会では、リーダーシップとともに、こうした「ガバナンス型」の政策推進によってイノベーションが可能になる。

◆行政改革——有効性、民主性と説明責任

　行政改革は、1981年の第2次臨時行政調査会で本格化し、以後、各種の課題が改革の対象となってきた（村上・佐藤編 2016：6部；東田 2012：229-237；大石・縣・笠原編 2016：11章）。一般には、政府をスリムにし効率化することだと考えられやすい。しかし、民主性、有効性、合法性など他の目的も、改革を考える際に忘れてはならない。

　有効性つまり政策の効果を上げ、失敗を避けるために、部門別計画、総合計画、執行管理、あるいは政策評価（費用便益分析、事務事業評価）、環境アセスメントなどの技術が生み出されてきた。今日では、ダム、高速道路、鉄道、空港、大型開発などの公共事業は、費用便益分析と環境アセスメントによって、事前にかなりチェックされる。

　合法性の必要は自明だが、それを確保するためには、行政組織内部の監督と、外部からの法制定（条例制定）やときには違法な行政活動に対する訴訟などが役立つ。

　民主性のうち、立法手続は1章、執行の統制や政治主導は本章、市民参加は4章で述べる。さらに、行政の説明責任の理念が広がってきた。情報公開制度が、1980年代から地方自治体で波及していき、90年代には、国も前述の行政手続法、情報公開法を制定した。2001年の政策評価法でも、行政機関は、行った政策評価の結果を公表しなければならない[7]（他方で、2013年には、国家機密の漏えいに厳罰を科す「特定秘密保護法」が、国会で制定された）。

　この説明責任（accountability）は、政府の活動について議会や市民に説明する責任という意味で、政府が適正に活動する責任とは、一応別のものだ。つまり、たとえ政府や行政、知事や市長が良い（と確信する）政策を進めるときでも、議会や市民への説明は欠かしてはならない。説明責任は、21世紀の日本社会では常識になり、病院は治療方針や薬について情報提供し、大学教員は授業のシラバスを書かなければならない。不動産や金融商品などの販売者には重要事項説明義務が課され、食材の産地について「偽装メニュー」を繰り返したホテルでは社長が辞任した。ただ、政治の世界だけは、ポピュリズムに典型的な、単純化し重要事項を説明しないスタイルが批判されない場合もあるが。

◆行政改革──効率性と小さな政府

　効率化を重視する行政改革が活発になったのは、長期不況とそれによる財政危機に直面した1980年代であり、日本の自民党政権、イギリスのサッチャー政権、米国のレーガン政権などが小さな政府路線【→5章】を進めた。もちろん、中道・リベラルの政権であっても、適度な効率化は経済政策や財政安定のために必要だ。日本でのおもな方法と事例は、つぎのようなものだ。

　①規制緩和（規制改革）──自由な経済活動をコントロールする政府規制を縮小・撤廃する政策。医師、飲食店、自動車運転等に免許を義務づけるという規制（ルール）に反対する人はいないだろう。逆に、かつての家賃統制は、かえって非公式な支払いを生み出し、また家主に賃貸住宅を修理し建て替える意欲を失わせるので、廃止された。以前は、薬は薬局でしか販売できなかったが、条件を満たせば一般の店でも売れるように緩和された。

　経済活動に関する規制緩和をすると、多くの企業が参入し品質と低価格で競争するので、ビジネスチャンスを探す企業だけでなく、消費者に歓迎される。しかし、過当競争で労働条件が悪化し事故につながるおそれもある（例、2012年の「関越道高速ツアーバス事故」）。2000年代の雇用ルールの柔軟化つまり規制緩和は、企業には有利だが、働く人には厳しい不安定・低賃金雇用（非正規雇用、派遣労働）を広げ、少子化の一因とも言われる。

　②民営化──国や地方自治体が持つ「公企業」では、たとえば市営地下鉄や市バス、県や市の水道のように、料金収入をもとに自治体からの補助も得て、企業に似た経営を行う。これは、料金を抑え安定的なサービスを供給する反面、赤字を出しても補てんされるので効率化が進みにくい面もある。ただし、最近は公営企業においても、サービス改善によって集客する努力が見られる。

　1980年代以降、各国で公企業の民営化（privatization ＝ 私企業化）が進んだ（参考、北山・稲継編 2021：12章）。日本では、国鉄（国有鉄道）が分割民営化されて複数の JR になり、[8] 電電公社が NTT に変わった。2000年代には、郵政事業と道路公団が民営化された（金澤編 2008：1部）。公企業が民間企業になると、企業的感覚で需要が多い部門でのサービス改善や、関連事業への進出、効率化（人件費、経費の削減）に励む。他方で、ムリな経費削減や労働強化によって、

事故が起こることもある。また、儲かる事業に集中し、需要が少ないサービスから撤退する弊害（クリーム・スキミング）も起こりうる。採算が取れている優良な公企業を民営化する場合、国や自治体が税金で築いてきた資産を安値で手放す（特定の企業に利益を与える）おそれも、ないわけではない。

これに対して、つぎの２つは、国や自治体がその施設の保有・責任・支援・統制を止めるわけではないが、民間の力を借りたり企業的な制度を導入する、中間的な手法だ。

③民間委託、指定管理者——国や自治体の施設のままだが、公務員が運営するのではなく、民間の企業や団体に運営を委託する方法。「公設民営」に近い概念で、公園、図書館、博物館などで増えている。経費削減とサービス向上が両立するかがポイントで、前者を重視しすぎて質の低い、あるいは低賃金雇用の業者に委託することになれば問題である。

④独立行政法人——国立の大学、病院、美術館、博物館は、国の行政機関から独立行政法人に移行している。経営の自律化は、厳しい面があるが、節約や収入増をすれば新たな支出に投入できるなど、自由度が認められ、自主的な努力が促される。

⑤歳出の節減——漫然と膨張してきたムダな事業や費目は縮小すべきだが、公務員人件費、公共事業、防衛（軍事）費、社会福祉のうちどれをカットするかは利害対立と議論のあるテーマだ。国の一般会計予算の歳出は、1980年代の行政改革で「ゼロ・シーリング」や「マイナス・シーリング」（例外項目以外は歳出を前年並みまたはそれ以下の水準に抑えるルール）が導入された。それ以降、歳出を減らした年度もあるが、全体としては増えていく傾向で、逆に90年以降、減税と不況で税収は減り、国債発行が累積してきた（財務省 毎年）。

⑥減税——有権者には歓迎されるが、財政を悪化させる。投資や消費を刺激し経済を活性化すると説明されるが、所得税が下がっても経済の先行きが不安なら人々は消費を増やさない、という批判もある。法人税の引き下げは、「金持ち減税」だという批判を受けつつ、企業の国外流出を防ぎ外国企業を誘致する「切り札」として主張される。

⑦政策評価——有効性や効率性を点検するための政策評価制度は、政府が行

う必要性が本当にあるか判断しムダを避けるという意味もある。政治家が関与する公開評価会は「事業仕分け」と呼ばれ、世論向けのパフォーマンスの色彩も帯びるが、行政が惰性で続けている計画や事業を止める力を持つ。

■注

1）　この規定はやや分かりにくいが、衆議院の解散は首相と内閣が決定する。解散に続く手続きは、54条に「衆議院が解散されたときは、解散の日から四十日以内に、衆議院議員の総選挙を行ひ、その選挙の日から三十日以内に、国会を召集しなければならない」とあり、総選挙の後に召集された国会が新たに首相を選ぶことになる。

2）　少なくとも日本については、地方自治体の非常勤職員を含む。日本の公務員数の相対的な少なさは、（人事院　毎年）でも指摘される。

3）　公務員の人事政策については、（稲継 2011）、（村松編 2012）、（東田 2012：12、13章）を参照。

4）　行政機関は、法律にもとづき細部の事項等について規定（ルール）を決める。このうち内閣が制定するものが政令で、各省（の大臣）が制定するものが省令である。

5）　行政指導とは、行政が目的を実現するため、特定の人々や企業に指導、勧告などにより協力を求めることをいう。かつては、企業に生産量の調整を求め、従わない企業には制裁をちらつかせるなど、行政指導は官僚支配のシンボルとして海外からも注目されていた。しかし、近年は行政指導が「権威」を失って遵守されない傾向もあり、重要な指示は法律や条例で定める必要が生じている。たとえば、死亡事件を起こした牛の生レバーは2012年から、豚の生の肉や内臓は2015年から、販売・提供が食品衛生法にもとづいて禁止された。

6）　これに加えて、政治家は、特定の政策や目的を追求する意思を持たなければならない。それは、個人的な人柄・履歴・勉学・志（こころざし）、再選や地位向上への希望、政党や支持団体の方針などから生まれる。そうした意思の存在が、行政に対して影響力を行使する前提になる。

7）　情報公開法は「国の行政機関が保有する情報の公開に関する法律」、政策評価法は「行政機関が行う政策の評価に関する法律」が、正式名称だ。もちろん国会や地方議会、個々の議員も、有権者に関心を持ってもらうためインターネット等で広報、情報提供を進めている。京都市会は、オスとメスのネコのマスコットまで作った。

8）　1987年、国鉄が民営化されて生まれた JR は、大都市圏でサービスを改善し、新駅を作り、拠点に複合的な駅ビルを建て、諸事情から多すぎた職員を減らして、経営を改善した。他方で、民鉄との競争優先が一因で、尼崎での大事故（2005年）が起こった。また、JR が廃止しようとした赤字のローカル線は、地元の自治体等が第3セクター鉄道として引き受けてやっと残った。全国の鉄道網を複数企業に分割したので、JR 東海などが黒字を出しても、北海道、九州、四国の JR は赤字でサービスを縮小する。民間企業になると良くも悪くも、収益につながる部分に集中して、投資やサービスを改善する経営方

針になる。

　さらに水道事業になると、鉄道と比べて、関連事業への進出、料金の引き上げ、需要の拡大がむずかしいので、民営化すれば、企業的な経営はコスト削減を進めるしかなく、水質悪化等のデメリットが危惧される。

■参考文献　＊本文中カッコ内の文献、および参考書を示す。

稲継裕昭『プロ公務員を育てる人事戦略〈PART 2〉昇進制度・OJT・給与・非常勤職員』ぎょうせい、2011年

ウェーバー、マックス（濱嶋朗訳）『権力と支配』講談社、2012年［原著1921年］

上神貴佳・三浦まり編『日本政治の第一歩』新版、有斐閣、2023年

大石眞監修／縣公一郎・笠原英彦編『なぜ日本型統治システムは疲弊したのか―憲法学・政治学・行政学からのアプローチ』ミネルヴァ書房、2016年

金澤史男編『公私分担と公共政策』日本経済評論社、2008年

上川龍之進『小泉改革の政治学―小泉純一郎は本当に「強い首相」だったのか』東洋経済新報社、2010年

北山俊哉・稲継裕昭編『テキストブック地方自治』第3版、東洋経済新報社、2021年

財務省「日本の財政関係資料」毎年、ウェブサイト

佐藤満『厚生労働省の政策過程分析』慈学社出版、2014年

信田智人『政治主導 VS. 官僚支配―自民政権、民主政権、政官20年闘争の内幕』朝日新聞出版、2013年

人事院「人事院の進める人事行政について―国家公務員プロフィール」毎年、ウェブサイト

曽我謙悟『行政学』新版、有斐閣、2022年

鳥海靖・季武嘉也編『歴代内閣・首相事典』増補版、吉川弘文館、2022年

外山公美編『行政学』第2版、弘文堂、2016年

西尾勝『行政学』新版、有斐閣、2001年

野村総合研究所「公務員数の国際比較に関する調査」2005年（http://www.esri.go.jp/jp/prj/hou/hou021/hou21-1.pdf）

東田親司『現代行政の論点』芦書房、2012年

牧原出『「安倍一強」の謎』朝日新聞出版、2016年

待鳥聡史『首相政治の制度分析―現代日本政治の権力基盤形成』千倉書房、2012年

真渕勝『行政学』有斐閣、新版、2020年
宮城大蔵編『平成の宰相たち―指導者16人の肖像』ミネルヴァ書房、2021年
村上弘・佐藤満編『よくわかる行政学』第2版、ミネルヴァ書房、2016年
村松岐夫『日本の行政―活動型官僚制の変貌』中央公論新社、1994年
村松岐夫『行政学教科書―現代行政の政治分析』第2版、有斐閣、2001年
村松岐夫編『最新公務員制度改革』学陽書房、2012年

Rouban, Luc, Politicization of the Civil Service, in: Peters, B. Guy / Pierre, Jon (eds.), Handbook of Public Administration: Concise Paperback Edition, SAGE Publications, 2007

■ウェブサイト　＊タイトルで検索しやすいものは、URL を略す。
内閣官房「行政機構図」　＊政府機構（統治機構）図を含む
国および地方自治体ホームページの「行政改革」、「行財政改革」コーナー
日本弁護士連合会「行政との新しい関係」
　（http://www.nichibenren.or.jp/activity/civil/new_relationship.html）

4章　地方自治

◆地方自治の定義と役割

　地方自治とは、国家のなかで、地方自治体（都道府県、市町村など）が、自律的に地域の公共政策を決め実施する制度、と定義される。国の主権の枠組みのなかにあるが、自治体は住民が選ぶ長と議会を持つ「地方政府」（local government）であり、地方税を集め、自らの条例を作って政策を進める。

　地方自治の「本旨」つまり本来の理念として、2つの要素が必要だと言われる。「団体自治」とは自治体が国から一定の自律性を持つこと（地方分権）で、「住民自治」とは住民が自治体の決定や執行に参加すること（地域の民主主義）だ。

　1990年代以降、今日まで、地方分権は日本の重要な改革課題の1つである。では、なぜ地方自治や分権化は必要で、有益なのだろうか（参考、秋月 2001）。

　①「地方自治は民主主義のための学校」（ブライス、英国の歴史家）というような説明。相対的に小さな地域でなら、人々は議論し、政治に参加しやすい。しかし、この理由づけは重要であるけれども、地方自治には他にも、3つくらいの長所がある。

　②中央政府への権力集中を抑える機能。さらに、国レベルの野党にも、地方レベルで選挙に勝ち政権を運営できる可能性を提供し、政策の多様化と野党政治家にとっての「訓練」につながる。

　③多数の自治体がそれぞれ政策を実験し、競争し、改善していく機能。新たな政策は地方から開始されるかもしれないし、国の方から推進され、国と地方の協力や議論のなかで進むこともある。

　④地方自治は効率化につながる。その理由は2つあり、国にわざわざ決定や判断を求めず地域で決められること、そして地域単位ならばサービスと税金との関係が見えやすいことだ。後者は①にも関連し、「受益と負担の関係」（高いサービスを、高い税金を払って受けたいかどうか）が見えれば、市民は必要な政策と不要なそれをしっかり判断するという推論だ。

　以上のメリットとともに、過度の地方分権のデメリットとして、国家のまとまりが失われ、ときには地域の政治リーダーが暴走したり、特定企業（原発を含む）に依存したりするおそれがある。府県や市町村のあいだで政策や財政力の格差が広がるおそれもあり、中央政府（国）は全国どこでも、一定のレベルの政策や財源を保証する責任があるだろう。

◆日本での略史

　江戸時代に、幕府によって統制されつつも、各地域の「藩」の統治者は広い「団体自治」権を与えられた。しかし、身分制度のなかで一般の人々の参加は目安箱への投書くらいに限られていたので、これは日本を多様化した地方分権ではあっても、地方自治とは呼ばない。日本の地方自治の歴史は、1888年の「市制・町村制」等から始まる。自由民権派に譲歩し、また全国で市や町が、学校や道路の建設など国家の近代化政策に協力することを期待して、明治政府が部分的に地方自治制を導入したのだった。ただし、府県の知事は国から任命・派遣され、府県は議会は持つが国の出先機関としての役割が強かった。

　第二次世界大戦後、新しい日本国憲法は地方自治のために第8章を設けた。都道府県知事と市町村長は住民の直接公選で選ばれることになり、また住民の直接請求制度も導入された。この拡張された自治制度のもとで、自治体は日本の政策の発展に大きく貢献した。1970年代、革新（中道左派）自治体は、保守系の中央政府に対抗しながら、環境（公害）規制と福祉サービスを進めた。80年代には、各地の府県や市町村は、自然や歴史的な街並みを保存・活用し、観光客を増やし地域の特産物を売り出す地域振興策を、しばしば住民の参加、アイデア、協力を得ながら進めていった。90年代以降は、逆に、大型公共事業の中止（滋賀県の空港、横浜市のカジノ誘致など）や議員・職員の人数・給与の削減を掲げ当選する長も、登場している。

　地方自治体のこうした政策能力は高く評価され、1999年以降の地方分権改革につながっていった。

◆自治体の種類と2層制

　地方自治体は、公式には「地方公共団体」、略称は「自治体」と呼ばれる。

　日本では、いわゆる「2層制」が採用され、広域自治体として47都道府県が、また基礎自治体として身近な都市や町のエリアごとに1700を超える市町村や東京の特別区が置かれている（図表4-1）。都道府県は、市町村を補完・支援し、市町村が及ばない広域の行政・政策を担当する。

　市町村といっても横浜市、大阪市などから町村まで人口の差が大きく、それに応じて財政力や行政組織の能力にも差がある。したがって、人口50万人（運用ではおよそ70万人）以上の大都市は、その資源と能力を生かして政策を進めるために、指定都市（政令指定都市）という特別な地位を得ることができる。指定都市になると、市は都市計画、福祉などについて府県に近い権限を委ねられ、また住民に近い行政活動のために区と区役所を設置できる。[1] さらに、府県を介さず、直接に国と交渉できるようになる。

　地方制度には、国によってかなりの違いがある（村上 2010）。フランス、スペイン、イタリアなどは、州、県、基礎自治体という「3層制」を採用する（参照、Council of European Municipalities and Regions 2023）。各レベルごとの政策を充実できる反面、重複し非効率になるかもしれない。

　アメリカ、オーストラリア、カナダのような大国や、スイス、ベルギーのような多民族の国、および分権的な歴史を持つドイツなどは、連邦制を採用している。連邦制とは、州政府の自律性が高く、大きな権限、財源と自らの「憲法」まで持つ、地方分権的な制度だ。とは言え、中央政府（連邦政府）は、外交だ

図表4-1　日本の地方自治の「2層制」

【広域自治体】｛ 都道府県（47）
　　　　　　　（東京都）
　　　　　　　　　　　　　　　━ 指定都市（20）
　　　　　　　　　　　　　　　━ 中核市
【基礎自治体】｛ 市町村（約1700）
　　　　　　　特別区（23）
　　　　　　　　　　　　　　　　　　　行政区＊

注：一般に上に行くほど、権限や財源が大きくなる。
＊行政区は、指定都市の内部機構で、自治体ではない。

けでなく内政に一定の責任を持ち、かつ州政府に優越する。

　大都市自治制度を見ると、多くの国で日本の指定都市に似た市の強化制度が採られ、さらに市を広域自治体から独立させる「特別市」制度も、ソウル、台北、ベルリン、ウィーンなどおもに首都で見られる（それでも、大阪府、東京都よりは狭い）。逆に、旧東京市は1943年、戦争遂行のための集権化政策で廃止され、その重要機能を広域自治体の東京府が吸収して「都」になった。東京の「都区制度」は都市の自治権を否定する面があり、民主主義国では珍しいが、それを大阪にも導入しようとするのがいわゆる「大阪都構想」である。

　自治体の人口、面積について最適値を見つける作業は複雑だ。大きな自治体は資源と能力を強化できるが、住民と各地域の特徴に対する関心や結びつきを薄める傾向がある。小さすぎる自治体は、逆の短所と長所を持つだろう。

◆市町村合併、道州制、大阪「都」構想

　したがって、市町村合併や、さらに府県、政令指定都市を廃止統合する構想をめぐっては、賛否が分かれる。

　市町村の合併は、戦後2度にわたって、全国的に推進された。第1次は昭和期の1950年代に推進され、市町村の数を1万弱から約3500に減らし、その規模をたとえば中学校1つを作れる程度以上に統合した。

　第2次は、2000年代の「平成の合併」で、市町村数は3229（1999年）から1719（2012年）へと半減した。

　小規模な町や村は非効率で、また今日求められる政策を進めるための能力が足りない。大規模な投資ができず、少ない公務員数では分業や専門能力の育成を進める余裕がない（実際には、府県が支援したり、消防、清掃などを、市町村が結成した「一部事務組合」で進めることもできるが）。合併はそのような難問を解決し、地域の経済や社会を活性化するかもしれない。

　しかし、合併により面積・人口が大きすぎる自治体が生まれるならば、人々は自治への参加が難しくなり、また長や議会、行政職員は周辺部の旧市町村への関心を弱めるかもしれない。周辺部の地域が行政機関と地名を失って、衰える傾向も観察されている（ただし、合併で人口が増え指定都市になれる場合には、行

政区を分けるので、この短所はいくらか緩和できる）。

　このように市町村合併はメリットとデメリット、賛否が分かれ、長と議会だけで決めにくいので住民投票を行った事例も多い。平成の合併は、厳しい財政状況に強いられ、また国の財政的な誘導はあったが、地方分権の時代でもあり、基本的には各地域の「自主合併」に委ねられた（柴田・松井 2012：103-107）。

　現在、基礎自治体レベルでの合併はほぼ終了し、功罪の検証が行われ（後藤・安田記念東京都市研究所編 2013など）ている。

　広域自治体の総合案もある。道州制は、府県を廃止し、国の機能の一部と府県の重要な機能を全国10程度の州政府が担当する構想である。州に国から権限・財源を移すのは地方分権だが、行き過ぎると国の責任放棄になる。また廃止される府県から見ると、道州制は「州央集権」の効果を持ち、多くの県庁所在都市は衰退するだろう（村上 2010：2019）。さらに、今まで以上の市町村合併が必要になるだろう。いわゆる大阪都構想は、大阪市（や堺市）を廃止し、これら指定都市の重要な権限・財源・施設を大阪府（「都」には改称しない）に統合・集権化するとともに、住民に近い基礎的な権限等は公選の区長と議会を備える新たな特別区に分権化する【→7章】。

　この2つの構想は、府県や指定都市という強力な広域自治体を廃止・統合してしまう構想なので、広域化のメリット（北山・稲継編 2021：210-211）も主張されるが、市町村合併のデメリット（廃止される自治体の自己決定権、政策能力の消滅）がより増幅され深刻になって現れる。賢明なのは、自治体の適正規模を見出し、住民に近い基礎自治体を重視すること、それによって、巨大な自治体への統合を目指す単純化を慎重に検討することだ。たとえば、市町村の財政効率はその人口規模に従って向上するが、人口5〜20万あたりを超えると、効率の改善は進まなくなることが分かっている（曽我 2022：305-306；村上 2018）。府県も人口200〜300万人を超えると、財政効率はそれ以上良くならない（京都府 新しい地方行政の未来研究会 2013）。

　道州制論は民主党政権が停止し、大阪都構想は、同政権が根拠法で義務づけた住民投票で2回否決された。

◆団体自治──法的な中央地方関係

　中央地方関係とは、中央政府（国）と地方政府（地方自治体）のあいだの法的、財政的な関係や、さらに国家公務員の自治体への出向、政治的な陳情・要求・論争などの関係を重要なものとして含んでいる。

　それぞれの国や時代によって異なる中央地方関係を記述し比較するために、おもに2種類の基準・視点が用いられる。

　第1の基準は「集権か分権か」で、国との関係で自治体の自律性・自由度（つまり団体自治）が小さいか大きいか、を表現している。明治維新の集権的な制度から始まり、府県はもちろん市町村も国に従うものと考えられていた日本だったが、戦後改革と1990年代の改革をつうじて、かなり地方分権が進んできた。今日の中央と地方の関係は、一方的な支配・従属ではない。地方（自治体）の側が、その協力なしには中央府省の政策が進まないという構造（次に述べる「融合型」地方自治）と、地元国会議員や長の政治的影響力をうまく活用すれば、しばしば「相互依存」的な関係を作れる（村松 2001：89-91）。

　第2の基準は、「分離か融合か」だ。分離型の中央地方関係のもとでは、自治体はその地域の仕事だけを担当し、国は国の仕事を自らの出先機関（全国に置かれた支所）をつうじて実施する。自治体と国の仕事が分離されているわけだ。日本のような融合型のシステムでは、地方自治体とその公務員は、地域の仕事だけでなく、国から委任・指示されたさまざまな仕事もいっしょに担当する。その結果、自治体の自律性はやや弱まるが、活動量は大きくなるだろう（村松編 2010：39-40）。

　まず、法的な国と自治体の関係を見よう。地方自治法によれば、自治体は2種類の仕事を行う。地域のための仕事である自治事務と、いわば国の政策を代行する法定受託事務だ[2]（「事務」とは、仕事、施策を意味する法律用語）。

　後者の身近な例は、旅券（パスポート）の発行だ。私たちは都道府県の窓口で申請し受け取るけれども、パスポートを見ると、発行者は知事ではなく外務大臣で、またデザインも内容も全国で同一だ（当然だが）。憲法上の生存権を保障する生活保護も国の政策だが、法定受託事務として市などが担当する。国の監督を受けその処理基準（マニュアル）に従うが、国の出先機関で国家公務員

が執行するよりは多少、住民の実状に配慮できるかもしれない。

　他方で、自治体は自治事務、つまり住民や地域社会のための政策に自主的に取り組んでいる。教育、保健衛生、福祉、都市計画、企業誘致、農業・観光・中心市街地などの振興、文化などさまざまな政策を担当し、大学、美術館、スポーツ施設、さらに鉄道（第3セクター鉄道や地下鉄）まで保有する。もちろん財源の調達や住民との協議、失敗の責任も、自治体が引き受けるのが地方自治というものだ。自治体は、国の法律の範囲内で、条例を制定する権限を持ち、一定額以下の罰金などを定めることもできる。条例等にもとづく、意欲的な自治体の景観保全、まちづくり、情報公開、「歩きたばこ」禁止などの試みは、他の自治体にも、そして国にも広がっていった。

◆団体自治──財政的な中央地方関係

　こうした幅広い活動は、複雑な地方財政制度に支えられる（総務省 B など）。

　歳入は地方税が基本だが、地方債の発行（借金）もかなり多い。さらに、国からの財政支援が、東京など一部の富裕自治体以外では、不可欠になっている。その理由は、国が自治体よりも多くの税を徴収していることと、その一部で自治体間の財政力の格差を是正する（経済的に弱い自治体を支援する）制度を構築してきたことだ。

　中央政府から地方への財政移転には、異なる2つの方式がある。

　地方交付税は、おもに各自治体の人口・面積などの客観的指標にしたがって配分され、使途（使用目的）が定められない「一般財源」なので、自治体は自由にいろいろな政策に使うことができる。この制度は、都市・農村を問わず全国すべての自治体に財政基盤を保障するメリットがあり、多くの先進国に存在するが、過度に膨張し自治体の自助努力を妨げているとの批判もある。

　国庫支出金（国庫補助金）は、老人ホーム、学校、道路、地下鉄の建設など、特定の目的のために各省の判断で、自治体に交付される。国の特定の政策を全国に普及させ推進するために役立ち、自治体側もしばしば歓迎する。しかし、自治体は補助金に頼って不要な政策も進めてしまうとか、官僚や与党議員に陳情等しなければもらいにくい場合があるといった批判もある。

　さて、地方分権、つまり自治体により自由と活発さを与えるためには、この財政的関係をどう改革すればよいだろうか。「国税の一部を地方税として自治体に移譲する」という答えは、たしかに地方分権ではあるが、他方で自治へのマイナスもある。なぜなら、国税が減った分をカバーするために、国は交付税と国庫支出金（補助金）という自治体への支援を減らすからだ。実際そうした変革は、2004〜6年に「三位一体改革」として進められた。この方法では、繁栄する大都市圏は地方税源の拡大から利益を得るが、経済力が弱い農村の自治体は、むしろ国の支援の削減からダメージを受け、それを補うだけの税収増を得られないおそれが強い。

　地方債発行も分権化され、国の同意がなくても、長が当該自治体の議会に説明したうえで発行できる制度に変わった。ただし、完全自己責任で自治体の破産もあってよい、という考え方は日本は採らない。2007年の自治体財政健全化法（略称）は、財政破たんを未然に防ぐため、財政悪化を早期にチェックし、財政健全化計画の策定を義務づけるなど、国の指導を定めている（総務省B）。

◆住民自治──長、議会とその選挙

　日本の自治体は、住民を代表する（住民が選挙する）2つの機関を置いている。二元代表制と呼ばれ、アメリカのような大統領制と似た長所・短所を持つ。

　自治体の長（または首長）─都道府県知事、市町村長、東京の特別区長─は、直接住民によって選ばれ、任期は4年である。長は自治体を代表する自治体の「顔」であり、同時に行政組織を統括し、予算や条例、教育委員などの重要人事を提案する。これらの権限は長に、職員に対してはもちろん、議会に対しても大きな影響力を与える。

　一方で、住民は4年ごとに地方議会（都道府県会、市町村議会、東京の特別区議会）の議員を選挙する。議会は、予算、条例、長による重要な任命人事などについて審議し、議決する権限を持つ。議会の議決なしには、それらは成立しない。議会がこの権限を行使すれば、長に対抗もできるが、そのためには政党や会派でのまとまりが必要だ。条例は今のところ大部分が長からの提案（多くは行政官僚制が立案する）で、議員提案条例の試みはまだ少ない。しかし、議会が

国などに向けた意見書を議決したり、住民からの請願を適当ならば採択して自治体の長や行政に対応を求めることは、広く行われ一定の効果がある。

　長と議会という2種類の代表機関は、別々に選ばれることもあって、考えが違い対立することがある。もちろんまず協議、交渉するわけだが、決着をつける最終手続きは地方自治法が準備している。[3]

　さて、この二元代表制は、かなり違う選挙制度の組み合わせでもある。

　知事や市長の選挙では自治体全域からの大きな得票が必要で、政党の協力だけでなく、候補者の魅力や自治体全体の重要争点・公約が重要になる。そのために、選挙結果は大いに揺れ、ダイナミックだ。国政の与党・野党の「相乗り」に支持された元中央官僚などが、とくに知事選や指定都市の選挙では、安定的に当選することも多い。しかし、政党間の競争が活発になった1970年代と2000年代には、主要政党が首長選挙でも別々の候補者を立てて争う例も増えた。また、近年、知名度があり場合によってはポピュリズム的な候補が、無党派層などの支持を集めて、政党系の候補に勝つ例もある（北山・稲継編 2021：2章）。

　長が持つ前述の制度的パワーと、直接公選のダイナミックな結果の変動や競争が合わさって、自治体レベルでは長による政策の変更や革新、歳出の削減などが起こってきた。

　これに比べると、議会選挙はより安定していて、多党化しつつもしばしば保守・自民党優位になる。

　人を選ぶ方式なので、組織政党を除けば候補者が自分で選挙運動を進めるわけだが、その結果、地元で人脈や後援会組織、資金、知名度などの「個人的資源」を持つ人が有利になる。具体的には、そうした資源を持つ自営業（中小企業の経営者、農業、建設業者など）の議員が多い。時間的制約や社会的地位の低さもあって、女性の議員は増えつつあるが1～2割程度にとどまる。多忙で地域外に通勤しているサラリーマンや、弁護士、医師、研究者など専門職の人々は、政党の強い支援がなければ当選しにくい。公務員に至っては、西欧では議員を兼任できる国もあるが、日本では立候補と同時に公務員の辞職を義務づける法規定（地方自治法92条2項）があり、事実上、被選挙権をはく奪されている。このように、議会のメンバー構成に職業等でのバイアス（偏り）が見られ、住

民全体の構成と対応していないことは、代表機関として問題がある（地方制度調査会 2009：30-32）。また専門能力を持つ議員が少なくなると、審議・提案能力が下がるおそれがある。[4]

　つぎに、政党システムについては、（総務省Ａ）のデータや、多くの議会で同時に行われる統一地方選挙の結果を新聞記事や（村上 2023：図表4）で見よう。自民党の議席数が多く、他の国政政党が続く。「無所属」は多くが自民党の国会議員と協力する保守系なので、地方議会では、自民党・保守系が優勢であると言える。ただし、無所属のなかで非保守系・リベラル系の「市民派」議員も増えている。

　都道府県や指定都市では、自治体全体がいくつかの選挙区に分けられ、それぞれの定数つまり当選者は1名〜数名だ。政党は候補を絞り、そのラベルはかなり効果があり、政党化が進んで無所属議員は少ない。ただし県議会では、農村部の1人区(小選挙区)が自民党の独占に近くなるなど、自民優位の県が多い。

　これに対して、一般の市や町村では、自治体全体を選挙区として数十名の議員を選ぶ制度(大選挙区制)なので、各候補者は名前を連呼し、「日常活動」や「世話役活動」つまり地元へのサービスに精を出してアピールする傾向が強まる。その点で有利な自営業出身の議員は、しばしば自民党や、自民党国会議員に系列化された「保守系無所属」の立場をとる（村上 2003：2章）。

　大選挙区では、女性や、保守の多数派に批判的な「市民派」候補にも当選のチャンスが開かれる。そうした候補は、資金や地盤がなくても、政策、個性、職歴と能力のアピール、市民団体からの支援によって、当選することが可能になってきた。

◆地方議会の改革

　改革を考える前提として、地方議会の重要な機能(仕事)を分類すると、①(多様な)住民を代表しその意見を反映させる、②政策を形成する、③知事・市長・行政を監視することになる（例、滋賀県議会 2023）。こうした活動は、本会議よりも、専門分野に分かれた委員会が中心になる。

　前述の議員構成にかかわる偏りや弱点を改善するためには、ヨーロッパのよ

うに比例代表制選挙を導入する方法もある。また、サラリーマンが議会活動時に仕事を休め、かつ減収にならないような制度改正が望ましい。それ以前に、審議手続きの改善（討論の重視）などの課題もあり、当面、そうした技術的な側面を中心に、地方議会の改革が試みられている（参考、地方議会に関する研究会 2015：総務省自治行政局行政課 2023）。

◆議員の数・報酬の削減──改革か、民主主義の縮小か

　それとは別に、議員の数が多すぎる、報酬（給与）が高すぎるという批判があり（研究者においては少ない）、両方の大幅削減を「（身を切る）改革」というスローガンで訴えて、維新の会が一定の支持を集めてきた。日本でこうした議会制民主主義の縮小論に人気がある理由は、国会・地方議会の不評とともに、上のスローガンの検討（ファクト・チェック）を他の政党やマスコミ、研究者が怠っていることだろう。

　検討はきわめて簡単だ（村上 2023）。国会議員の経費は、公設秘書分など含めて１人で年間１億円、地方議員は同２千万円以下と言われる。国民・住民１人当たりで計算すると、議員を３割減らしても、国会議員なら200円、地方議員は数十円の節約にしかならず、無意味だ。

　他方で、議会制民主主義の中枢機関を弱め、多様な民意や少数意見の反映機能を弱め、特定政党の支配が強化される。議会定数の３割減で、どの政党も約３割ずつ議席が減るというイメージは大きな誤りだ。国会議員の削減は比例代表の部分に向かいやすい。府県や政令指定都市の地方議会でも、定数減をすれば１人区が増え、複数選出区でも人数が減る。いずれも、死票が増え、大政党が有利になり、少数派や多様な人材が排除される（辻 2019：３章２節）。維新が大阪府・市議会で圧勝し「翼賛議会」に近づけてきた原因の１つは、定数減で１人区を増やしそこで議席を独占している術策だ（小西・塩田・福田 2023）。

　なお、一般市の議員の給与レベル（辻 2019：４章２節）は、議員の成り手不足の一因（NHK 政治マガジン2019年３月27日）として問題になっている。給与が低いと、兼業可能な経営者やお金持ちだけが議員を目指せるだろう。

◆海外の地方議会をインターネットで調べてみよう

　「海外では地方議員は無給の名誉職（ボランティア）で、議員の数も少ない」と言う人がある。でも今は、インターネットで、誰でも海外の情報を簡単に見ることができるので、調べてみよう。ウィキペディア（しばしば英語版）で、海外の州・県や市を検索すると、議会の定数や政党別の議席数が載っている。少なくともヨーロッパでは、地方議員定数は日本並みかそれ以上だ。

　また、筆者がイギリス、ドイツのウェブサイトを調べてみると、議員に手当の支払いがあり、かつ企業に勤務しながら議会活動時は仕事を免除されるといった、一般市民が議員になりやすい仕組みがある。[5]

◆住民自治──市民の多様な政治参加

　ここまでに述べた自治体の長や議会の選挙は、有権者が自分たちの代表者（代理人）を選ぶ重要な政治参加の方法だ。

　しかし、代表者に決定を委ねる間接民主主義では、有権者・市民の意見が十分伝わらなかったり、無視されることがある。代表者（長と議会）にすべてを委ねることへの不満から、直接的な政治参加の方法が提案され、整備されてきた。実体としての住民・市民の動きも、1950年代の平和運動・原水爆禁止運動や、1960年代の公害反対運動から活発化し、さらに80年代からは原発反対、まちづくり、自然保護などの分野に広がっていった（吉見 2009：4章）。なお、住民が自治体・行政を批判する活動とともに、両者の「協働」（パートナーシップ）も、良い政策を生み出す。[6]

　ここで、選挙以外の参加の方法を、分類し紹介しよう。[7] まず、国や地方自治体の政治・行政機関に対する参加を、法的効果の小さいものから順に並べると、つぎの①〜⑤のようになる。

　①意見を述べる──国や自治体から行う広聴やパブリックコメントの制度と、市民から電話、メールなどで意見を伝える方法とがある。反対の意見が殺到すると、心理的影響を与え、マスコミで報道されたりする。

　②議会、行政への請願・陳情──自治体の議会への請願は、議会で審議され、適当であれば採択される。請願・陳情のさい、集めた署名を提出すること

も多い。①より公式な方法だが、判断は議会や行政が行う。

　③行政情報の取得——参加の前提として、情報が必要だ。市民が請求する情報の公開を、プライバシー関連など一定の場合を除いて、行政機関に義務づける情報公開制度は、地方自治体で1980年代から広がり、99年に国でも法律が作られた。隠れていた情報を入手し公表することが、世論を動かす場合もある。

　④直接請求——地方自治法が定める制度で、住民が署名によって、自治体に特定の事項を請求する。おもなものに、条例の制定・改廃請求、事務の監査請求、議会の解散請求、議員・長の解職請求（リコール）がある。前の２つは、有権者の50分の１以上の署名があればよいが、決定を下すのは、条例について

は議会、監査については監査委員になる。解散・解職の請求の方は、３分の１以上[7]の署名を集めるハードルが高いが、そのあと住民の投票で過半数の賛成があれば解散・解職が決まる。

　⑤住民投票——住民が自治体の特定問題について判断を示す制度。アメリカ、スイス、ドイツでは州の憲法で、フランスや韓国では国の法律で定めるが、日本の地方自治法には規定がない。しかし、日本でも各自治体が条例を制定して住民投票を行う事例が、増えてきた。長や議会に決定権を与える地方自治法に違反できないこともあって、投票の結果が法的拘束力を持たない「諮問型住民投票」になるが、長や議会に結果の尊重義務が課せられることが多い[8]。

　⑥自治体に対する訴訟、財務に関する監査請求、⑦世論への働きかけ（集

図表4-2　「大阪都」（大阪市廃止分割）をめぐる第１回住民投票の用紙

```
＜注意＞
一　特別区の設置について賛成の人は賛成と書き、
　　反対の人は反対と書くこと。
二　他のことは書かないこと。
```

```
平成27年5月17日執行
大阪市における
特別区の設置についての投票
```

注：この投票用紙から、有権者は住民投票で決定される事項の要点、とくに大阪市の廃止について理解できただろうか。これは、憲法改正（改憲）の国民投票で有権者にどのような情報を提供するべきかという論点にもつながる。

出典：大阪市選挙管理委員会ウェブサイト。ただし、文字を見やすく打ちなおした。

会、デモ、イベント、マスコミへの投書、情報提供など）も、一定の効果がある。

◆住民投票における熟議と扇動

　住民投票は最も強い直接民主制なので、賛否が分かれる。賛成論は、「間接民主制を補完する」必要、つまり議会や行政への「お任せ」からの脱却を訴える。地域の特別な重要問題は、住民が決めるべきだ、というわけだ。反対論は、住民投票は、①感情的判断や、②住民エゴにつながりやすいと批判するが、長や議会が決定権を侵されることへの反発もあるだろう。まず、②のエゴイズムの弊害は、住民だけでなく長・議会にも起こりうる、と反論できる。

　①は、複雑な政策問題を住民が冷静に理解・判断・議論（つまり熟議）できるか、という疑問だ。それは不可能だとも言いにくく、むしろ可能にするための条件として、住民投票の制度のなかに、説明と議論を組み入れる対策がある。たとえば、スイスの住民投票では、決定すべき議案の詳しい内容や、政党・諸団体の賛否の意見を、自治体が有権者に広報する（村上 1997）。

　反対に、住民投票（や国民投票）は、政治リーダーの権力強化にも使われうる。もちろん人々の意思を確認し、議会の反対を押し切るのも、リーダーシップの一種だろう。ただ問題になるのは、上の①の傾向を助長・悪用し、一方的宣伝で人々を扇動するポピュリズム型の住民・国民投票である。

　2015年、自分たちの市を廃止してしまう大阪都（大阪市廃止分割）構想に、大阪市での住民投票で賛成が反対に迫った【→7章】のは、不思議ではあるが、維新の会の橋下市長と行政は、大阪市の廃止を住民に説明しなかったのだ。住民説明会は市長の演説が中心で、説明パンフレットでは市の廃止はごく小さくしか書かれず、議会野党の反対意見は紹介されなかった（村上 2016：図表3）。住民投票の投票用紙では何と、あたかも大阪市を残したままその中に特別区を設置するという誤解を誘う説明文が付けられた【図表4-2】のは、重大な問題がある（高橋 2015）。

◆ NPO、足による投票

　以上のような制度以外の方法でも、人々は政策に影響を与えることができ

る。

　⑧NPO（非営利団体）──公益を増進するための市民活動で、被災地支援、自然保護、魅力的な観光づくりなどに貢献している。たとえば、（イギリス発祥の）ナショナルトラストは、広く募金を集め保全すべき海岸等を買い取っている。政府・自治体にとっても、政策に協力し分担してもらえる。1998年には「NPO法」が制定され、近年、そのような市民活動やコミュニティの公共性への貢献に注目して、「新しい公共」（新川編 2013：77-88）あるいは「ソーシャル・キャピタル」という表現が使われる。

　⑨不満を持つ自治体や国家から住民や企業が逃げ出す「退出」（exit）も、その政府に危機感を抱かせ改善を迫る効果がある。より広い概念として、「足による投票」がある。人々が、費用対効果（税金と行政サービス）を比較して、自分が住む自治体（ときには国）を選択するメカニズムだ。企業の場合も立地条件を、地域や国のあいだで比べ計算する。各種の指標を比べる都市や都道府県の「ランキング」も、多数発表されるようになった（単純なアンケートによるものもあり、内容をチェックしなければならないが）。多くの自治体（や国）は、人々や企業に選ばれまた逃げられないように、道路、鉄道、保育所、公園などの整備に努め、地域の魅力を作り宣伝している（村上 2019：439-455）。

■注
1）　指定都市の区（行政区）は住民に近いが、独立した自治体ではなく、権限・予算、住民参加の弱さが課題である。地方自治法が改正され、これを「総合区」にしてやや強化することもできるようになっている。これに対して、東京の特別区は、区長と議会を住民が選挙する自治体である（その代わり、「東京市」は存在しない）。特別区は、1943年の東京市廃止後に旧市域に置かれたもので、一定の権限を持つが、税源、都市計画、産業政策などは東京都に集権化されているので、その意味では一般の市よりも弱い。もちろん、特別区は指定都市よりはるかに弱体で、日本地図にも載らない。
2）　正確な定義はもっと複雑なので、地方自治法2条を見ていただきたい。
3）　議会は、3/4以上の賛成で長の不信任を議決することができ、その場合、長は、議会を解散しなければ、失職する。前者の場合に、新しく選挙された議会は、1/2以上の賛成による不信任で長を失職させることができる（地方自治法178条）。現実には、不信任を受けた長が、辞任したあと再選挙に立候補して勝つという新たな戦術も「発明」されている。いずれにせよ、対立への最終的な判定は住民に委ねられるわけだ。

4）　要約すると、「人を選ぶ選挙＋公務員の立候補禁止」→「自営業が多い」→「保守系が多い」↔「保守系会派に属する方が有利」という因果関係が想定できる。

5）　イギリス地方自治体連盟ウェブサイトの「地方議員になるには」コーナー（Local Government Association 2023）には、次のようにある。

　　「あなたが働いているなら、会社（employers）は法律に従って、あなたに議員活動に必要な時間、勤務から抜けることを許さなければならない。…会社はその時間分の給与を支払っても、支払わなくてもよい。立候補する前に、この件について会社と話し合うようお勧めします。多くの会社は、従業員が議員として地域に貢献することの重要性、価値、そしてそれが本人・会社の双方に役立つことを理解し、支援してくれる。」

　　ドイツ最大の州、ノルトライン・ヴェストファーレンの地方自治法（Gemeindeordnung für das Land Nordrhein-Westfalen 2023）44、45条から抜粋すると、「何人も、市議会議員等に立候補し、その職を引き受け行使することを妨げられない。立候補等に関連した職場での不利益、それを理由とする解雇は許されない。市議会議員等は、議会職務の遂行のあいだ、勤務を免除される。市議会議員等は、適切な経費の補償、および議会職務によって被る収入の減少の補償を受ける権利を有する。」

6）　全国で、都市施設の充実、自然保護のための、あるいは環境汚染・原発・軍事施設・大型公共事業・ゴルフ場などに反対する市民運動（住民運動）が展開されてきた。こうした運動がなければ、三重、高知など巨大津波の危険地域も含めてもっと多くの原発計画が実現していたはずだ（TBS NEWS DIG 2024年3月16日）。また、古都京都の景観の整備・保全は、住民の要望や開発反対を受けて、京都市が高さ規制、保存地区の設定、補助、慎重な再開発などの政策を積み重ねてきた（村上 2003：6章）。観光名所の小樽運河、近江八幡の水路、京都の大山崎山荘美術館、大阪の中之島公会堂、神戸の異人館街、倉敷の伝統的町なみなど、住民運動と自治体（および企業）が保存・整備を進めてきた成果を、訪ねてみたい。

7）　有権者数40万人以上の自治体では、必要な署名数の割合がやや緩和される。地方自治法76条を参照。

8）　1996年に新潟県巻町（原発の建設について）、沖縄県（米軍基地の縮小について）で日本初の住民投票が行われ、地域の意思を明確に示した。平成の市町村合併では、住民の意思を確認する制度として多用され、原発や廃棄物処理場の建設に関しても行われる。一定の署名が集まれば自動的に住民投票につながる「常設型住民投票」制度も、インターネット検索で分かるように増えつつある。

■参考文献　＊本文中カッコ内の文献、および参考書を示す。

秋月謙吾『行政・地方自治』東京大学出版会、2001年

今井照『地方自治講義』筑摩書房、2017年

NHK政治マガジン2019年3月27日【議員2万人のホンネ】「議員報酬では養えないので妻が…家族に多大な犠牲を」、ウェブサイト

兼子仁『変革期の地方自治法』岩波書店、2012年

北山俊哉・稲継裕昭編『テキストブック地方自治』第3版、東洋経済新報社、
　　2021年

京都府「新しい地方行政の未来研究会「広域行政システムをめぐる議論と今後の
　　あり方について」2013年（http://www.pref.kyoto.jp/mirai-pj/20130624.html）

後藤・安田記念東京都市研究所編『平成の市町村合併―その影響に関する総合的
　　研究』後藤安田記念東京都市研究所、2013年

小西禎一・塩田潤・福田耕『維新政治の内幕―「改革」と抵抗の現場から』花伝
　　社、2023年

滋賀県議会「議会改革」＞取組の内容、2023年訪問、ウェブサイト

柴田直子・松井望編『地方自治論入門』ミネルヴァ書房、2012年

総務省「地方公共団体の議会の議員及び長の所属党派別人員調」毎年、ウェブサ
　　イト＝総務省A

総務省「目で見る日本の地方財政―地方財政の状況」毎年、ウェブサイト＝総務
　　省B

総務省・明るい選挙推進協会「統一地方選挙全国意識調査」毎回、ウェブサイト

総務省自治行政局行政課「地方自治法の一部を改正する法律について（地方議会・
　　財務会計制度関係）」2023年、ウェブサイト

高橋茂「異例ずくめの「大阪都構想」住民投票」『Voters』No.27、2015年

地方議会に関する研究会『地方議会に関する研究会報告書』2015年
　　（http://www.soumu.go.jp/main_content/000370296.pdf）

地方制度調査会「今後の基礎自治体および監査・議会制度のあり方に関する答申
　　について」2009年

辻陽『日本の地方議会―都市のジレンマ、消滅危機の町村』中央公論新社、2019年

TBS NEWS DIG 2024年3月16日「21年前に住民反対で中止された珠洲市の原発
　　予定地、能登半島地震で甚大な被害」ウェブサイト

新川達郎編『政策学入門―私たちの政策を考える』法律文化社、2013年

村上弘「スイスの住民投票―直接民主制と間接民主制との共鳴？」『立命館法学』
　　1996年6号、1997年

村上弘『日本の地方自治と都市政策―ドイツ・スイスとの比較』法律文化社、
　　2003年

村上弘「道州制と代替案―広域自治体の国際比較を手がかりに」『季刊行政管理
　　研究』No.130、2010年

村上弘「日本政治におけるポピュリズム─2015年の「大阪都」、「維新」、有権者」
　　『立命館法学』2015年5・6号、2016年

村上弘「「大阪都」＝大阪市廃止・特別区設置の経済効果─　大阪府の歳出膨張、
　　特別区の財政効率の予測を中心に」『立命館法学』2018年

村上弘「ポスト道州制の地域振興政策─道州制は、府県広域連合の夢を見るか？」
　　『立命館法学』2019年3号、2019年

村上弘「立憲民主党の役割と課題、「維新の会」のポピュリズムと「強さ」─「身
　　を切る改革」のデメリットと節約額は、なぜ論じられないのか『立命館法学』
　　2023年3号、2023年

村松岐夫『行政学教科書─現代行政の政治分析』第2版、有斐閣、2001年

吉見俊哉『ポスト戦後社会』岩波書店、2009年

CEMR：Council of European Municipalities and Regions, Local and Regional
　　Europe（map）, 2023, website

Gemeindeordnung für das Land Nordrhein-Westfalen, visited in 2023, website

Local Government Association, Becoming a councillor, visited in 2023, website,
　（https://www.local.gov.uk/be-councillor/becoming-councillor-0）

■ウェブサイト　　＊タイトルで検索しやすいものは、URL を略す。

全国知事会、指定都市市長会、全国市長会、全国町村会

総務省「地方自治制度の概要」

関心のある地方自治体のウェブサイト

自治体国際化協会、各国の地方自治シリーズ
　（http://www.clair.or.jp/j/forum/pub/index.html）

5章　政治の理念と対抗軸

◆政治を理解するための対抗軸

　さて、この5章では政治制度を離れて、日本政治で、どんな政治的理念や価値観が競い合うのかを考える。つまり何が重要な価値か、国民や政治家はどんな枠組み（フレーム）で政治を認識、議論、選択するのか、というテーマだ。

　マスコミ採用試験では、時事問題の「教養」が問われることも多いが、政治史は知っておきたいし、さらに、個別の政策、争点、発言、事件などの集まりとしての政治を、全体として理解する概念、枠組みも役に立つ。たとえば、モネ、ルノアール、ピサロなどの絵を「印象派」と総称するようなものだ。

　政治の世界では、「左と右」の対抗軸、座標軸が伝統的に重要だ【Ⅰ部図表B】。その意味はすぐ後で解説するが、この軸を使えば、政党や政治的な意見を、左翼、中道左派、中道、中道右派、右翼などと一列に並べて整理できる。

　イギリスの大学進学レベル教育では、political ideas（政治思想）の項目で、リベラリズム、保守主義、社会主義、ナショナリズム、フェミニズム、多文化主義、アナーキズム、環境主義の8種類を教える（Tuck, D./ Jenkins, S./ Jefferies, J. 2023）。

　さて、これらの概念、枠組み、アイデアは、客観的に存在するものを特定の視点から認識する「抽象概念」ないしは一種のイデオロギー（ideology）[1]なので、教えられ、意識しなければ見えない。

　先の印象派もそうだが、タンパク質、炭水化物、各種ビタミンなどの概念がなければ、食材は名前と味を持つだけで、栄養のバランスを考えることはむずかしくなる。「美しい毒キノコ」の知識を持たないと、危険な場合もある。

　笑い話だが、同じような知的単純化現象が、日本政治で起こっているのではないか。そして、各政党のポジションが見えないと、有権者の選択は難しく、また不安定になる。たとえば、自民党・保守に勝たせないため、新鮮に見える「保守と見せない保守新党」に投票すると、実は日本の政治をもっと右寄りに

押し進める不条理な結果になる。他方で、左派政党への抵抗感も、弱まっているのかもしれないが。

◆政治的立場の左派と右派

　「右派」「左派」という対抗軸は、もともとはフランス革命の時代に、議場で王党派が右側、それに対抗する自由主義的な市民派が左側に座ったことに由来すると言う。19世紀欧州では、資本家（財産を持つ者）と労働者（持たざる者）の対立に変わった。20世紀中盤には資本主義国と社会主義国の「冷戦」に激化し【→6章】、資本主義国の内部でも、多元的な政党システムを生み出した。社会主義体制の多くが崩壊した今日でも、資本主義国では経営者と労働者（労働組合）が協調しながらも利害が異なる面があり、リベラルな考えの人々と権威主義的な人々がいるので、それを反映し、左右の立場の違いはかなり残る。

　つまり、政治認識に左右の軸を用いるメリットとしては、近代民主主義の歴史において重要だったこと、現代社会の対立や多元性を反映していること、国際的にしばしば用いられること、個別の政策争点の背景にある「哲学」を理解しやすいこと、などがある。

　では、現代政治の「右と左」の中身は何か。

　政治学では、図表5−1のように縦横2つの軸[2]を組み合わせて定義することが多い（田中 2020：59-64, 191；Caramani 2020：Fig 13.4；村上 2021：357-366とそこで紹介する文献）。政治の左右にまず対応するのが、図の横軸で、「大きな政府か小さな政府か」つまり政府と市場経済のどちらをより重視するかという問題だ（経済的対抗軸）。左派が、「大きな政府」で国が福祉や経済運営、公平の実現に努めるよう求めるのに対して、右派は「小さな政府」で所得やサービスの配分を市場原理や自由競争（つまり民間企業）に委ねることを好む。

　縦軸は、「多元主義か権威主義か」、つまり人々の自由や多様性と、政府やリーダーの権威とのどちらを重視するか、という論点を示している（文化的対抗軸）。

　この二次元モデルは、政治を理解し議論するうえでメリットが大きい。2つの軸は明快で、具体的な政策や主張を当てはめて測定可能だ。有権者にとっ

図表 5 - 1　現代政治の対抗軸（座標軸）

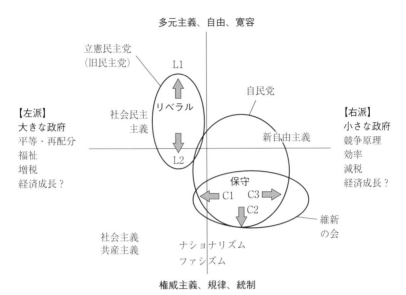

〈日本での保守およびリベラルの戦略〉【→8章】
C1　経済成長、教育・福祉サービスを重視し、中間層に訴える。
C2　ナショナリズム（的な改憲）を訴え、右派を育てる。
C3　政府機構や議員数を縮小し、「改革」としてアピールする。
L1　集団的自衛権、改憲、原発推進などの保守政治に、「対抗軸」を示す。
L2　保守政治に一定の範囲で協力し、「現実主義」をアピールする。

注：筆者が、この本の5、7、8章の説明に従って作成。

　て、政党を見分け選択する基準として役立つ。
　　左も右も、極端すぎるとマイナスが大きくなることは、社会主義やファシズムの歴史が証明している。非常識な政策を生むだけではなく、自分の立場を絶対化すると合理的に考えなくなり、観念が「純粋培養」されやすい。

◆現代日本政治の対抗軸──保守とリベラル
　1990年代中頃まで、政治の左右について、日本では「革新対保守」という枠

組みが、新聞でも普通に使われ、多くの人に意識されていた。保守は中道右派で自民党、革新は中道左派で社会党、共産党、そして両者の間に「中道」を自認する公明党や民社党があるという構図は、たいへん分かりやすかった。具体的な政策争点も、「保革」の対立として理解できるものが多かった（的場 2012：5章）。

　政治学の教科書では、今でも左と右、あるいは保守とリベラルという区分が、紹介されることが多い（加茂・大西・石田・伊藤 2012：145；上神・三浦編 2023：82-84など）。

　新聞でも、外国について「フランスの選挙で中道左派が勝った」「アメリカの共和党内で右派が強まっている」などと書く。日本でも「右傾化」、「保守」そしてときどき「リベラル」という表現が用いられるので、やはり何らかの座標軸の必要は認識されている。

　座標軸のない政治は、「地図のない航海」のようなものだ。連れて行かれる方向が知れぬまま、「日本を変える」と現在位置からできるだけ遠ざかる「過激な」政治リーダーを選んでしまうことにもなりかねない【図表5-1】。

　さて、左派、右派よりも穏健な中道に近い部分は、国によって呼び方がやや異なる。ヨーロッパでは、中道左派（centre-left、社会民主主義）・中道・中道右派（centre-right、保守）という分類が普通で（Colomer 2008など）、リベラリズム（自由主義）も伝統がある。これに対して、社会主義が弱いアメリカでは、1930年代のニューディール政策によって、弱者救済や企業への規制など社会民主主義的な政府介入を進めた民主党が、共和党（保守）に対して「リベラル」と呼ばれるようになった。カナダには保守党、自由党（Liberal Party）、そして「社会民主主義の伝統」を自認する新民主党がある。

　韓国では、「保守か、進歩か」が、政治的対抗軸になっている。

　日本では、戦前・戦中に社会主義勢力（無産政党と呼ばれた）が徹底的に弾圧されたこともあり、戦後の社会党や共産党は自らの立場を「左派」ではなく、「革新」と表現してきた。90年代に社会党が弱まった後はこの表現も聞かれにくくなり、代わりのシンボルが模索される。今日では、立憲民主党・民主党のような政治的立場が、保守との違いを表現するため、アメリカの民主党と同じ

く「リベラル」を使うことがある（田中 2020：177-181）。穏健保守層からも支持を得るために、「リベラル・中道」も用いられる【図表5-1、図表8-2】。

　なお、日本では「リベラル」は外来語なので、意味が分かりにくいだろうか。英語圏では「liberal」は liberty とともに日常的に用いられ、インターネット辞典の（Cambridge University Press 2023：'liberal'）を読むと、まさに前述の二次元モデルに沿って、多様性の尊重、および公正な配分への志向と定義されている。イギリスでは、子供向けの本にも解説がある（フリス／ストーバー 2019：32-37、39、5章）。リベラリズムは、西洋で近代以降、重要な社会思想の1つとして発展してきた（フリーデン 2021；田中 2020）。さらにキリスト教には、「VERITAS LIBERABIT VOS ＝真理は汝らに自由を得さすべし」という言葉がある。

◆日本での「リベラル」のあいまい化？

　日本でも、他の外来語と同じく「国際標準」に沿ってリベラルを理解してよいし、実際、近現代史のなかで保守・リベラルそれぞれの思想や活動が、展開されてきた（田中 2020：6章；宇野 2023）。ただし上記の事情から、保守の反対概念であるリベラルを「現状を変えること」と誤解したりそう解説する人もいる（村上 2021：361-365）。でも、リベラルな制度や権利を弱めるような変革は、論理的には、リベラルではなく保守・右派だ。「変革＝リベラル」という理解や解説は、「気温が変化すれば、それは春だ」と同じく愚かである。

　政治学では世論調査をもとに、今や自民党や維新がリベラルだとみなされていると述べる研究もある（読売新聞 2017年8月11日）が、第1に、大学卒の人（樺島・境家 2020：200-203）、あるいは新聞を読む学生（村上 2021：362-363）では、保守・リベラルの（国際標準の）イメージは保持されている。有権者の政治的知識等の質問は、世論調査に含めるべきだ。第2に、改憲、脱原発、再配分など現実の争点への意見（と政党支持との相関）に関する世論調査の結果を調べれば、意見は保守・リベラルの定義に沿う形で、分散している。

　とはいえ、日本の学校教育は、保守、リベラルという言葉の意味と、その両方が多元的な民主主義にとって重要であることを、あまり教えない（村

上 2021：図表 4）。加えて当該政党や新聞からも情報を入手しない有権者においては、既存の政党の違いが見えなくなり、投票率も下がり、また新しい、強く極端な主張をする政党が左右に分類されず「第 3 極」として目立ち、違う意見を全否定する攻撃性が支持されるのではないか。

◆**論点（1）──大きな政府か小さな政府か**

　つぎに、「左と右」（または「リベラルと保守」）の違いを構成する 2 つの対抗軸ないしは論点を、解説しよう。

　2 つの論点とも、どちらの立場が正しいか、政党や有権者によって意見が分かれる。同時に、正しそうなのは、「どちらかの立場が絶対に正しいのではない」「極端はいけない」という判断だ。そこからは、政治が一方に偏らないという「多元主義」【→6 章】やバランス感覚、あるいは立場の違う 2 大政党を含むシステムへの支持が導き出されるだろう。

　まず、第 1 の、「大きな政府か小さな政府か」という対立軸である。図表 5 - 1 ではヨコ軸に当たる。この場合の政府には、社会的弱者を支援し、強者を抑える役割が想定されている。19 世紀、欧米での産業革命とともに、企業が自由に生産し市場で取引する資本主義経済が発展し、自由放任主義と呼ばれた。しかし、貧富の格差や都市問題などが深刻化し、労働運動にも押されて、20 世紀になると、政府は次第に、労働条件の改善、福祉・教育サービス（憲法における社会権・生存権）、累進課税などの再分配、公共財の供給、そして景気調整や成長のための経済政策を活発化させた【→6 章】。強い立場にある経営者や富裕層が市場原理や自由な雇用契約を好むのに対して、働く人々や労働組合、貧困層が政府の介入・規制・支援を求めてきたことが、今日にも争点として残っているわけだ。

　それぞれの主張は、図表 5 - 2 にまとめている。

　簡単に言えば、大きな政府論は、「過度の競争は不幸を生む」として、「誰もが平等に幸せになれる公正な社会をつくる」ために政府や社会団体の力に期待する。また、「政府の関与なしには経済は安定しない」という見方だ。1980 年代に新自由主義として復活した、小さな政府論は、「努力した者としない者を

平等に扱うのは不公正」として、「競争が活力を生む」、「競争に勝てば幸せになれる」（つまり皆が幸せになるのは難しい？）、「競争で経済成長すれば、自然に配分がなされる」と主張する。どちらが読者の方の、あるいは現代日本の気分に合っているだろうか。

　なお、新自由主義（ネオリベラリズム）と、リベラルとは反対概念なので、注意が必要だ。「自由」といっても、新自由主義は、経済活動の自由を中心に据える。これに対して、リベラルが重視するのはすべての人の、人間としての活動や発達を享受する自由だ。新自由主義は競争原理を好み、政府の関与を嫌う「小さな政府」の立場だが、リベラルは、すべての人の平等な自由・権利のために、政府の積極的な支援を求める。

　一般論は以上だが、政府の関与の望ましさは、政策の分野・目的によって違う。経済成長に対しては大きな政府も小さな政府もそれぞれプラス・マイナスの作用があり【図表5-2】、経済政策論の教科書でも両派の見解があるようだ。主要国のデータを比較し、「小さな政府であるほど経済成長する」という相関関係は、1990年代以降は消滅したという分析もある（神野・宮本編 2011：180-181）。犯罪の防止、社会福祉、少子化対策、都市整備、脱原発、教育などの政策目的を、市場原理や民間企業だけで進められると主張する人は、少ない。そこから、大きな政府と小さな政府を適正に組み合わせ、効率・競争と公正・平等をともに追求する「第三の道」の主張が生まれる。

　この「大きな政府か小さな政府か」は、国際比較が可能だ。政府歳出、税収（ともに国民所得に占める割合）、公務員数（人口当たり人数）と、その経年変化によって測定できる。いずれも、日本は先進国では、アメリカ合衆国などともに数値が低く、「小さな政府」になっている【→3章】。

　また、西欧と比べて、日本はフルタイム（正規）労働者とパートタイム（非正規）労働者の賃金格差が大きい。低所得は、少子化や学力不足につながる。原因の1つは、政府の関与・ルールの弱さだ。所得格差を示す「ジニ係数」も、政府の再配分の効果だけを反映するものではないが、参考になる。

図表 5-2　大きな政府か小さな政府か　【議論の整理】

	大きな（十分な）政府 big government	小さな（スリムな）政府 small government
立場の呼称	中道左派、左派、リベラル 福祉国家、社会民主主義	中道右派、右派、保守 市場原理、（やや批判的に）新自由主義（ネオリベラリズム）
視　点	＊「市場の失敗」を重視 民間企業が競争する市場原理は、「弱肉強食」で、格差や社会問題を生み出す。貧困は少子化の原因でもある。	＊「政府の失敗」を重視 税金によって成り立ち競争原理が働かない政府機構は、非効率、既得権などを生み出す。
経済成長	公共事業、福祉、教育、適正な規制 　→雇用、需要の拡大　→経済成長 雇用や賃金の公的ルール（規制） 　→購買力、需要が伸びる。（低賃金になると勤労者は長時間働かざるを得ず、雇用・需要は増えない。）	減税、規制緩和 　→企業が供給面で革新、設備投資 　　→経済成長→雇用 雇用や賃金の自由化（規制緩和） 　→企業がリストラで業績改善できる。（低賃金になれば、企業は雇用を増やす。）
社会・生活	格差の是正、人権保障が必要。 教育は、社会の安定や経済成長につながる。低所得は、少子化の一因。 社会全体の連帯、共生を強調。	格差は競争の正当な結果。 格差と競争は、人々や企業の努力を促す。 自己責任、「自助」を強調。
財　政	日本の財政赤字は深刻。 消費税および／または高額所得者への増税で対処。	日本の財政赤字は深刻。 公務員減で対処し、法人税は減税（代わりに消費税引き上げも）して経済活性化。
公務員・議員	国民のために重要な仕事をしている。待遇を下げると、優秀な人材が集まらない。（お金持ちしか議員になれない）	公共の奉仕者という意識を持って働くべきだ。国民の税金を浪費させてはならない。
国際比較	先進国間の比較では日本は小さな政府。これ以上縮小すると社会問題が起こる。	アジアでは大きな政府であり、縮小すべきだ。政府債務は世界一なので、縮小すべきだ。
（読者メモ欄）		

注：議論の状況をもとにまとめたが、論理的に成立しうると筆者が考える意見も含めている。

図表5-3　多元主義か権威主義か　【議論の整理】

	多元主義 pluralism	権威主義 authoritarianism
国内政治	政治は、権力集中を警戒し、多様な意見を反映させて議論し、強者だけでなく弱者の人権にも配慮すべきだ。	政治は、リーダーシップが重要。既得権や反対意見を抑え、議論よりも大胆な政策や改革を決断して、日本を再生させるべきだ。
国際政治	国際社会は、歴史の失敗に学び、軍事力だけでなく、相互理解と交渉により平和を守る方向で進んでいる。	近隣諸国の膨張・横暴に対して、平和的関係を維持しつつも、軍事的に対抗できる強い日本を作るべきだ。
自己の立場の欠点に対する弁明	多様な意見（「民意」）を尊重し議論すれば時間はかかるが、決定は可能だし、合理性と合意が高まる。そのようなリーダーシップの重要性を否定するものではない。一度誤った制度や政策を導入すると、取り返しがつかない。	日本の低迷・危機を見れば、改革は急務だ。選挙で多数を得た政党や政治家には、その「民意」に応える責任がある。政治が暴走すれば、つぎの選挙で負けるはずだ。もし新たな制度や政策に誤りがあれば、あとで修正すればよい。
日本の文化的特性	歴史を見ても個人が弱く、国家・権威や集団に従順なので、さらに権威主義的に、人権を制限し愛国心等を強調するのは、危ない。	リベラル派の影響もあって、家族や愛国心といった伝統的な価値が弱まり、政府への要求や権利主張だけが強まっているのは、危ない。
国家・政府への基本的な見方	国家や政府は、多様な市民のために働く責務を持つ半面で、暴走するおそれがある。	国家や政府は、民族の誇りや価値を体現し、またそれを推進する責務がある。
（読者メモ欄）		

注：議論の状況をもとにまとめたが、論理的に成立しうると筆者が考える意見も含めている。

◆論点（2）──多元主義か権威主義か

　政治的な左右を構成する第2の対抗軸として、「多元主義・寛容か権威主義・規律か」が重要だと述べた。図表5-1ではタテ軸で示し、それぞれの主張は、図表5-3にまとめている。

　多元主義や多様性への寛容は、フランス革命が絶対王政を批判し、自由民権運動が明治政府に要求したような、言論・思想等の自由、政治参加など各種の人権（憲法における自由権、参政権）の尊重を含む。現代ではさらに、女性、少数派、外国人などの地位や環境保護に関して主張され（田中　2020：8-10、52-

68)、権威主義に対して民主主義を守る動機にもなる。フランス革命のスローガンの「自由、平等、友愛（博愛）」（在日フランス大使館 2024）にも近く、やや理想主義とはいえ現実社会でも重要だ。

　他方で、下側の権威主義的な政治は、20世紀の社会主義国家やファシズム・軍国主義で極限に達した。民主主義のもとでも、規律・秩序は必要でそれをとくに重んじる考えがありうる。また、フレンドリーな性格の人とともに、権力者に従順で、異なる意見や集団に偏見を持ち排斥しようとする権威主義的パーソナリティが存在する（山岸編 2001：28-29）ので、この対立軸は今後も消えない。

　この選択肢では、寛容すぎても、権威的すぎても、問題を引き起こす。政府が弱すぎると、無責任と混乱につながる。逆に社会主義やファシズムのように、政府がすべてをコントロールすると、市民の自由を奪うだけでなく、その自発性を損なって「指示待ち」にさせ、中期的には国や社会を衰退させる。（あるいは経済活動だけ自由化すれば、多くの人々はそこで熱意と利益を競い「活性化」するのか。）

　中間レベルに多くの政党や政治家は位置するが、それでもつぎのような争点で意見が分かれる。

- 少数意見の尊重の程度【→6、7章】
- 少数派、「弱者」、女性、外国人などの地位や人権
- 戦争や軍事力への考え方【→Ⅰ部10.】、日本の戦争責任【図表5-4】
- 一方的な憲法改正の是非【→9章】

　調査によれば、日本では、権威に従順な人が多いが、それでも、権力を警戒・批判する人が一定の割合存在することは、リベラル派や多元的民主主義にとって貴重だ（村上 2021）。

　一般論として、寛容な人と権威主義者と、どちらが頼りになるだろうか。権威主義者は、人々の「敵」とも戦ってくれるかもしれない。ただ独善に陥って、失敗することもある。逆に人間にとって貴重な（そう考えない人もいるが）自由や思いやりを重視するリベラル派は、理想にこだわったり、反対意見に配慮しすぎて決定や実行できないことがある（フリーデン2021：7章）。人々のエゴイ

ズムを抑え、社会に不可欠な秩序や信頼をどう築くかも、課題だ。

◆２つの軸の相互関係

　以上、政治的「左右」の意味を、「大きな政府―小さな政府」と「多元主義―権威主義」の２つの軸の組み合わせで、説明した。

　日本で、第二次世界大戦後の「保守対革新」の意味するところは、当初は、戦前の権威的な旧体制（伝統）か人権・自由・民主主義（反伝統）かの対立だった。端的に言えば、新しい日本国憲法についての、改憲か護憲かの争いである。しかし、1970年代ごろから福祉や平等への指向が弱い（小さな政府）か強い（大きな政府）かという対立が追加された（蒲島・竹中 2012：3章）。

　ここで、図表5-1の、２つの座標軸の相互関係を考えてみよう。

　一般論として、左右の違いを決めるのは、まず図のヨコ軸の、政府規模の大小（政府か市場か）の論点だろう。タテ軸だけでは、左派と右派を区別できない。なぜなら、この図でタテ軸下側の権威主義に傾く傾向は、ヨコ軸左端（経済やメディアも政府が管理する社会主義国）でも右端（すべて弱肉強食の市場原理に任せる資本主義国）でも発生し、両者は寛容さや人間への配慮の欠如という点で共通するからだ。

　ヨコ軸の中ほどの、中道左派や中道右派の立場は、極端な権威主義には走らない。しかし、多くの国で中道左派・リベラル政党は寛容な、人権に手厚く軍事力行使を抑える立場を取り、中道右派（保守）政党は、人権にややクールで軍事力の行使を辞さないことが多い。リベラルな日本国憲法を守るか変えるかという争点も、タテ軸に相当する。こうしてタテ軸の違いがヨコ軸の違いに追加され、中道左派と中道右派の違いを生み出している。つまり、図表5-1で見ると、ヨコ軸の中ほどの領域では政党の立場は左上から右下へと分布する。もっとも、小さな政府（効率性）を志向するが寛容な政党というのも、論理的にはありうる。逆に、国民への特定のサービスを増やしつつ権力集中（議員数大幅減などを含む）や軍拡や改憲を強める「右派と見せない右派」の立場を、ポピュリズムは集票戦略に用いることがある【→7章】。

　20世紀型の左翼と右翼の対立は弱まったとは言え、有権者の意識は、今でも

中道の右と左、つまり保守とリベラルに一定分かれる（蒲島・竹中 2012：240-244：飯田・松林・大村 2015：3章）。国会議員に対するマスコミ等のアンケート調査でも、政党によって政策的な意見が異なり、やはり保守・リベラルの差異と解釈できる。左右の違いを具体化した「大きな政府—小さな政府」および「多元主義—権威主義」の二次元の図は、政党や政策を位置づけ、議論を整理し活性化し、同調性を抑えるための「地図」として21世紀にも役立つだろう。

◆保守とリベラルの社会的基盤

　以上はおもに理念やイデオロギーの説明だが、政治（学）的には、「どちらが正しいか」という問題(例、田中 2020)だけでなく、それぞれが各国・地域で、社会のどんな人々や集団に好まれているかも重要だ。

　たとえば、政党が活動するためには、有権者からの需要（支持）と、政治家の人材供給（リクルート）が必要だ。有権者の側を見ると、前述の二次元グラフに照らせば、経済力のある人、権威に従う人は、保守を支持しやすいだろう。低所得の人々が、富裕層を批判するのか、あるいは自分たちより少し恵まれた中間層・公務員を敵視するのかは、政治的宣伝などによって違ってくる。

　政治家の人材源を見ると、経営者など経済的利益を追求する人が（とくに与党である）保守政党から立候補するのは自然な流れだが、リベラル政党が掲げるような利他的な目的のために議員になろうとする人が多いかは、国や文化によって異なる。さらに「典型的な」保守政治家は、権力を志向する動機、厳しいビジネスで培った資金や人を動かす能力、後援会や業界団体のネットワークを持ち、良い意味でも悪い意味でも、エネルギッシュだ。「典型的な」リベラル政治家が、弁護士、ジャーナリスト、市民活動などの経験をつうじて持つ他者や社会への配慮という動機づけと専門知識を用いて、ネットワークを広げて対抗できるか、関心が持たれる。このあたりは、保守とリベラルの社会的基盤だけでなく、人々の多様な人格・心理との関連という興味深いテーマになっていく[4]（cf. Feltman 2015；Morgan 2017）。

◆「改革か、既得権か」

　ここからは、「右と左（日本では、おもに、保守対リベラル）」以外の、政治を見る視点、ないしは価値観を扱う。

　近年、「改革」とは既得権を打破することだという主張が見られる。

　「既得権」あるいは「特権」とは、あらゆる制度、政策、政治を批判できるマジック・ワードだ。なぜなら、多くの制度や政策には、それから利益を得る人々や集団があるからだ。

　たしかに、従来の政策や予算配分を社会の変化に応じて見直し、不公平な特権を改めることは、政治の重要な役割の1つだ。他方で、既得権批判が自己目的化、単純化しないように注意も必要になる。

　第1に、制度や政策から得られる利益でも、妥当なものと不当なものとを区別してみたい。①人権保障、格差是正、その他の合理的な目的のために利益が供与され、かつ②特定ではなく一定の条件を持つ多くの人々に供与されている場合、それは政策改善の成果である。

　第2に、たとえば公務員や正社員の労働条件を既得権と呼ぶなら、もっと厳しい条件の人々から見ると恨みや妬みの対象になる。しかしこれを攻撃すると、条件の悪化は社会全体に波及する。人々のあいだで、互いに政府による保護を批判し、みんなで貧しくなっていくプロセスを進めることになる。

　第3に、誰の「既得権」が攻撃されるのか。経済的、社会的な「弱者」に対して、政治が配分する「既得権」を縮小しすぎると、経済的な強者が価値を独占する、19世紀の自由放任主義に戻ってしまう。他方で、原発への国の支援、カジノ企業への大阪府・市の誘致・支援も、既得権の一種ではないだろうか。

　第4に、諸集団の既得権を打破するだけでは、良い政策は生まれない。そうした「しがらみのない」政治家や政党は、国全体のため、あるいは既得権を持たない一般の人々の利益のために政策を作ると訴えるが、この基準はあいまいで、政治家の信念や思い込み、権力や私益の追求から政治を進める可能性もある。公職に就けば、仲間や支持者に新たな「既得権」を提供することさえある。

◆「変化か、現状か」

　まずまず良いものを守る方が、悪い方向へ変えるよりも賢いのだから、変化の方向を見極めることが肝要だ。個人レベルの職業、病気の治療、投資などの決定では、もし方向や内容が理解できなければ、（小さな実験を除いて）冒険をしないのが、自分に責任と配慮を持つ日常生活の知恵だろう。本来そうした責任は、自分が属する社会や国家に対しても、感じられるはずなのだが。

　政党や政治家が掲げる「改革」の内容や、保守・リベラルの二次元モデルでの方向性を認識して、良し悪しを吟味してみたい。

◆「強いか、弱いか」

　政治には「強さ」「実行力」が必要だ。すぐれた理念や政策を掲げても、パワーがなければ「絵に描いたモチ」で意味がない（批判する思考も、有用だが）。

　選挙や世論調査における「強さ」は、人々を特別に引きつける。強い政治家には、あやかって当選したい候補者や、ブームに魅かれる支持者が集まる。模倣・同調から起こるブーム（流行現象）のメカニズムもある。日本では、昔から「寄らば大樹の陰」と言われ、今でも「行列のできる店」が宣伝文句になり、学校や組織でのいじめを止める生徒・メンバーが少ない。

　少し考えると、強者が、いつも正しいとは限らない。たしかにスポーツでチームを、ビジネスで企業を比べるときは、強いか弱いかが有力な基準で、それが人々の政治の見方にも影響している可能性はある。とは言え、スポーツや企業間競争なら、品質や公正さも、評価基準になる。しかし、今日の日本で、強い政党・政治家への賛美、「バッファープレイヤー」の減少や、選挙で負けた政党は政策も理念も悪いと論証なしに断定する傾向は、上記の思考パターンに近い。

　逆の思考は、2017年のアメリカ大統領選挙でトランプ候補に惜敗した、クリントン候補のスピーチの一節だ（健闘したゆえに述べうる言葉ではある）。

　「正しいことのために戦うのには、価値がある。」

　（Fighting for what's right is worth it.）

❖ナショナリズム

　ナショナリズム（nationalism）は、民族主義（または国家主義）と訳される。これは、nation（国家、国民・民族の２つの意味がある）をとくに重視する思想・立場を指す（参考、川崎・杉田編 2012：7章；田村・松元・乙部・山崎 2017：12章）。

　個人の自由や多様な社会集団に対して「全体」を優先させる考え方なのだが、「全体」には市町村・府県や、東アジア、全世界もあるのに、国家・民族が特別扱いされるのはなぜだろう。それは、国家・民族が「内」と「外」を区別する言語等の同質性（まとまり）や、歴史的な継続性、それゆえの各種資源や権力の集中性を持っているからだ（ナショナリズムの反対概念は、国際協調主義、自由主義など）。

　たとえば、フランス語を話す民族が「国民」と定義されてフランスという「国家」を作るというしくみ ― 実際には周辺の他民族を支配しフランス語を強いることもあった ― は、近代のヨーロッパに始まった。こうした国民国家（nation state）は、政府機構や軍事力を強化し、内政や国際政治を運営する基本単位となって、競争し対立しまたバランスを取りつつやってきた。また、民族自決を訴えるナショナリズムは、20世紀に、アジア・アフリカなどで植民地支配からの独立運動を支え、国際社会での覇権や帝国主義を抑え、国際秩序の多元化に貢献してきた面がある。

　けれども、とくに国の独立を達成した後の、過度のナショナリズムには、危険も大きい。第１に、国内への統制機能が生じる。国や民族への誇りが強すぎると、国や政府に対してある程度必要な警戒心や批判を、抑えることになる（参考、塚田編 2017）。権力者がナショナリズムを「盾」に使い、自由な言論や批判を、国家を冒涜するとして弾圧することもある。

　第２に、ナショナリズムは排外主義（加茂・大西・石田・伊藤 2012：211-213）、すなわち国家や国民の「外敵」を設定することで強化される。たとえば、昭和前期の日本にとっての中国や英米などだ。国や民族のあいだに利害の対立がある現実は、直視すべきだ。しかし対立が強調されすぎると、憎悪と紛争を引き起こし、悪循環に陥る。政治権力者が、軍事予算を増やし、権力を強化するための口実にすることもある。

　困ったことに、ナショナリズムは、「大きな政府か小さな政府か」のように中庸の解に近づきにくく、極端な思考が起こりやすい。かつ、相互にエスカレートしやすい。異質な他者への警戒本能のためか、あるいは歴史や国家という「偉大な存在」と自分を一体化させて、正しさ、強さの感覚が得られるからか。世界各地で、深刻な民族紛争が起こってきた。民族どうしが「共存」するための努力や成果も、注目すべきものがあるが（例、NHK 2017）。

　強度のナショナリズムの視点を身につけると、世界は「愛国者」と「国民の敵」に分かれて見える。この視点が広がれば、国の象徴への敬意を強制し、国際協調・平和主義的なリベラルな政党、マスコミ、市民、発言に、「反日」あるいは「売国奴」レッテルを貼って排斥できるだろう。在日外国人にたいする民族・人種差別的な街頭宣伝（ヘイト・スピーチ）が、2010年代に問題になった。ここまで来ると、国家を絶対化し市民的自由を統制する権威主義の一種であり、政治的な左右軸の「右派」に分類される。

　愛国心についても、ナショナリズムと同じように考えればよい。自発的で適度であれば、政治的統合を支え自国の魅力を伸ばすなど有益だ。強制され過剰になると、国民や外国人の思想・言論の自由を侵害し[6]、国際紛争を起こす。

　そもそも「国」を愛し誇りに思うと言っても、愛する対象は、自然、文化、経済力、輝かしい歴史、歴史上の失敗を記憶し反省できる政治家と国民の賢明さ、自由と民主主義の伝統など、さまざまだ。2006年の教育基本法改正で、教育の目標規定において、「愛国心」ではなく、「我が国と郷土を愛する」態度と言う表現が導入され、他国への「尊重」などの国際的配慮も併記した（2条5項）のは、政治的妥協の産物ではあるが、こうした複数の価値観に配慮している。しかし、「自国に誇りを持てる歴史教育」というスローガンで、昭和の戦争や軍国主義の事実と教訓を、学校で教えることに反対する運動や政治家もある[7]。

　別の事例として、2012年9月の、日本による領土保全のための尖閣諸島国有化と、それに対する中国での反日暴動事件を記録しておく。まず、中国人はそのナショナリズムから各地で日本企業に対してデモや暴動を起こしたが、台湾や日本社会では平和的な意見表明でとどまった。そして、日本政府だけでなく中国政府も、経済活動へのマイナスも考慮し、沈静化への努力をしたのは、賢

明だった。ただし、中国側はその後も尖閣諸島周辺への侵入を繰り返し、日本は領土保全のため毅然とした、かつナショナリズムの相互激化や軍事的衝突を引き起こさない対応を迫られている。

◆昭和の戦争をめぐる議論

　日本のナショナリズムは、「脱亜入欧」つまり欧米に学び国力を強めようとする明治期の近代化の努力・成果につながったが、脱出しようとしたアジアの隣国への蔑視を伴い、1930年代になると極端化・孤立化してファシズム、言論や自由の抑圧、戦争をもたらした。

　今でも、昭和の戦争（満州事変、日中戦争、第二次世界大戦）の評価や戦争責任をめぐって、そして連合国による東京裁判で「A級戦犯」（侵略戦争を進めた戦争犯罪者）とされた東条元首相（古川 2009）などを合祀する靖国神社（赤澤 2017など）に政治家が参拝することの是非をめぐって、議論が続く。[8]

　研究者の多くが日本の植民地支配と戦争を誤りと考えるのに対して、保守右派の政治家、評論家は正しかったと考える。これを図表 5-4 で比較してみると、A、B は日本の指導者の戦争責任（開戦責任）を認識し、C は否認する。いくつかの論点について、価値観が違うだけではなく、とくに C 説が、事実関係について都合の良い部分だけを認識しているように思える。（いずれの立場の本でも、私たちは歴史資料や研究書をどれだけ引用しているか点検し、評価したい。）

　1995年 8 月、戦後50年に当たって当時の村山首相（社民党）は、「国策を誤り、戦争への道を歩んで国民を存亡の危機に陥れ、植民地支配と侵略によって、多くの国々、とりわけアジア諸国の人々に対して多大の損害と苦痛を与えました。」「痛切な反省の意を表し、心からのお詫びの気持ちを表明いたします。」などとする首相談話を発表し、国内、海外からかなり評価された。侵略と植民地支配を認め謝罪したこの「村山談話」は、日本政府の公式見解として、その後の自民党政権でも継承されてきた。国内の平和主義的な世論やリベラル派などの支持があり、また変更するとアメリカ、中国、韓国などから激しい批判が起こるからだ。

　しかしそれに反発し、保守派の一部は、日本の昭和期の戦争を肯定し、政治

図表5-4　昭和の戦争―戦争責任と戦争への評価　【議論の整理】

見解	主張者の例	戦争の事実経過についての認識	日本の戦争・植民地支配への評価	日本の国内政治についての認識
A **侵略戦争** 不正な戦争 国策の誤り	当時の連合国（ポツダム宣言など）、今日の「国際世論」1995年の村山首相談話 中道左派、リベラル派、保守の穏健派	「日本の満州・中国・仏印への侵攻、ドイツとの同盟→米英の批判と経済制裁→日本の米英への攻撃」政府と軍は国民を顧みず降伏の決断が遅れ、兵士・一般人に甚大な被害を出した。	不正な戦争と植民地支配であり、相手国と国民に多大な被害を与えた。日本人にも多大な被害を与えた。	政府の言論統制と、天皇が統帥権を持つ憲法、軍人・政治家へのテロ等のゆえに、戦争を批判する報道や自由な議論は不可能だった。
B **無謀な戦争** 意思決定の ミス 国策の誤り	保守の穏健派 2015年の安倍首相談話？	ほぼ同上	正しいか不正かよりも、勝てない戦争を始め、早期降伏を決められなかった非合理的な意思決定を批判する。	ほぼ同上
C **自衛戦争** やむをえない かまたは正し い戦争	当時の日本政府（「開戦の詔勅」など） 保守の右派（タカ派）、強いナショナリスト	「反日運動、中国軍の挑発→日中戦争」 「最後通牒に等しい経済制裁とハル・ノート→日本は米英に対してやむなく開戦」 「軍、国民は、祖国を守るため最後まで戦った。」 ＊都合の良い事実だけを抜き出しているのではないか。 ＊守ろうとした祖国とは、国民・国土よりも当時の政治体制だったのではないか。	他国も植民地を支配していたので、日本も世界恐慌のあと、勢力圏の拡大が必要だった。アジアの植民地解放、「大東亜共栄圏」をめざした正義の戦争。 ＊1930年代になると、新規の侵略や植民地獲得は異例。 ＊1941年12月の「宣戦の詔書」は、植民地廃止を書いていない。朝鮮、台湾を独立させるつもりはなかった。	国民も戦争を支持していた。扇動したマスコミにも責任がある。 ＊政府の言論・報道統制や軍国主義の専制には触れない。
（読者メモ欄）				

注：2010年代までの議論の状況をもとにまとめた。第二次世界大戦後、戦争や軍国主義の記憶、日本を占領した連合国（と国民）による民主化・非軍事化のなかで、AやBの考えが広がった。それを批判するのがC説だが、さらに、Cに対する批判を＊で紹介した。

家の靖国神社参拝を支持する主張と運動を続けている（吉田 2015）。日中戦争で、当時の中国の首都・南京を占領した日本軍が起こした虐殺事件を否認する[9]主張も出されている。日本の対米英開戦（1941年）を正当防衛だったと正当化する主張の多くが、満州・中国への侵攻、仏印進駐、日本国内の軍国主義、言論弾圧、新聞検閲などの歴史的事実を省略して、「真実の歴史」を描いているようだ。もしそうした歴史的事実をまじめに紹介し、かつ日本の戦争を正義だと論じた本があるなら、それは読むに値するが。

　昭和の戦争と軍国主義を、「内外の人々を不幸にした国策の誤り」として反省する（他者に配慮するリベラリズム）か、「やむをえない自衛戦争」と肯定する（日本と軍を絶対化する権威主義、ナショナリズム）かは、価値観の違いにも対応するがそれとは別に、歴史の事実を知り伝えていきたい[10]。

　ドイツでは、ファシズムと侵略戦争への反省・批判は定着している（参考、イェーガー／カイツ 2006；小菅 2005）。日本で議論が続くのは、ナショナリズムや権威主義の根強さと、同じくナショナリズム的な周辺諸国との緊張関係とに原因があるのだろうか。

■注

1）　イデオロギーは「信念体系」とも訳され、ファシズム、社会主義など他の見方を敵視し現実を特定の視点から解釈する強固な思想体系を意味することが多いが、ここでは、もう少し緩やかな政治的な視点と価値観を含めて扱っている。ここで扱う他にも、自然環境を重視する「エコロジー」、女性の権利・立場を主張し性差別に反対する「フェミニズム」、民族の利益や価値を重視する「ナショナリズム」、あるいは宗教の（極端に解釈した）教義に従って政治を進める「原理主義」などがあり、またそれぞれへの批判がある。イデオロギーについての理論的・実証的研究（蒲島・竹中 2012）、フェミニズム、ナショナリズムなどさまざまなイデオロギーの分類・解説は、（Heywood 2021）など。

2）　政治的立場を分類する対抗軸・価値観軸に関する同様の2次元モデルは、（リプセット／ロッカン 2009：124-125；網谷・伊藤・成廣編 2009：10-11）などにも示される。（久米・川出・古城・田中・真渕 2011：23-28）や（Hague/Harrop 2010：20-22）は、本書の2つの軸に加えて、現代政治に第3の争点軸を設定している。

3）　公共財（public goods）とは、「消費の非排除性」（利用者から料金を取れない）などの性質を持つ財・サービスであり、当然、民間企業やボランティアでは十分に供給できず、政府が供給すべきだとされる。具体的には、灯台、国防、警察、消防、道路、公園、街灯などがあげられる。なお、料金は徴収できるので民間企業にも供給できるが、

誰でも平等に利用できるよう、政府による供給・支援が望ましい「準公共財」として、鉄道、教育、保育、有料道路、老人ホームなどがある。

4）　海外では、インターネットで「Conservatives teach their kids religion, liberals teach their kids to think of others」など多くの調査結果が見つかる。

5）　その逆は、専門家の調査でレストラン等を格付けする「ミシュラン」の方法論だ。ちなみに、筆者を含めて、行列のできる店には、「質が下がっている」「良い店は自分で判断したい」と考えて行きたがらない人もいる。

6）　たとえば、学校の卒業式で、法律（1999年）で国歌と定められた「君が代」の斉唱や起立は、自発的であれば人々の愛国心等の自然な表現だが、歌詞の内容等に批判的な参加者、教員への強制が問題になる。思想の自由という基本的人権を尊重すべきだという意見と、式典の運営や規律の確保のために一定の強制はやむを得ないという意見とが分かれるが、後者だとしても制裁が過剰ならば違憲になる。

7）　たとえば、ドイツでの自国史の描き方はふつう、（クノップ 2012）のように、ナチスの独裁と侵略戦争、東ドイツの社会主義を否定的に描き、それ以外の時代については文化、技術、経済、民主主義、EU 統合などの成果を述べる。これならドイツ人は失敗の経験に学びつつ、自国の歴史に十分に「誇り」を持てるだろう。

8）　公的な人物の場合、戦没した軍人とともに、東条首相など戦争の最高責任者をも祀る靖国神社に参拝するなら、日本の戦争は正しかったという宣言だと見なされうる。戦争責任者を避け「純粋に」亡くなった軍人や一般人を慰霊するためには、千鳥ケ淵戦没者墓苑や、沖縄、広島、長崎等の無宗教の公的施設が存在し、利用されている。

9）　南京虐殺事件についての資料や議論の状況は、（笠原 2007；清水 2016）を参照。日本軍将兵の日記での記録（小野・藤原・本多編 1996）もある。

　　大量の死体は揚子江に流したという解説が多い。日本占領が終わる10年後まで残った物的証拠が乏しいこともあって、まず被害者数について意見が分かれる。さらに、日本では、事件は存在せず反日宣伝にすぎないという本も出版されている。しかしこの虐殺否認論のおもな根拠は、日本側の公式記録がないこと、日本側関係者が「そうした事件について聞いていない」と証言していることであり、弱い。軍隊で起こりがちな敵国人への蛮行を、日本軍が十分に予防・規制・処罰したという資料があれば示すべきだ。また否認論は、敗残兵や市民の殺害についての中国側や在留欧米人の大量の証言をすべて「ウソ」、記録写真をすべて「ねつ造」と決めつけ無視するが、説得力が弱い。ちなみに、日本軍による占領時の市民殺害は、1941年のシンガポールでも起こり（シンガポール・ヘリテージ・ソサエティ編 2013）、こちらは異論がないようだ。

　　当時の日本軍が、国民や自らの兵士に対してさえ、人命を無視した「特攻」、「玉砕」（降伏の禁止）、ムリな作戦を強いたことは、戦記や映画【図表6-1】が伝える、ドイツやイタリアの状況を超えた、忘れがたい歴史だ。

　　なお、日本政府、陸軍、海軍は、1945年8月の降伏直後、連合軍が進駐するまでに、大量の重要機密文書を徹底的に焼却した（防衛省防衛研究所 1998年頃）ことに注意。

10）　事実関係については、当時の文書、当事者の証言、歴史研究（半藤・加藤・保阪

編 2021 など）やマスコミによるその解説を読んでほしい。

　価値判断については、立場を変えても成り立つ普遍性が求められる「日本は朝鮮を近代化した恩人だ」と主張するとき、もし立場が逆で、朝鮮が日本を植民地支配し近代化し、独立運動を弾圧し、戦争のため労働者や慰安婦に日本人を動員したと仮定して、日本人はお礼を言うべきか、考えてほしい。「アメリカの厳しい経済制裁に対して日本は自衛のために先制攻撃した」も、立場を逆にして正義と言えるのか。「日本が中国、仏印を占領してもアメリカが経済制裁をしなかったら、戦争にはならなかった」と言うのは、「エゴイズム史観」だろう。日本の植民地化政策を、欧米の強国もやっていたと弁護することは、少なくとも被害者である朝鮮、中国に対しては意味がない。

■参考文献　　＊本文中カッコ内の文献、および参考書を示す。

赤澤史朗『靖国神社―せめぎあう〈戦没者追悼〉のゆくえ』岩波書店、2005年

明るい選挙推進協会『第49回衆議院議員総選挙全国意識調査―調査結果の概要』2022年、ウェブサイト

網谷龍介・伊藤武・成廣孝編『ヨーロッパのデモクラシー』ナカニシヤ出版、2009年

飯田健・松林哲也・大村華子『政治行動論―有権者は政治を変えられるのか』有斐閣、2015年

イェーガー、ヴォルフガング／カイツ、クリスティーネ（中尾光延ほか訳）『ドイツの歴史【現代史】』（世界の教科書シリーズ）明石書店、2006年

小野賢二・藤原彰・本多勝一編『南京大虐殺を記録した皇軍兵士たち―第十三師団山田支隊兵士の陣中日記』大月書店、1996年

宇野重規『日本の保守とリベラル―思考の座標軸を立て直す』中央公論新社、2023年

NHK「世界ふれあい街歩き―ドイツ薫るアルザスの古都ストラスブール」2017年、ウェブサイト

笠原十九司『南京事件論争史―日本人は史実をどう認識してきたか』平凡社、2007年

蒲島郁夫・境家史郎『政治参加論』東京大学出版会、2020年

蒲島郁夫・竹中佳彦『イデオロギー』東京大学出版会、2012年

加茂利男・大西仁・石田徹・伊藤恭彦『現代政治学』第4版、有斐閣、2012年

川崎修・杉田敦編『現代政治理論』新版、有斐閣、2012年

川出良枝・谷口将紀編『政治学』第2版、東京大学出版会、2022年

久米郁男・川出良枝・古城佳子・田中愛治・真渕勝『政治学』補訂版、有斐閣、

2011年

クノップ、グイド（フランツ、エドガー／深見麻奈訳）『100のトピックで知るドイツ歴史図鑑』原書房、2012年

小菅信子『戦後和解―日本は〈過去〉から解き放たれるのか』中央公論新社、2005年

在日フランス大使館「自由、平等、友愛」、2024年訪問、ウェブサイト

清水潔『「南京事件」を調査せよ』文藝春秋、2016年

シンガポール・ヘリテージ・ソサエティ編（越田稜・新田準訳）『日本のシンガポール占領―証言＝「昭南島」の三年半』新訂版、凱風社、2013年

神野直彦・宮本太郎編『自壊社会からの脱却―もう1つの日本への構想』岩波書店、2011年

田中拓道『リベラルとは何か――17世紀の自由主義から現代日本政治まで』中央公論新社、2020年

田村哲樹・松元雅和・乙部延剛・山崎望『ここから始める政治理論』有斐閣、2017年

塚田穂高編『徹底検証　日本の右傾化』筑摩書房、2017年

中北浩爾『自民党―「一強」の実像』中央公論新社、2017年中村政則『戦後史』岩波書店、2005年

半藤一利・加藤陽子・保阪正康編『太平洋戦争への道 1931-1941』NHK出版、2021年

フリス、アレックス／ストーバー、ケラン他（浜崎絵梨訳、国分良成監修）『図解　はじめて学ぶみんなの政治』晶文社、2019年

フリーデン、マイケル（山岡龍一・森達也・寺尾範野訳）『リベラリズムとは何か』筑摩書房、2021年

古川隆久『東条英機―太平洋戦争を始めた軍人宰相』山川出版社、2009年

防衛省防衛研究所「［史料紹介］「市ヶ谷台史料」」1998年頃、（http://www.nids.mod.go.jp/publication/senshi/pdf/199803/12.pdf）

的場敏博『戦後日本政党政治史論』ミネルヴァ書房、2012年

村上弘「日本の「保守・リベラル」と政党システム」『立命館法学』2021年2号、2021年

リプセット、S. M.／ロッカン、S.（加藤秀治郎・岩渕美克編）『政治社会学』第4版、一藝社、2009年

山岸俊男編『社会心理学キーワード』有斐閣、2001年

山本昭宏『戦後民主主義―現代日本を創った思想と文化』中央公論新社、2021年
吉田裕「せめぎあう歴史認識」（成田龍一・吉田裕編『記憶と認識の中のアジア・太平洋戦争』岩波書店、2015年）
読売新聞2017年8月11日「政党観　世代で「断層」　若年世代　公明・共産が「保守」、維新「リベラル」」

Cambridge University Press, Cambridge Dictionary, visited in 2023, website

Caramani, Daniele ed., Comparative Politics, 5 th ed., Oxford University Press, 2020

Colomer, Josep M., Comparative European Politics, 3 rd ed., Routledge, 2008

Feltman, Rachel, 'Liberals might be happier than conservatives, even if conservatives say otherwise', The Washington Post, March 13, 2015

Hague, Rod/ Harrop, Martin, Comparative Government and Politics: An Introduction, 8 th ed., Palgrave Macmillan, 2010

Heywood, Andrew, Political Ideologies: An Introduction, 7 th ed., Bloomsbury Academic, 2021

Morgan, Eleanor, 'Are Conservatives Really Happier Than Liberals?', Vice, 21 March 2017, website

Tuck, David/ Jenkins, Sarra/ Jefferies, John, Pearson Edexcel A Level Politics: UK Government and Politics, Political Ideas and Global Politics, Hodder Education, 2023

■ウェブサイト、小説、マンガ、映画

国立民族学博物館「地域展示・通文化展示」
　　＊1970年大阪万博の跡地にある、世界最大級のミュージアム。世界の諸民族の文化や生活の実物展示は圧巻で、訪れてみたい。なお近くの太陽の塔は、当時の日本の「3つの顔」（対抗軸？）を表現する。
国会図書館「史料に見る近代の日本：年表」
石川達三『生きている兵隊』（伏字復元版）、中央公論新社、1999年［原著1938年］
石ノ森章太郎『マンガ日本の歴史53　日中戦争・太平洋戦争』中央公論新社、1999年
水木しげる『コミック昭和史』講談社、2022年　＊第2次世界大戦に従軍した漫画家。

＊勉強になる戦争映画等を、1部の【映像鑑賞Y】、6章の図表6-1で紹介している。

第III部　民主主義とポピュリズム

Democracy & Populism

♟　♟　♟　♟　♟　♟

　第2条　あらゆる政治的結合の目的は、人の自然的で、時効によっ
て消滅しない権利の保全である。その権利とは、自由、所有権、安
全、圧制への抵抗である。

　第4条　自由とは、他人を害しない一切のことをなしうることであ
る。したがって、各人の自然的諸権利の行使は、同じ諸権利の享受を
他の社会構成員に保障すること以外の限界を持たない。(以下略)

(1789年のフランス人権宣言［高橋 2012］。翻訳の一部を修正)

　リベラル派 (liberals) は皆、個人の自由を重視する。しかし、その
具体化な内容はさまざまで、「古典的」リベラル派が、国家が介入し
てはならない自然権を重視するのに対して、(中略)「新しい」リベラ
ル派は、人々を貧困、無知、差別から解放する (liberate) 役割を国家
に求める。

(イギリスの政治学事典［McLean/McMillan 2003］の‘Liberal Party’より)

　ポピュリズムとは、人々に近づき、自己の目的のために人々の感
情、偏見、不安を利用し、政治的な問題に対して、偽りの、単純かつ
明快な解決を提示する政治を言う。

(ドイツ連邦政治教育センター・ウェブサイトの［Schubert/Klein 2011］より)

♟　♟　♟　♟　♟　♟

6章　民主主義——なぜ、多数決だけではダメなのか

◆近代民主主義の展開——18～19世紀

　近現代政治史や、民主主義思想の歴史（宇野 2020；山本 2021）は、教科書1冊分以上の複雑なストーリーになるが、図表6-1で整理しておく。[1]

　古代ギリシャは別にして（またヨーロッパでは他地域と違い、中世に三部会やマグナ・カルタという王権制限の試み、近世に「人文主義」が民主主義を準備したが）、近代の民主主義の歴史は、フランス革命（1789年）とアメリカ独立革命（または独立戦争、1776年）から始まる。この2つの「近代市民革命」は、フランスの絶対王政や、イギリス政府による植民地支配を倒しただけでなく、新しい政治思想と制度を準備し、宣言した。

　その基礎にあった政治思想の代表は、17～18世紀のロック、ルソーをはじめとする政治思想家が唱えた社会契約論だった。この理論によれば、すべての人間は平等に、自由と自然権を持って生まれてきているのであり、政府とは、人々がその権利を守るために「契約」（言い換えれば、合意と参加）して設立する制度だ。つまり、君主や貴族ではなく、人々が政治を作り決める民主主義が正しいという、当時としては斬新な論理だった（川出・山岡 2012：14章）。

　フランス革命の産物である「人権宣言」（本書Ⅲ部扉；高橋編 2012など）は、私たちに、国民主権、平等、基本的人権の尊重などの当時の新しいアイデアや制度を伝える。それらは、日本国憲法を含む今日の各国憲法のなかにも、かなりの程度に生き続けている。それは、人間への信頼に基づくとすれば理想主義すぎるが、政府権力への警戒に基づくという意味では極めて現実主義だ。

　とは言え、続く19世紀ヨーロッパで、民主主義の理念や人権はなかなか実現しなかった。君主勢力や貴族という「古い」支配者が、権力をあきらめなかっただけではない。他方で新しく、厳しい社会問題や紛争が出現したのだ。産業革命の諸発明と資本主義の経済システム[2]によって社会・経済は発展したが、貧富の格差や大都市の環境悪化など社会問題が深刻になり、貧困層や労働者に

図表6-1　民主主義の発展（と後退）の略史　■関連する名作映画

18世紀末	民主主義の宣言　1776アメリカ独立革命・1787憲法　1789フランス革命・人権宣言
19世紀	【欧】工業化　→労働運動　→選挙権の拡大（民主主義の実質化）　■レ・ミゼラブル（英米） 　　　資本主義　階級対立→社会主義 　　　　　　　　　　↳社会民主主義 　　　科学技術・経済成長　→都市文化　■かもめ（演劇、露）　■タイムマシン（米） 　　　　　【日】明治維新、自由民権運動→1889大日本帝国憲法　■桜田門外ノ変（日）
20世紀	【欧】階級社会が続く　■タイタニック（米） 　植民地獲得競争（朝鮮の植民地化）　■ロスト・メモリーズ（韓） 　（帝国主義）【日】1910韓国併合→1914〜18第一次世界大戦　■西部戦線異状なし（米） 　　　　　　　　→1917ロシア革命 【独】1919 ワイマール憲法（社会権の導入） 【日】1910年代　大正デモクラシー　【ソ連】社会主義政権（経済建設、共産党独裁） 　　1925（男子）普通選挙制と治安維持法　■武器なき斗い（日） 　　1929 世界恐慌（不安定で過酷な資本主義経済）　■マハゴニー市の興亡（歌劇、独）
1930〜	【日独伊】ファシズム 対【英米など】民主主義国　■軍閥（日）■シャンハイ（米中）■炎の戦線エルアラメイン（伊）■空軍大戦略（英）■マッカーサー（米）■ひめゆりの塔（日）■シャーロット・グレイ（英）■少年H（日）■雲ながるる果てに（日）■日本のいちばん長い日（日）■ヒトラー最後の12日間（独）■母べえ（日） 　1931 満州事変　および 　1932/36 五・一五/二・二六事件　ソ連 　1937〜45 日中戦争 　1939〜45 第二次世界大戦 　（日本の対米英開戦は1941）
1945〜	→【中国、北朝鮮、東欧】社会主義化　■1984（英） 【英など】中道左派（社会民主主義）政権、福祉国家（大きな政府へ）　■フル・モンティ（英） 【米】自由と経済的繁栄　■アメリカン・グラフィティ（米） 【日独】敗戦後、連合国の占領下で民主化・非軍事化 【日】1945 女性にも選挙権を認める・1946日本国憲法　■青い山脈（日） 1950〜53 朝鮮戦争　■ブラザーフッド（韓） 資本主義国と社会主義国の「冷戦」、核戦争の恐怖　■世界大戦争(日)■13デイズ（米）
1960年代	日本、ドイツ、イタリアなどで経済成長、都市型社会へ　■妹(日)■フェリーニのローマ（伊） 【日】「55年体制」自民党の一党優位と保革対立、労働運動　■沈まぬ太陽（日）
1970年代	【欧米日】大学紛争、市民運動、大企業や科学技術への不信　■エイリアン（第1作、英米） 【日】革新（中道左派）自治体　■チャイナ・シンドローム（米） 【米】ベトナム戦争（中止・撤退）　■プラトーン（米）
1980年代	アメリカ、ソ連の核兵器競争が再燃　■復活の日（日）　■2010年（米） 先進国の経済低迷【米英国】小さな政府論（新自由主義）　■マーガレット・サッチャー（英） 【台湾、韓国、チリなど】民主化、経済成長　■弁護人（韓）
1990年代	【東欧、ロシア】社会主義の崩壊、一定の民主化、冷戦の終焉　■東ベルリンから来た女（独）
2000〜 2023	ポピュリズム　　　　　　　　テロリズム　■大いなる陰謀（米） 他方で、政府の説明責任、情報公開、市民運動などが定着　■ゼロ・ダーク・サーティ(米) 中国、ロシアの権威主義化・軍事的な強大化　■十年（中国〔香港〕）
［参考］	近未来社会SF（小さな政府）■エイトレンジャー（日）■ブレード・ランナー（米） 　　　　（権威主義）■図書館戦争(日)■スターシップ・トゥルーパーズ3（米・南アフリカ） 　　　　■ Total Reality（米）■カリキュレーター（露） 　　（多元主義）■スタートレック（米）■アイランド（米）

注：筆者が作成。高校の歴史年表のほか、インターネットで、国立国会図書館「年表　史料にみる日本の近代」、東京都「東京都年表」、大阪市立図書館「近代・現代の大阪」、NHK「戦争証言アーカイブス」などを見ていただきたい。欧は西ヨーロッパ、独はドイツ、伊はイタリア、露はロシア、韓は韓国。■は、大部分がDVDで見れる。

とって平等と人権の状況はむしろ悪化した。新たな支配者となった商工業者
（経営者、資本家）は、利益を追求し企業間の激しい競争に勝つためにも、労働
者たちに低賃金、長時間労働を強いた。しかし、経営者に対抗して、労働者側
は労働組合を結成し、賃金や労働条件の改善を求め、さらに富裕層に限られて
いた選挙権を、自分たちにも拡張するよう要求し（イギリスのチャーティスト運
動など）、少しずつ獲得していった。労働組合に近い政党（労働党、社会民主党な
ど）も、力を伸ばした。ただし、こうした参政権の拡大は民主主義の実質化な
のだが、「大衆民主主義」（mass democracy）とも呼ばれ、人々が無知、感情的
であったり強そうなリーダーに扇動されたりして、政治を不安定化・劣化させ
るリスクもあり、それは、21世紀にまで続いている【→7章】。

　政府も、しだいに福祉・教育サービスや、経営者・労働者の自由な契約に任
せられていた労働条件に対する規制（労働時間制限、労働者の保護など）を導入
した。そのなかで、労働運動と政治思想家の一部は、労働者階級が革命によっ
て資本主義を廃止するビジョンを掲げ（社会主義[3]）、あるいはより穏健に、社会
的格差を是正するために議会制民主主義や選挙をつうじて資本主義を大幅に改
革することを主張した（社会民主主義）。

◆近代民主主義の展開──20世紀

　ヨーロッパと北米での19世紀の資本主義経済は、世界史に前例のない物質的
繁栄と科学技術を生み出した。大都市が形成され、文学、音楽、美術、建築な
ど高度な文化・芸術が生み出された。他方でこの巨大な経済システムは原材料
と市場（販売先）を必要とし、その目的で、イギリス、フランス、ドイツ、米
国、さらに遅れて日本などは、アジア、アフリカ等に植民地化を進めていった
（帝国主義）。これらの強国はヨーロッパ外で衝突し、軍事同盟を作ってにらみ
合い、ナショナリズム的な相互の敵対心を育て、それが皇太子暗殺を契機とし
た第一次世界大戦の背景となった。

　この大戦争は、民主主義の歴史に2つの新たな激変を生み出した。ロシアで
は、社会主義者が、反戦を訴えつつ革命を起こし、世界初の社会主義国（ソビ
エト連邦）を樹立した。この大実験は教育等の平等と経済建設を進めたが、共

産党独裁に移行していった。資本家から接収して企業や新聞社を国営化するなど、「労働者階級の支配」を絶対化しすぎたのだった。

　ドイツでは、敗戦と革命で帝政は廃止されたが、資本主義は維持された。社会民主党が主導した新しいワイマル憲法は、国民の「社会権」を、従来の自由権のカタログに追加した。しかし、小党分立や、戦勝国のフランス等が課した巨額の賠償金のために、この共和国は不安定であった。そして、資本主義国アメリカでの株価の大暴落から始まった世界大恐慌（1929年〜）が、決定的な危機をもたらした。ヒトラーはこの危機と社会不安を利用し、ナショナリズムと指導者への服従原理が解決策だと扇動して政権を握り、ファシズム型[4]の独裁を進めた（なお、1932年11月の国会選挙で、ヒトラー率いるナチス党の得票率は33.1%だったが、保守政党が協力し、かつ社会民主党［20.4%］と共産党［16.9%］は対立関係にあり、ヒトラーが首相に就任した〔参考、石田2015：3，4章〕）。

　経済と民主主義がもろかったイタリア、日本、スペインでも、ファシズムや軍国主義の政権が生まれた。政府を批判できる自由で多元的な民主政治を抑圧しながら、イタリアはエチオピアに攻め込み（国際連盟から経済制裁を受けた）、日本は満州から中国本土に侵略した（満州事変、日中戦争）。日本の軍事拡張を英米などが強く批判したのは、それらの地域で日本が通商や権益を独占することへの反発に加えて、中国からの支援の要請にももとづいていた。

　これに対して、英米では、民主主義の意識が強かったためかファシズム派は伸びず、フランスでも左派と中産階級政党が「人民戦線」を作って選挙協力し、台頭するファシズム政党に勝つことができた。

　ヒトラーはチェコスロバキアを併合し、さらに1939年、ポーランドに侵略したので、イギリス、フランスがドイツに宣戦布告し、第二次世界大戦が始まる。日本も、ドイツ、イタリアと軍事同盟を結び、中国からさらに仏印（フランス領インドシナ）を占領した。ここで英米等から石油禁輸などの経済制裁を受けたが、それに反発して宣戦布告し、ハワイ、東南アジアの英・米・オランダ植民地、オーストラリアなどを攻撃した【図表5-4】。「枢軸国」（日独伊のファシズム国家）と、「連合国」（米、英、フランス、オーストラリア、カナダなどの資本主義・民主主義国、ソ連、および日本に抗戦した中国）とが6年間戦った。

　大量破壊兵器、都市爆撃、米国の日本への原爆投下を含む悲惨な総力戦のあ
とで、ファシズム側が敗北し、ドイツ西部は英米仏に、日本は米国に（補助的
に英連邦軍に）占領された。イタリアではファシズムを助けたとして王政が廃
止された。日本とドイツでは、戦争指導者の責任を追及する「裁判」を連合国
が行い、また新憲法が制定され民主化が進んだ。

　ドイツ東部と東ヨーロッパ諸国、朝鮮半島北部はソ連に占領され、社会主義
に転換された。中国では、日中戦争が政権にあった国民党とその軍に打撃を与
え、（1945年、連合国への日本の降伏の遅れも原因で？）ソ連が占領した満州で基地
と武器を獲得した共産党軍が、国民党との内戦に勝って、中華人民共和国を
作った（北岡 2007；久保・土田・高田・井上 2008：88-100、137-143）。国民党は台
湾に「移転」して、別の政府を作った。社会主義を嫌うファシズムが起こした
大戦争の結果、ファシズムは敗北し民主化されたが、社会主義（という別の専
制）が拡大した歴史だ。

　共通の敵であるファシズムを倒したので、今度は、資本主義（民主主義）諸
国と社会主義諸国とが、激しいイデオロギー対立（冷戦）に入った。米国とソ
連は核ミサイル、通常兵器などの軍拡競争をしたが、「キューバ危機」などに
もかかわらず、破壊的な核戦争につながる直接の軍事衝突を回避し、「平和共
存」に移行した。しかし東アジアでは大きな戦争が、中国、朝鮮、ベトナムで
起こった。いずれも、同じ民族が資本主義側と社会主義側に分かれ、米ソ等の
支援を受けて戦ったのだった。冷戦下で、社会主義国は一党独裁を続け、韓国
や台湾などの資本主義国も軍事独裁に陥った。なお、ベトナム戦争で、アメリ
カの「侵略」に反対する反戦運動が、アメリカ国内と世界で広がったのは、新
しい政治現象だった。

　この間、西欧、北米、日本などの先進資本主義国では、経済成長と、福祉国
家（福祉、教育、住宅などの政府サービスの拡大）が豊かさをもたらした。2度の
大戦の震源地となったヨーロッパでは、ドイツの戦争責任の反省と各国が協調
するEU結成によって、経済的・文化的な協力と平和が確保された。

　1980年代、軍事政権だった韓国、台湾、チリなどの人々は（1945年の日本と
違って）、自らの手で民主化を達成した。経済成長、労働・学生運動の強まり、

国際的な支援活動などがそれを促した。1990年頃には、東ヨーロッパとソ連でも、民主化運動と、競争原理の弱さによる経済不振や人権・自由の抑圧への不満に押されて、社会主義体制は倒れ、冷戦も終わった（ギデンズ 2009：20章；和田 2023）。これに対して、中国や北朝鮮などは社会主義を維持し、中国はソ連の政治的自由化による体制崩壊を教訓にして、経済だけを自由化する「社会主義市場経済」を導入した。

図表6-2　民主主義の4つの要素・理念

要素・理念	定義・メリット（長所）	デメリット（短所）	それを支える制度、社会的要因
（1）多数者による支配 （democracyの語源）	民主化過程、植民地の独立で重要な役割。政治家による民意の尊重、人々のための政策につながりやすい。多数決ルールによる決定やリーダーシップに、正当性・権威を与える。	少数派や議論を無視し、「多数の専制」になるおそれも。 「民意」が複数あることを、忘れ、無視してしまう。	国民主権、民族自決、普通選挙制、小選挙区制、多数決原理、投票率の向上、公務員の表現の自由・被選挙権の保障、請願権、住民・国民投票、教育・識字の普及
（2）多元主義 （pluralism） 自由主義 （liberalism）	複数の集団・機関・思想が、相互にけん制・競争で重要し、誤りを監視し自由を守る。異なる意見を尊重し、多くの人の利益と合意を追求。政府の権力や専制を抑制する。	決定が遅れたり、妥協的になって大きな変化を起こせないことがある。	三権分立、立憲主義、法の支配、比例代表制、複数政党制、人権保障、言論・表現・結社などの自由、マスコミの批判・解説の能力、地方自治、重要問題に関する3分の2以上等の特別多数決（憲法96条等）、少数意見の尊重、多民族社会
（3）参加型（直接）民主主義 （participation）	議会制（間接）民主主義に対して、主権者（市民）の直接参加によって補完・修正・代替する。	市民の感情的、利己的な判断によって、政治が左右されるおそれもある。	市民運動、NPO、署名運動と請願、デモ、パブリックコメント、条例制定請求、解職請求（リコール）、住民・国民投票、参加意識
（4）熟議民主主義 （deliberation）	決定に至る過程での熟慮と議論を重視する。政府の説明責任や専門家の参加も含み、合理性な議論が進み、合意が得られやすい。	議論が延々と続き、決定が遅れることがある。	議会での十分な審議、二院制、行政の説明責任・情報公開、マスコミの批判・解説の能力、討議型世論調査、人々の新聞を読み議論する習慣、政治学教育

注：筆者が、本文やその参考文献などをもとに作成。（1）〜（4）は、本文の見出しに対応している。
　　民主主義の必要条件や構成要素については、政治学の教科書（高校のものを含む）を比べてみるとおもしろい。

◆21世紀は？

　幸いなことに、ヨーロッパ、北アメリカの大部分の国と、オセアニア、アジア（岩崎 2023）、中南米、アフリカのかなりの国は、複数政党の競争と人権保障を含む民主主義を維持している（Economist Intelligence Unit 2023；川出・谷口編 2022：22）。ただし民主主義国でも、右派、左派の攻撃的な政党や大統領が、ポピュリズム的な扇動で有権者の支持を拡大する事例が発生する【→7章】。

　他方、民主主義が崩壊し、権威主義[5]（専制政治）になった国もある。その経路として、ロシアのように、大統領が周辺国との戦争で危機を訴え選挙で勝ち続けて、選挙制度の改変や人権・言論統制で民主主義を弱めた場合（大澤 2020；東島 2023；読売新聞2024年3月18日）と、選挙で選ばれた政権を軍・武装勢力が実力で倒した場合がある【→Ⅰ部6.】。社会主義の中国でも、経済成長にもかかわらず政治的な全体主義が強まる。ロシアは2022年にウクライナに侵攻（侵略）を行ない、中国は香港の民主主義を制圧したあと台湾の統一（併合）を目指し、これに欧米などが批判・対抗している。民主主義は不安定だが、1930〜80年代には専制政治が世界にもっと広がっていたことも事実だ。

◆民主主義の4つの構成要素・理念

　近現代の民主政治の歴史を概観したあとで、何が言えるだろうか。

　まず、民主主義は崩壊することもある、という厳しい事実だ。日本では大正期に一定のデモクラシー（「民本主義」と呼ばれた）が進展したが、満州・中国への侵略戦争とともに、自由な言論や批判は軍と政府によって抑圧された【→1章】。ドイツでは1930年代にナチス党を率いるヒトラーが、民主主義の制度である選挙を利用して巧みな宣伝で第1党の座を獲得し、暴力で反対派を弾圧し独裁体制を築いていった[6]。ただしドイツ人のなかには、これに抵抗し、あるいは外国に亡命する人も少なくなかった（クノップ 2012など）。

　自由と民主主義は、努力と思考、適切な制度なしには壊れやすい。日本国憲法12条は「この憲法が国民に保障する自由及び権利は、国民の不断の努力によつて、これを保持しなければならない。［以下略］」と定める。

　逆に楽観的に見れば、民主主義は確実に拡大してきたようでもある。19世紀

ヨーロッパで選挙権が徐々に拡大し、20世紀後半には世界各地で民主化が進んだ。日本やアジアなど、元来は個人主義や平等の文化が弱かった地域でもそうなったのがなぜかは、興味深いテーマだ（参考、片山・大西編 2010：2章）。20世紀には、社会主義とファシズムという左右の独裁や、軍事政権が深刻な人権侵害をもたらしたが、そのいくつかは弱まっていった。また、社会主義との競争に勝った資本主義の側も、19世紀のような自由放任・自由競争ではなく、政府の責任と介入（福祉国家、一部に社会民主主義を含む）による修正によって、格差や景気変動を抑え、生活水準と安定度を増した。

　さて、少し理論的なテーマは、民主主義とは単純ではなく、複合的なしくみだということだ。現代の民主主義の定義は多様だが（Caramani 2020：chapter 5；村上 2020）、4つくらいの要素・理念（または原理）の複合体として、説明されることが多い【図表6-2】。

　（多くの事物は、複数の要素や特徴を用いなければ十分に定義できない。例、地方自治体、地中海性気候、ほ乳類、スポーツの各種目、キツネうどん。）

◆民主主義の要素（1）——多数者による支配

　表の一番上にあるように、デモクラシーとは、ギリシャ語の「dēmos 民衆・人々」と「kratos 権力・力」をつなげて造られた言葉で、1人が権力を持つ君主制（monarchy）や、複数の有力者が支配する貴族制（aristocracy）と対比される政治体制だ。つまり「多数者である民衆による支配・統治」、一般の人々が政治を決める体制という意味になる。

　アメリカ合衆国16代大統領のリンカーンの言葉である、

　「人民の、人民による、人民のための政治」

　（Government of the people, by the people, for the people）

は、民主主義の意味を19世紀の時点で述べたものとして有名だ。少数の特権層ではなく、多数者である普通の人々が政治を決めるという、人民（国民）主権の考え方。（図表6-2の（1））。

　多数者による政治は民主主義の基本だが、しかし、それだけで民主主義を語

るのは、単純にすぎる。なぜなら、次の５つほどの問題・疑問が起こるからだ。（それぞれの問題への対策を、考え議論してみるとよいだろう。答えの一部は、後の（２）～（４）の節に含まれている）。

　第１に、国家や都市の規模では、全員が集まって議論・決定するには物理的限界がある。標準的な解決策は、人々が代表を選び政治を委ねる間接（議会制）民主主義だが、それにもまた別の短所がある。18世紀フランスの政治思想家ルソーは、議会制への懐疑から、「イギリス人が自由なのは選挙のあいだだけで、議員が選ばれるや否や奴隷となってしまう」と書いた。

　第２に、「人民」「多数者」「民意」といっても、意見が１つにまとまるとは限らない。多様な意見、少数意見もまた尊重しなければならない。１つの考えだけが「民意」だと、絶対化するのは危険である。

　第３に、万一みんなの意見がほぼ同一になっても、喜んでばかりはいられない。むしろ、異なる意見の少数者はより厳しい立場に追い込まれる（例、昔の村八分、学校や職場での特定者へのいじめ）。少数者に負担を押し付けそこから利益を得ることで、多数者が合意する可能性もある（例、原発や米軍基地に関する政治の一側面）。

　この２点は、いわゆる「多数の専制」や「同質化」の危険であり、ファシズムや社会主義の独裁体制で典型的に起こったが、民主主義下でも勢力間、政党間のバランスが崩れるとそうした傾向が顔を出す。

　第４に、政治家や人々が熟慮・議論しなければ、「人民による決定」は、「賢者やエリート」の決定よりも非合理な衆愚政治に陥るという指摘がある。「考えさせない政治」そして「考えない政治」の可能性である【→７章】。政策が失敗し、結果的には「人民のため」にならないこともある。

　第５に、逆に民主主義の長所は「自己決定」にあるという、一種の理想論がある。本来、「自分たちみんなで話し合って決めた」事柄は、妥当性、正当性と権威を持ち、尊重する意識も高まると説く。対立や紛争も、投票によって、暴力を用いずに決着が付く。ただ、一般論としてはそうだろうが、そうなるとは限らない。民主主義下では、人々が権利や予算だけを要求し、法律の遵守や納税等の義務を避けるような、エゴイズムも通りうる。

◆要素（2）——多元主義、自由主義

多元主義（pluralism）（Czada 2020）あるいは多元性とは、複数の（有力な）政治勢力が存在し、相互に競争・けん制する状態を意味する。

また、自由主義とは、とくに国家や政府の権力を制限し、人々の自由を守ろうとする思想だ。多元主義と似ているが、強者への警戒・抑制という点をより強調する。

（1）で述べた「多数の専制」を防ぐためにも多様な政党や団体が自由に活動し、その間で議論や批判が行われることが、民主主義にとって不可欠だ（ダール 2014；宇野 2020：189-204；川出・谷口編 2022：2章3；キーン 2022）。そのために、今日では民主主義について、（1）の多数者支配に、（2）の多元主義・自由主義の要素を追加する定義が、ほぼ通説になっている。これは学問上の空論ではなく、20世紀、人民あるいは民族主義の名のもとに社会主義やファシズムの独裁が人々を苦しめたことへの、歴史的反省から出ている。たとえば、普通選挙制で人々の参加が認められても、（有力な）政党や選択肢が1つしかなければ、人々の決定権や自由は小さいかまたは存在せず、民主主義とは言いがたいという教訓である。ただし日本の学校教育では、（2）を「少数意見の尊重」という表現でかなり弱めて教えることも多く（村上 2020）、改善を要する。

第二次世界大戦後、経済学者のシュンペーターは、政治エリート（政治家）が政治を担当するが、人々は競争する複数のエリートのうち誰に政治を委ねるかを選択する、という指導者選抜型のシステムが、賢明さを生み出すと評価した。また、政治学者のダールが提示したモデルは、望ましい民主主義（ポリアーキーと呼ばれる）のためには、人々の政治への「参加」だけではなく、「対抗」や「公的異議申し立て」、つまり人々や集団の自由な政治活動や相互批判が不可欠だとする。後者の部分が、「多元主義」に当たる。

時代をさかのぼれば、モンテスキューが唱えた「権力分立」論にも登場するアイデアだ。有能な経営者でも他が「イエスマン」ばかりだと、失敗するおそれがある。日本国憲法が定める民主主義が多元主義的（リベラル）であることは、言論等の自由の保障、国会の二院制、憲法改正の慎重な手続き【→9章】

などから分かる。

　このようにして、それまで異質な原理であった民主主義（権力への参加）と自由主義（権力の抑制）とが合体し、「自由民主主義」または多元的民主主義を形作っていったと理解される（加茂・大西・石田・伊藤 2012：41-44）。

　さて、以上の文脈で、「多数決は、少数意見の尊重を伴わなければならない」という原理があるが、その根拠は何だろうか（参考、ミラー 2019：3章）。

　①少数派への配慮・寛容というモラルがたいせつだから。②多数意見だけを実現し少数意見を無視すると、平等の原理に反するから。③少数意見が正しいかもしれないので、その貴重な情報を排除すると多数派も損をするから。以上はどれも正解だが、それに加えて、④尊重されなければ少数派は多数派の決定に従う義務はないという、ラジカルな論理がありうる。実際、多数決の決定を強制するなら、少数派の市民が抗議・独立する構えを見せる国があり、多民族が共存するカナダ、ベルギー、スイスなどは、複数言語主義と連邦制による分権化で国家を維持している。

　多元主義、自由主義には、多くのメリットがある。権力集中と政治リーダーの暴走や腐敗を防ぐこと、多様化した社会で人々の一定の満足と協力が得られること、有権者に選択肢を提供すること、複数の意見・情報をもとに賢明で合理的な議論と決定ができることなどだ。

　他方、それが行き過ぎた場合のデメリットとして、秩序の崩壊、利益団体が政府機構を取り込んでしまう「既得権」【→5章】、あるいは、議論が延々と続き決定できないなど、政府の能力低下のおそれがある。とは言え、遠回りに見えるが、ていねいな議論で合意を拡大する方が、決定しやすい面もある。逆に、（1）の多数派支配モデルだけによる、紛争や脅しとそのコスト、そして独善からしばしば起こる失敗は、より深刻なデメリットになりうる。

　つぎに、多元主義や自由を支える条件は何かという重要なテーマがある。今や世界で（1）の国民主権（人民主権）原理を否定する国家は少ないが、（2）の多元性・自由の方は、これを尊重するリベラルな政治から、軽視・抑圧する権威主義的な政治まで、国や時代によってさまざまだ。つまり、教科書に書いても、人々が望んでも、自動的にまた当然に存立するものではない。

簡単に述べると、図表6-2の右欄にも書いたような①制度的条件、②社会的・文化的条件、③経済的豊かさなどが必要だろう。②は、教会、労働組合の組織率、市民団体などの社会集団の活発さや、人々の文化や意識【→2章】、イデオロギー【→5章】を指す。複数の政党が存立するには、基盤として、複数の社会集団や市民の考え方の多様さが必要だ。③は、経済成長はふつう、教育の向上、都市化による自由の拡大、労働運動や学生運動、中間層の成長、配分できる資源の増大などによって、自由化・民主化を促しやすい。

◆要素（3）——参加型民主主義

民主主義の方式として、主権者（人々）が直接決定を下す直接民主制と、主権者が代表者を選出してその代表者（議員など）に決定を委ねる間接民主制（議会制民主主義）とがある。

実際には、主権者が集まって決めることの物理的限界から、後者が多くの国で主流になってきた。さらに、より積極的な評価として、政治の専門職や賢明な「エリート」に複雑な政治や政策を委ねる方が、素人である有権者の判断より合理性があり「熟議」に近づく、という見解もある。日本国憲法41条も、国会を国権の最高機関と定め、間接民主制が原則だとしている。

これに対して、「参加型」民主主義（川出・谷口編 2022：11章）は、人々が政治や行政の決定に積極的に参加するという意味で、直接民主主義のイメージに近い。その必要性は、つぎのように主張される。①市民は議員を選出しているが、個別の争点については両者の意見がずれたり、選挙で最大争点でなかったりすることもある。②市民は本来、主権者なのだから、いつでも決定に参加する権利がある。③市民が政府と協力して立案・執行し、現場感覚の情報を提供するなど、政策の質を高めることもできる（政府と市民のパートナーシップ）。逆にデメリットとしては、人々が決定するときの①エゴイズムや、②感情的判断（熟議の不足）が、指摘される。ただし、議員にもエゴイズムや感情的判断はつきまとうのだが。さらに、③権威主義的なまたはポピュリズム型の政治家が、国民・住民投票を、一方的な宣伝によって強力な決定を正当化する手段に用いることもある。

　以上のメリット、デメリットの議論のなかで、19世紀にスイスで生まれた住民投票は、20世紀初めにアメリカへ伝播し、今日では日本を含む多くの国に広がっている【→4章】。「主権者は選挙が終わると奴隷になる」という主客の逆転を、避ける工夫である。

◆要素（4）──熟議民主主義

　この理論は、民主主義を多元的な競争や利害の争いととらえるよりも、むしろ関係者の議論の「質」を重視する。「熟議」とは、互いに相手の意見も聞き、理性的に考えるような議論を指している。提唱者は、熟議のメリットを、民主主義の正統性の向上、異なる意見との対話、紛争の解決に見出す（篠原編 2012：終章；川出・谷口編 2022：11章）。意思決定の合理性も高まる。

　これは理想論のようにも見えるが、合理的な政策立案のために、すでにかなり実践されている。住民への説明や交渉は、公務員の重要な仕事になっていて、ていねいに協議する方が政策が賢明にスムーズに進む。現代社会では、企業での仕事でも紛争解決でも、力づくより、ていねいな調査や説明（いわゆるプレゼンテーション）、交渉が求められる。

　日本でも、法律や科学にもとづく議論、専門家や関係者が参加する審議会が以前から用いられたが、1990年代には情報公開や行政の説明責任が法制化され、2000年代になって、候補者間の討論、地方議会の審議の活性化策、パブリックコメントなども導入された。（3）の住民投票においても、スイスで実施するように賛否両論の公報と議論がたいせつだ。さらに、選挙や世論調査において「熟議」は成り立つのか。マスコミの世論調査は、概念や賛否意見を説明せずに賛成か反対だけを聞く場合が多く、「ポピュリズム促進型世論調査」になっていないだろうか。

　2012年夏、将来のエネルギー政策をめぐって民主党政権は「討論型世論調査」を実施し、原発ゼロの考えが多数を占めた。この討論型（対話型）世論調査は、議論と意見調査を繰り返して変化を見る技法で、自治体でも例がある。

　熟議の反対概念は、単純化、扇動、感情的な決めつけ、「衆愚政治」やポピュリズムといったものになる。

◆4つの要素の関連、民主主義の類型化

　民主主義の4つの要素・価値は、それぞれ一長一短があり【図表6-2】、すでに述べたように、相互に欠点を補強しあう関係を持っている。相互に正当性を高めあう関係も成り立つ。たとえば、多元主義や直接民主主義は、多数派の一方的な宣伝と決定を揺るがして熟議を可能にするだろう。この点で気になるのは、日本の一部のリベラルな論者が、市民の参加や熟議を主張するあまり、議会や多元的な政党システムの価値に目を向けない傾向だ。

　逆に、要素や理念のあいだで対立が起こるとき、どれを優先させるかは難しい。少なくとも、たとえば「多数派による支配」だけを強調して他の3つの要素を無視するようなスタイル（一党独裁やポピュリズム）は、望ましくない。

　しばしば民主主義は、「完全ではないが、マイナスが最小の政治体制[7]」だと言われる。ここで、4つの要素を適度に組み合わせれば、各要素のマイナス面が相互に抑制されるだろう。

　なお、政治学では、民主主義を類型化し、政策能力などとの相関を探る研究も盛んだ。直接民主制と間接（議会制）民主制の対比は、要素（3）で述べた。多数派の意思を実現する「多数代表型」と、多元的な諸勢力の合意を重視する「合意形成型」の対比も有名だ（参考、岩崎 2015：4，6章）。「非自由主義的民主主義」（illiberal democracy）は、権威主義の概念に近いが、要素（2）の弱さに着目した分類だ。

◆日本の民主主義の評価、教え方

　このように民主主義を複数の要素・基準で定義すれば、日本の民主主義を総合評価できる。簡単な印象としては、（1）（4割程度の）相対的な多数票にもとづく政治による支配は、小選挙区制によって可能だ【→8章】。ただし残る6割が支持しないのに、多数派といえるかは疑問だ。（2）多元主義は、言論の自由はほぼあるが、保守政党が優位で、また女性、公務員、専門家、小政党が議会で代表されにくい。強い者や周囲に同調する人が、自律的に他者や自分の自由・権利を考える人より多い（NHK放送文化研究所 2020:73-102）【→2、8章】。（3）参加型民主主義は、住民投票やデモに見られるように、ある程度拡大し

てきた。（4）熟議は、教育の向上や自由な議論に期待したいが、「考えさせない政治」であるポピュリズムも活発だ【→7章】。

　日本史は、市民が専制を倒す「革命」を知らない。しかし第二次世界大戦の惨禍といわば引き換えに先進国水準の憲法【→1、9章】が導入され、経済成長などで社会経済が近代化すると、欧米と似た自由で多元的な民主主義が発展してきた。上に述べた重大な弱点も潜在することを認識し、権威主義や非合理主義を防ぐために、市民や政治家、マスコミが何ができるかを考えたい。

　ところが、内外の公的機関による民主主義の説明をインターネットでリサーチすると、日本はやや特殊らしい（村上 2020）。欧米等では多元主義や言論の自由を重視し、さらに立候補や直接民主主義まで扱うのに、日本では「多数決」「みんなで話し合って合意する」といった民主主義の説明が多く、選挙での投票率アップが目標となる。高校までの教育で、政治経済は「暗記科目」と呼ばれ、文科省からの政治的中立性の要請もあるが、複数の価値観・意見や社会的な対立を教え考えさせることが望ましい。

◆民主主義指標

　これと関連するが、英国エコノミスト誌は、5つの項目の評価を合わせて世界各国の「民主主義指数」を数値化し、上位国を十分な民主主義（full democracy）と認定する。日本は20位までに入るが、他の上位国と比べて「選挙と多元主義」や「政治参加」の項目の得点が低い（Economist Intelligence Unit 2023：7）ことが、注目される。

　他にスウェーデンの大学を拠点とする「V-dem」など複数の指標があり、結果はやや異なる（SWI swissinfo.ch 2020）が、各国の民主主義の発展を励まし（例、TAIWAN TODAY 2023）、その後退に気づかせる効果があるかもしれない。

◆民主主義の存立条件と評価

　民主主義の成立条件は何か。さまざまな研究や答えが、比較政治学などから出されている（粕谷 2014：6，7章；岩崎 2015：5，6章）。図表6-2では、民主主義の4つの側面をそれぞれ支える諸条件を挙げておいた。民主主義を支え

る条件は、この章の初めに略述したような政治史をたどっても、考察できる。

つぎに、民主主義のメリット、デメリットは何か。図表6-2も参考に、民主主義のメリット（参考、川崎・杉田編 2012: 6章）をまとめてみよう。たとえば、①政府権力の抑制・統制、②人々の意見の反映、③自由で多様な言論やライフスタイルの尊重、④議論・交渉・合意・修正および対立する諸勢力の平和共存の可能性などが、民主主義のもとではかなり期待できる。④は、最適の決定につながるとは限らないにしても、決定の正当性を生み出し（つまり人々に納得させ）、不服従、暴動、実力闘争を防ぐ効果を含んでいる。さらに、⑤民主主義国は、人権への配慮、言論や報道の自由、政府への批判があるゆえに、（侵略的な）戦争を起こしにくいと言われる。

同じ表でデメリットにも触れたが、民主主義への批判者には、この体制の欠点に注意を喚起したい人と、民主主義が基本的に嫌いな人がいるようだ。

前者として、①政治不信（せっかく選挙しても、政治家や政党は信頼できない）、②衆愚政治・政府の過重負担（有権者は愚かなので誤った選択をするし、政治家も迎合して歳出を拡大する）などの指摘がある。③統治能力の低下（危機管理や効率化のためには強力な政府や指導者が必要）という、意思決定の遅さの指摘。しかし多数決やリーダーシップを絶対化すると、逆に④「多数の専制」と呼ばれる、おそらくより大きな危険につながりうる[8]。ただし以上は、問題点の改善を求めるもので、民主主義自体を否定するわけではない。

最近、日本では、こうした欠点を理由に、「（議会制）民主主義は終わった」と論じる人もいる。日本政治の研究の不足ゆえにその一定の成果を認識しないか、歴史を学ばず50点の民主主義でも無いよりはるかに良いと思考しない議論だろう。さらに、「反・民主主義論」として、⑤復古主義は、「第二次世界大戦後の民主主義で日本の良き伝統が破壊された」といった意見で、昭和の戦争を美化し【図表5-4】、敗戦で「押し付けられた」「西洋風の」日本国憲法を批判する【→9章】。近代化・西洋化された社会では流行らないが、ナショナリズム的な支持を見つけることはできる。⑥エリート主義は、少数の賢者による決定が優れていると考える。しかし独裁者はなぜか非常に極端な思考をすることがあり、かつ誰もそれを止められない。

■注

1）　政治学者が書いた写真も多く読みやすい本は、（キーン 2022）。イギリスの政治学者
の（クリック 2003：3、4章）も手軽に読める。

2）　資本主義（capitalism）とは、生産手段の私的所有、経済活動や契約の自由、市場で
の自由競争などを特徴とする経済体制。企業や人々の競争と努力をつうじて技術革新、
生産力の向上、経済成長につながりやすいが、公共施設の不足、所得の格差、景気変動
などの弊害もある。

3）　社会主義（socialism）とは、生産手段の国有・社会的所有によって平等な社会を作ろ
うとする社会思想。ロシア革命で成立したソビエト連邦、第二次世界大戦後の中国、北
朝鮮、東欧諸国、キューバなどが社会主義を掲げた。一定の平等化や経済建設を進めた
が、共産党の独裁と人権・自由の抑圧を生み、さらにしだいに経済が停滞し、民主化運
動によって、1990年前後にロシアや東欧では社会主義体制が崩壊した。

4）　ファシズム（fascism）とは、排外的な民族主義と絶対的な指導者にもとづく独裁体
制。安定した日本語訳はない。その歴史と研究理論については、たとえば（パスモ
ア 2016）。なお、ファシズムと社会主義は資本主義経済を認めるか否かなどの点で違い
も大きいが、共通点として、個人や市民にたいして全体（ファシズムでは民族と国家、
社会主義では階級と国家）を優越させ、その全体を代表する特定政党が支配する。した
がって、この2つの政治体制を合わせて「全体主義」（totalitarianism）と呼ぶ。両者は
実際には自由に議論できる民主主義を否定し破壊したが、独裁の根拠が、伝統的な君主
や宗教の権威ではなく、「多数者が支配する」という「民主主義」であった点に、注意し
たい。

5）　権威主義（authoritarianism）体制は、専制的な大統領や首相、軍事独裁政権など、
全体主義と民主主義の中間にあり、国家が許可する団体であれば政治に参加できるなど
の特徴を持つ（加茂・大西・石田・伊藤 2012：53-54；ギデンズ 2009：833）。

6）　ナチス党を率いるヒトラーは、1932年の国会選挙で第1党となり、翌年、全権委任法
（「民族と国家の危難を除去するための法律」）を国会に可決させ、独裁を合法的に達成し
た。強力なリーダーと国家による「ドイツ再生」の訴えが有権者を引きつけたのは、次
のような理由による。①世界大恐慌による経済危機と失業。②比例代表制による小党分
立のために不安定な政党政治への批判。③ドイツ民族の優越を唱え、「ドイツよ目覚め
よ」（Deutschland erwache !）と訴えた。④ドイツ民族の「敵」として、ベルサイユ体制
（フランス等からの制裁）やユダヤ人を徹底的に攻撃した。⑤経済界や既存の保守政党と
の協力。⑥有権者に直結できるラジオ、大衆集会などを駆使した、カリスマ的な演説。
⑦社会主義勢力を暴力も使って攻撃しつつ、「国家社会主義（Nationalsozialismus）」とい
う名称を用いて、右派政党という本質を隠した。以上の戦術の一部は、今日のポピュリ
ズム【→7章】にも通じるところがある。けれども、ヒトラーに抵抗したドイツ人も多
く、たとえばアメリカに亡命した K. ワイルの歌曲 'Schickelgruber' がその気分を伝える。

7）　第二次世界大戦でファシズムと戦った英国チャーチル首相の言葉に、「民主主義は最
悪の政治体制だ。ただし、他のあらゆる政治体制を除いた場合に（Democracy is the

worst form of government, except for all the others)」がある。

8）　なお、ヒトラーの独裁は民主主義が生み出したと述べる評論がよくあるが、単純すぎる。同党の得票率は最高時（1932年7月選挙）でも4割弱だったので、本文で述べた事情も働いた。逆に、近現代史をたどると、民主主義つまり自由で競争的な選挙が独裁を防ぎ（例、1930年代のフランス、第二次世界大戦後の日本？、1997～2020年の香港）、あるいは流血なしに終わらせた（例、1988年の韓国、1989年のチリ、1990年の東ドイツ）事例の方がはるかに多い。ただし2010年代ロシアの専制化は一連の選挙による。「選挙を通じた専制政治」（参考、東島 2023）は、警戒が必要だ。権威主義（専制）的な政治家・政党にとって、「民主主義」は支配の正統性を承認させるメリットがあるので、マスコミの統制とともに、選挙制度の変更などの作戦を進める。たとえば、①立候補できる政党や候補者に、厳しい条件を付け、批判勢力を排除する。②1党優位システムになりそうならば、議会で（議員定数削減などにより）小選挙区制や「1人区」選出の割合を増やせば【→7、9章】、自分たち最大政党の議席占有率を人為的に拡大できる。

■第Ⅲ部扉の参考文献

McLean, Iain /McMillan, Alistair（eds.），The Concise Oxford Dictionary of Politics, 2 nd ed., Oxford University Press, 2003

Schubert, Klaus/ Martina Klein, Das Politiklexikon, 5., aktual. Aufl., Dietz, 2011
　　　< Bundeszentrale für politische Bildung, website

■参考文献　　＊本文中カッコ内の文献、および参考書を示す。

石田勇治『ヒトラーとナチ・ドイツ』講談社、2015年

岩崎育夫『現代アジアの民主主義』山川出版社、2023年

岩崎正洋『比較政治学入門』勁草書房、2015年

岩波新書編集部『日本の近現代史をどう見るか』岩波書店、2010年

宇野重規『民主主義とは何か』講談社、2020年

NHK 放送文化研究所『現代日本人の意識構造』第9版、日本放送出版協会、2020年

SWI swissinfo.ch 「「民主主義ランキング」には意味があるのか」2020年、ウェブサイト

大澤傑「「個人化」するロシアの権威主義体制—政治体制から読み解くウクライナ侵攻」SYNODOS ウェブサイト、2022年（https://synodos.jp/opinion/international/28311/）

大澤傑『「個人化」する権威主義体制—侵攻決断と体制変動の条件』明石書店、2023年

粕谷祐子『比較政治学』ミネルヴァ書房、2014年

片山裕・大西裕編『アジアの政治経済・入門』新版、有斐閣、2010年

加茂利男・大西仁・石田徹・伊藤恭彦『現代政治学』第4版、有斐閣、2012年

川崎修・杉田敦編『現代政治理論』新版、有斐閣、2012年

川出良枝・山岡龍一『西洋政治思想史—視座と論点』岩波書店、2012年

川出良枝・谷口将紀編『政治学』第2版、東京大学出版会、2022年

北岡伸一「共産党革命導いた日中戦争」朝日新聞ウェブサイト、2007年

ギデンズ、アンソニー（松尾精文・西岡八郎・藤井達也・小幡正敏・立松隆介・
　　内田健訳）『社会学』第5版、而立書房、2009年

キーン、ジョン（岩本正明訳）『世界でいちばん短くてわかりやすい民主主義全
　　史—ビジネスパーソンとして知っておきたい教養』ダイヤモンド社、2022年

クノップ、グイド（フランツ、エドガー／深見麻奈訳）『100のトピックで知るド
　　イツ歴史図鑑』原書房、2012年

久保亨・土田哲夫・高田幸男・井上久士『現代中国の歴史—両岸三地100年のあ
　　ゆみ』東京大学出版会、2008年

クリック、バーナード（添谷育志・金田耕一訳）『現代政治学入門』講談社、
　　2003年

篠原一編『討議デモクラシーの挑戦—ミニ・パブリックスが拓く新しい政治』岩
　　波書店、2012年

TAIWAN TODAY「2022年度版民主主義指数、台湾は世界10位でアジアトップ
　　に」2023年、ウェブサイト

高橋和之編『世界憲法集』新版（第2版）、岩波書店、2012年

ダール、ロバート・A（高畠通敏・前田脩訳）『ポリアーキー』岩波書店、2014
　　年［原著 1972年］

帝国書院編集部編『最新世界史図説　タペストリー』最新版、帝国書院

東京新聞外報部『言論弾圧—言論の自由に命を賭けた記者たち』筑摩書房、2023年

パスモア、ケヴィン（福井憲彦訳）『ファシズムとは何か』岩波書店、2016年

東島雅昌『民主主義を装う権威主義—世界化する選挙独裁とその論理』千倉書房、
　　2023年

ベントン、ミヒャエル（鈴木寿志訳）『生命の歴史—進化と絶滅の40億年』丸善
　　出版、2013年

ミラー、デイヴィッド（山岡龍一・森達也訳）『はじめての政治哲学』岩波書店、
　　2019年

村上弘「【教材・資料集】ウェブで読める日本と世界の「民主主義」の定義・解説」
　　『立命館法学』2020年2号、2020年
山本圭『現代民主主義—指導者論から熟議、ポピュリズムまで』中央公論新社、
　　2021年
読売新聞2024年3月18日「ロシア大統領選で初の電子投票、追跡可能で圧力か…」
和田春樹『ロシア史』下、山川出版社、2023年

Caramani, Daniele ed., Comparative Politics, 5 th ed., Oxford University Press,
　　2020
Czada, Roland, 'Pluralism', in: D. Berg-Schlosser, B. Badie and L.Morlino (eds.),
　　The SAGE Handbook of Political Science, Vol. 2, Sage Publications, 2020
Economist Intelligence Unit, 'Democracy Index 2022', 2023, website

■ウェブサイト　＊タイトルで検索しやすいものは、URL を略す。

アメリカンセンターJapan「民主主義の原則—概要：民主主義とは何か」
国立公文書館「公文書にみる日本のあゆみ」
比較ジェンダー史研究会「フランス人権宣言（1789年）」
　　（https://ch-gender.jp/wp/?page_id=385）
Council of Europe（ヨーロッパ連合議会）, 'Democracy'
Princeton University, Mapping Globalization
　　＊帝国主義による世界分割の地図。高校の教科書にもあるが、より詳しい。
United Nations（国際連合）, 'Democracy'

7章　ポピュリズム
——なぜ、単純化と攻撃性で集票できるのか

◆ポピュリズム概念は、政治を吟味し、ときに疑うために役立つ

　健全な政治のためには、政府への信頼とともに疑いや批判が必要だ。後者は、1789年のフランス人権宣言、あるいは日本国憲法の前文にも記される。

　高校の政治経済系の教科書にも登場しはじめたポピュリズムという概念は、「私たちは、民主的な選挙で勝った政治家や政党を、疑ってもよい」と教えてくれる。あるいは、有権者がブームや扇動に乗って、誤った判断で投票することに警鐘を与える。

　選挙で独裁に至った古典的な事例は、ヒトラー率いるナチス党だが、2010年代に、連続当選と議会選挙制度の改変を通じて権力を強大化したロシアの大統領も、そうなのだろう（参考、大串 2021）【→6章】。そして、全体主義やファシズム（the United States Holocaust Memorial Museum）と同じく、ポピュリズムは選挙と権力のために宣伝・扇動を活用する。

◆ポピュリズムの定義——扇動政治か、人民主義か

　とはいえ、ポピュリズムは多面的な現象なので把握しにくく、おもな定義・理解が2種類に分かれる。非合理的な扇動政治のモデルと、反エリート的な人民主義のモデルだ（図表7−1）。前者は、ポピュリズムが有権者の感情に訴えて権力を握り、民主主義を破壊する危険に注目するが、後者はかなり異なる。

　欧米では前者の扇動（例、フィナンシャル・タイムズ 2016）やそれに近い定義も有力であり、政治学者は、異なる意見を除外して権威主義に向かうポピュリズムへの、警戒と分析を呼びかける（フランツ 2021）。力強く「アメリカを再び偉大にする」とアピールし当選したトランプ大統領に対する、活発なファクト・チェックや批判的な言論と投票行動は、選挙での強さを扇動の結果とみなして対抗する自律的・合理的な意識を示している。それは「分断の政治」と呼ばれるが、強者や扇動に流される「翼賛と同調の政治」より、はるかにましだ。

図表7-1　ポピュリズムの2種類の定義・理解

日本語訳	定義・理解	民主主義へのメリット	民主主義へのデメリット	対策
扇動政治	人々の感情に強烈に訴える政治宣伝 ― 単純で偽りの「改革」の夢、「人々の敵」や「既得権」への攻撃、強そうなリーダーなど	とくになし 1)	●非合理的な「改革」や政策を、検討せずに進めるおそれ。 ●異なる意見を排除し、権威主義的な専制に向かうおそれ。 ●財政赤字	●考える賢い有権者 ●政治学教育 ●マスコミや専門家が宣伝の真偽を分析（ファクト・チェック） ●現在の政治による政策と成果の宣伝
人民主義	エリートに対抗し、不満を持つ「普通の人々」の利益を増進する政治 ― 予算の「バラまき」を含む	大胆な提案で、民主主義を活性化		●人々の不満に応える政策

注：詳しくは、(村上 2023A：598-604) およびそこで紹介した文献。　1) もちろんポピュリズム的な政党・政治家にとっては、常識ある他の政党にはできない提案や「改革」で目立ち、選挙で集票できるメリットが大きい。

　後者の「人民主義」という定義 (松谷 2022：序章；水島 2016) は、19世紀末の (後に民主党に吸収された) アメリカ人民党 (Populist Party) や、ロシアのナロードニキの歴史的なイメージを引き継いで、普通の人々の利益を特権的なエリートから守るという主張に注目する。ただ今日では、「普通の人々」も一様ではなく、「エリート」 (と呼ばれる諸機関、集団) も社会に貢献するのだが。

◆定義によって、研究方法も違う

　研究方法も、ポピュリズムの定義から影響を受ける。(あるいは逆に、研究の結論や労力を考えて定義を選ぶことも？)

　まず、全体の枠組みとしては、政治情報の流れに注目し、①「供給サイド」つまり政党や政治家、②「需要サイド」つまり有権者、そして③競争者つまり他の政党 (やマスコミなど) の活動の3側面から、ポピュリズムが検討される (Guiso/ Herrera/ Morelli/ Sonno 2017)。

　図表7-1で、人民主義または反エリート主義のモデルは、「供給サイド」に適用するなら、政党や政治家の政策・主張のエリート批判や人々への配慮を測定するのだろうが、他の政党にもそれは存在し、実証研究は行われているだろ

うか。しかも、ポピュリズムを反エリート主義と定義するなら、エリートでない外国人・移民を過剰に攻撃する政治はポピュリズムに含まれにくい。「需要サイド」に適用するなら、有権者の「ポピュリズム態度」（松谷 2022：5章）すなわち反エリート指向、政治への不満などを、意識調査で測り、特定の政党や政治家への支持との相関を調べる。けれども私見によれば、この研究方法は、ときにポピュリズムの存在を検出できない。なぜならこの質問では、ポピュリズムがとても成功している場合、当該政党を、「ポピュリズム態度」を持つ人だけでなくより幅広い人々も支持することがあるからだ。

　扇動政治モデルの視点に立つと、「需要サイド」では、扇動つまり強烈で単純な宣伝を支持または批判する有権者の割合とその特徴を、研究したくなる。「供給サイド」で、どんな要素が、有権者の感情を引き付けるために有効なのかは、諸説があろう。たとえば、3つの単純化のセット―現状の不幸の誇張、それを解決できる「改革」の夢、その不幸の元凶であるとみなされる「人々の敵」（既得権、エリート）への攻撃―が効く。攻撃とウソの重要性は、マキャヴェッリが『君主論』で看破した、有名な「ライオンとキツネ」の統治術とも重なる。政治の世界では、単純化と攻撃はとくに危険である。なぜなら第1に、有権者の選択は数年間にわたる権力構造を決定する。第2に、扇動スタイルで成功した政治家は、単純で非合理的な、そして攻撃的な政治をエスカレートさせる可能性が高い。

　扇動政治モデルは、「供給サイド」について、用心深く、政治宣伝のウソ、あるいは本当の隠された目的とのズレを解析するために、いわゆる「ファクト・チェック」に導くだろう。それゆえに、政策・宣伝を吟味する必要がない人民主義モデルより、苦労が多いが、社会に貢献する。

　有権者の意識からポピュリズムを説明する場合に、「ポピュリズム態度」が人々のあいだで比較的一定の割合で存在するとすれば、たとえば大阪で格段に強い維新への支持、大阪都の2回目住民投票（2020年）の直前における反対の急増をシンプルに説明できない。世論調査が明らかにするように、維新と橋下・松井両市長が説明責任を果たさなかった「大阪市の廃止」が、市民の請願・市議会の採択によって、投票用紙や公式ポスターに明記されたとき、この「供

給サイド」の情報の変化が、反対意見を急増させたのだった（村上 2020）。

　このように、私たちは政治の現場に近づき、扇動・虚偽の宣伝と対抗・反対情報を含む、政治コミュニケーションの全体像を認識する必要がある。ポピュリズムの「供給サイド」の技術と、マスコミや他政党の言論の姿勢を、研究や報道は見落としてはならない。「需要サイド」である有権者の意識の測定も、幅を広げたいものだ【参考、図表7‐2】。

◆扇動政治——攻撃性、単純化とその危険への注目

　日本の政治学者は、欧米での各種の定義から好みのものを引用する。ここでは、扇動政治のイメージに近いものを中心に紹介しよう。

　ドイツ連邦政治教育センターのウェブサイトにあるポピュリズムの定義の1つを、Ⅲ部の扉に載せたが、同センターの別の定義は、「機会を利用して人々に接近し虚偽宣伝をする政治で、政治状況を劇的にすることで大衆の支持を得ようとする」（Bundeszentrale für politische Bildung 2017）である。

　次の政治学者のスマートな定義は、人民主義の要素も含めつつ、反多元主義や扇動政治の危険を見落とさない。

　「ポピュリストは反エリート主義（antielitest）であるのに加えて、つねに反多元主義（antipluralist）である。つまり、ポピュリストは自分たちが、そして自分たちだけが、人民を代表するのだと主張する。他の政治的競争者は、悪徳で腐敗したエリートの一部だということにな［る］。」（ミュラー 2017：27）

　なお扇動とやや重なる第3の定義として、カリスマ的なリーダーが、中間団体抜きでSNSなどを通じて有権者に直接働きかける「動員スタイル」に注目するモデルがある（水島 2020：1、2章）。しかし、ポピュリズムは、悪徳商法と同じように、巧みに考案された宣伝の組織的な流布をつうじても行なわれうる。また、上の動員スタイルを取っても、宣伝内容が穏当で説明責任を果たしていれば、扇動的なポピュリズムには該当しないだろう。

　最後に、ヨーロッパ・ポピュリズム研究センターの解説（European Center for Populism Studies 2023）は、各種の定義やモデルをバランスよく並べて、一読に値する。要点だけ訳しておこう。

　「ポピュリズムは、普通の人々（the people）と「劣化した（corrupt）」エリート（the elite）を対比する思考で、それに期待する見解もある。しばしば、普通の人々を代表する自分たちだけが正しいという反多元主義（anti-pluralism）に発展し、自分たち以外の考え方の政党や人々を排除する。これは、複雑な問題に対して単純で感情的な政策を打ち出すことにもなり、さらに、権威主義ポピュリズム（authoritarian populism）に至ればリベラルな民主主義を脅かす。」

　これは、ポピュリズムは、人民主義と単純化・反多元主義（扇動政治）の両面を持つという解説だが、後者を重視するように読める。なお筆者の私見としても、人々のための政治は結構だが、他の政党が人々に貢献していないとは言えない。他方で、扇動が、攻撃性によって権威主義・専制に至った場合、および単純化によって粗雑な政策に至った場合のリスクが大きいので、そのリスクがないという根拠を示せる場合以外は、「扇動政治」の視点を忘れてはならないと考えている。

◆日本での事例（１）──小泉首相、ポピュリズム型首長

　ポピュリズムという言葉は、「強い」小泉首相の時期に広まった。同首相は、郵政事業の民営化が日本を救うと訴えて有権者に大いにアピールし、2005年の衆議院選挙で大勝した（内山 2007：1章）。注目すべきは、アピール効果が、同構想とその効果の説明よりも、反対する公務員や関係者を「既得権」と決めつけて攻撃する政治手法から生まれたことだ。首相は所属する自民党を「ぶっ壊す」と宣言し、「抵抗勢力」である同党の一部議員に対して「刺客」として別の候補を擁立し、「劇場政治」とも呼ばれたが、単純化と攻撃による政治スタイルの形容だろう。（ただし、他の政策は攻撃的ではなかった。）

　すでに1995年、タレントの青島氏、横山氏が、政党相乗りの候補を相手に東京、大阪の知事選挙に勝つという「事件」があった。個人的な人気と、東京ではムダな都市博覧会の中止の争点化が、この驚くべき結果を可能にした。支持政党を持たない有権者が増え、候補者の人気と戦術的な争点設定によって、「無党派」「改革派」と呼ばれる知事・市長が誕生した。こうした自治体リーダーは、既存政党が多数を保つ議会との緊張関係もあって、暴走はしなかった。け

れども21世紀になると、2つの「発明」がなされる。首長が主宰する新党を作って議会与党を増やし（水島編 2020：12章）、また単純化と対抗者への攻撃を遠慮なく進める。前者だけに止める知事・市長はましだが、後者も伴えば、本章でのポピュリズムの定義を満たすだろう。

◆日本での事例（2）──橋下大阪市長と「維新」

　維新の会（党）の設立者・リーダーである橋下氏は、テレビの「行列ができる法律相談所」などに出演し、激しい舌鋒で人気を集め、タレント弁護士と呼ばれるようになり、2008年の大阪府知事選で自民・公明の支持で当選した。

　橋下知事は、まず「ムダ」な伊丹空港の廃止を打ち出したが、世論を沸かせないとみると、攻撃の方向を転じて、指定都市[1]の大阪市との対立を起こし、府と市の「二重行政」や市の公務員労組を、大阪衰退の元凶として批判した。そして市を廃止し弱い特別区に分割する計画に、夢あふれる「大阪都構想」（後述）と名付け、維新の会という新党を結成した。これで知事・市長だけでなく議会の選挙に勝って安定政権を作り、効率化や権威主義的なものを含む政策、不適切な人物を含む校長・区長の公募任命を進めてきた（藤井・村上・森編 2015；朝日新聞大阪社会部 2015；有馬 2017など）。

　大阪市長に転じた橋下市長は職員の政治的活動を厳禁する条例（後述）を作り、またフォロワーとともに、都構想や維新を批判するマスコミ、団体、学者に対して、電話、電子メール、ツイッターなどで粗暴な個人攻撃を繰り返し、威嚇した（藤井・村上・森編 2015；薬師院 2017：225-226）[2]。言葉による攻撃でも日本では効くようで、マスコミや研究者は維新の主張に疑問があっても、検討や批判はせず（村上 2023B）、「もっと説明すべきだ」といった遠慮がちの表現にとどめることがある。

　国政では、2012年衆議院選挙で、維新は20％（比例代表）の票を獲得し、奇妙なことに、自民党の大勝の原因となり、日本政治の「右傾化」を増幅してきた。なぜなら維新は保守なのに、自民党支持層ではなく、民主党に投票しやすい非自民の中間の有権者を、引きつけた（村上 2016：図表5）【図表8-1】である。背景として、維新は、外国メディア（Economist 2014）やかなりの政治

学者（Schreurs 2014；中野 2015：152、211）によって保守または右派に分類されたにもかかわらず、少なからぬ日本のマスコミと政治学者がこの党を「第3極」、つまり自民党と民主党に代わる新鮮な選択肢と呼んでいた。

橋下氏らは2015年に穏健派の党メンバーを排除し、2016年の参議院選挙では改憲派つまり保守側に分類された。17年の衆院選では、11議席に減った。しかし大阪で知事・市長の確保と「都構想」により勢力を維持した維新は、2021年衆院選で2014年と同じ41議席まで回復したが、これをマスコミが17年とだけ比べて「躍進」と誤報・礼賛したこともあって、維新の第2次ブームが起こった。維新の側でも、「身を切る改革」をスローガンにした積極的な宣伝と候補者の擁立が、奏功した。

なお、政治の方法であるポピュリズムとは別に、政治の目的・理念に関しては、維新の会は「八策」や「身を切る改革」（議会の縮小）で分かるように、小さな政府（または効率性）と権力集中（またはリーダーシップ）を重視するので、「右派」（保守系）に分類できるだろう【図表5-1】。

近年の政治学のいくつかの実証的研究は、維新が多くの政策に関して保守的で、自民に近いことを示す（村上 2022：913-916；参考、The Guardian, 1 Nov 2021）。教科書等も維新を保守系とする見方が多く、2021年ごろからは維新のリーダーが、自民党から票を奪うためか、「改革保守」「第2自民党」を自称するようになった（村上 2023B）。

維新の会の政治への肯定的評価として（塩田 2021）、批判として（小西・塩田・福田 2023）なども参考になる。世論調査に基づく分析は、（松谷 2022：2章）など。（村上 2023B）は、維新が選挙で強い11の原因を列挙するが、巧みなスローガンとともに、政治家志望者の大募集、そうしたメンバーを活動させる強力な組織管理やノルマ、批判を述べたマスコミや学者への攻撃（例、産経新聞 2024年1月31日）、大阪府・市議会で「1人区」を増やした定数削減など、他の政党にない特別な「戦術」にも、注目したい。さらに、大阪人は東京へのライバル意識が強く、「安い」「おもろい」が好きだと言う。

◆欧米の事例

　いくつかの民主主義国でポピュリズムが伸びてきた背景として、経済の低迷と外国人移民による社会不安がある。フランス、オーストリア、ベルギー、ドイツ、オランダ、スイスで、外国人を排斥し国民的伝統を強調する右翼政党が、1〜2割の票を集めるようになった。イタリアでは2013年の選挙で、メディアを支配するベルルスコーニ元首相が率いる中道右派政党（「がんばれイタリア」）などポピュリズム的な2党が、合わせて4割ほどの議席を獲得した。

　2016年、アメリカで当選したトランプ大統領は、政治的経歴のない実業家だが、攻撃的で目立つ言動で有名になり、共和党（保守）の予備選挙で勝った。大統領選挙で「アメリカを再び偉大にする」と訴え、投票数では民主党のクリントン候補より約200万票（2％）少なかったが、奇妙な「州ごと総取り」選挙人制度（批判も強い）に助けられて当選した。同大統領はイスラム教国家からの入国を停止し、メキシコからの移民に対して壁を建設し、地球温暖化防止の国際条約から離脱するなどの大胆な持論を進めた（参考、コラレス 2021）。2020年の選挙では民主党のバイデン候補に敗れたが、（証明された根拠なしで）選挙の不正を主張し支持者たちが連邦議会への突入事件を起こした。

　2017年のオランダ国会選挙は、移民排斥の右派ポピュリズム政党が伸びず、保守党が勢力を維持し、労働党は急落したが左派が伸びた。フランス大統領選挙は、第2回（決戦）投票で中道新党のマクロン氏と右派のルペン氏が争ったが、前者が保守から社会党までの票を集めて大差で勝った。どちらも、有権者が民主主義の危機を自覚し投票率が上がり、特定ファン層を動員する右派を不利にした。2020年代前半のヨーロッパでは、右派ポピュリズムは各国で一定の議席を確保し、政権に就く例もあるが、選挙に負けて政権を失う場合もある（日本経済新聞 2023年2月7日：BBC NEWS JAPAN 2023年12月12日）。これは、前述した、ポピュリズムの人民（反エリート）主義モデルに従えば、人々の政治や経済的な不満の反映という解説になるが、扇動政治モデルに従えば、ポピュリズムが政権を取っても政策の成果が上がらず、また穏健保守・リベラルなどの対抗宣伝が効果を上げうると解釈できるだろう。

　なお、ラテンアメリカなどにみられる「左派ポピュリズム」は、植民地主義・

帝国主義や、多国籍大企業を人民の敵として攻撃する。

◆実証的研究（1）——「供給サイド」

　前に述べた、ポピュリズムの「供給サイド」における宣伝のスタイルについて、最近の日本で注目される維新の会と橋下氏[3]の事例を詳しくとりあげよう。

　まず攻撃性の面では、「クソ教育委員会」発言なども世論を沸かせたが、より深刻な、人権侵害のおそれのあるレベルのものとして、前述した批判者への個人攻撃以外に、つぎのようなものがある。

　①市職員とその労組への強い統制（真山 2017）。橋下市政のもとで、就任後間もなく、ねつ造文書にもとづく労働組合攻撃事件や、職員に対する組合活動への参加などを問うアンケート事件などが起こった。

　それとともに、「職員規律の徹底」という理由で、2つの条例を市会（維新、公明など）の承認を得て制定した。相対評価で最低ランクの職員や、同一の職務命令に3回違反した職員を、免職の対象とする「職員基本条例」、および、教職員に学校式典での君が代の起立斉唱を義務づける条例である。大阪府は、君が代を教職員が唄っているか点検する「口元チェック」まで導入した。

　さらに、2012年7月の大阪市「職員の政治的行為の制限に関する条例」（大阪市 2012）は、勤務時間外を含めて、集会での発言、文書の発行・配布など軽微なものを含む「政治的活動」を行った職員に対して免職を含む処分を定めたものだ。業務時間外や休日に一般的な政治参加をしても解雇されるかもしれないという極端なルールは、公務員叩きで支持を集めるポピュリズムを超えて、「公務員限定の治安維持法」と言うべき憲法上の参政権や言論の自由への強い規制で、先進国での公務員の政治活動の自由化傾向に反している[4]。

　②2013年5月、旧日本軍の「従軍慰安婦」を、戦場で必要であり他の多くの国でもやっていたなどと肯定し、同時に、在日米軍に「風俗業」の活用を勧めた発言。前者は、日本軍の「慰安婦」として虚偽説明等で連れて行かれたという韓国やオランダ人からの証言を無視する発言だった。

　有権者や攻撃された側はどう反応したのか。①の事例では、世論調査の支持率には影響がなかったが、労組は屈さず、法的手段で対抗し、一定の成果を収

めている。②は、韓国、アメリカや、国内の女性団体などの激しい批判を引き
起こし、マスコミの批判、市役所への抗議電話などもあって、維新の会の支持

図表7-1 大阪都（大阪市廃止分割）構想【議論の整理】

	賛成	反対
名称	【ほとんど説明しない】	大阪市を廃止し吸収しても、大阪府は「都」の名前にはなれない。
大阪市の廃止 そのデメリット	【ほとんど説明しない】 【ほとんど説明しない】	大阪市民の自己決定（市長、市議会選出）ができなくなり、決定は府が集権的に行なうようになる。
現状： 府市の二重行政	開発事業、水道、府立・市立大学など、重複しムダなものが多く、統合・縮小すべきだ。	巨大都市圏・大阪では、府と市の大型施設があると便利。ムダなものは府市の協議で統合できる。
現状： 大型事業の推進	しばしば府市の対立で進まず大阪は衰退してきた。 府市の統合で、強力に推進できるようになり、大阪は発展する。知事と市長が絶対に対立しない体制を作りたい。	府市協力で進めてきた事業も多い。大阪市の専門的な政策力は貴重で、市を廃止すれば大阪は衰退する。府市のあいだの議論や政策の多様性は、しばしば有益。
特別区の数	一定の人口規模と財政力（府からの財政調整も受けるが）を備えられるよう、5つ程度にまとめて設置する。	現在の24行政区を大規模に統合してしまい、地名も消える。 東京23区に比べて貧相。
特別区の役割	中核市並みの権限を持てる。 現在の行政区と違い、区長や区議会を選挙できるので、巨大な大阪市よりも、住民に近い基礎自治体になる。	基礎自治体だが、都市計画や産業振興はできない（府に集権化される）ので、一般市よりも弱い。区議会の定数が小さすぎる。代わりに、市長・市議会を選ぶ権利がなくなる。
国際比較	ロンドン、ソウル、ニューヨーク各市や東京都は、人口1000万人規模。東京と同じ制度にすれば、追いつける。	パリ、シカゴなど、人口300万程度の市と広域の州などを置く「二重システム」が、世界の常識。東京の繁栄は首都であるゆえだ。
効率性	府市の組織の統合、事業の整理で効率化できる。	市を特別区に分割する非効率と、特別区の庁舎建設費用などがムダ。
決定手続き	2015年の住民投票での否決は僅差であり、その後の知事・市長選挙では推進派が勝ったので、再提案したい。	説明が一方的。知事・市長選よりも投票率が高い住民投票で否決されている。断念し、大阪の政策課題にエネルギーを振り向けるべきだ。
代替案	存在しない	地方自治法に導入された「総合区」「指定都市都道府県調整会議」

注：2020年までの議論の状況をまとめた。反対論には、論理的に可能と思われる主張も含む。賛成論は、一部の研究者からもあるが、ここでは橋下前市長や維新の会のもの。

率は下がり、市長の訪米予定も、サンフランシスコ市の事実上の拒否で中止に追い込まれた。

　つぎに、大阪での維新の目玉政策であった大阪都（大阪市廃止分割）構想に関する議論を、図表7-1にまとめておく。そのなかで、ポピュリズム的な単純化（重要事項の説明を避ける）や誇大宣伝が行われているか（あるいはそうでないか）、観察してみていただきたい。

　表に示すとおり、大阪都への賛成論は、大阪市を府が吸収すれば大型政策を一元的に進め、ムダな「二重行政」を整理できると論ずる。維新は、首都と比べての大阪の「没落」を強調し、原因（「人々の敵」）が府と大阪市の分立制度にあると反復宣伝した。

　しかし同時に、反対論が指摘する問題点（表の右側）や事実は、残念ながら、大阪府・市によって検討・説明されなかった。世界有数の巨大都市のニーズに応じて、府と市が地域を分担し、大型施設も2つ作る「便利な二重行政」は有益だ（東京では、国が大型施設を整備してくれる）。先進国の多くの大都市圏では、広域自治体と中心市の「二重システム」が採用される（村上 2016：図表1）[5]。

　つまり、議論や決定の過程・手続きをみると、前述の個人攻撃等による反対意見の抑圧とともに、単純化の傾向が深刻だった。図表7-1にあるように、そもそも、大阪市が廃止されそして大阪府が「都」になるわけではないという重要事項は極力説明を避けて、人々の「幸福な誤解」に委ねている。大変革なのに、専門家などによる審議会の賛同も得ていない。

　2015年、都構想は府会、市会では可決されたが、根拠法が求める住民投票で否決された。投票前に市が配付した「説明パンフレット」（村上 2016：図表3）は、構想のプラス面だけを強調する内容になった。驚くべきことに、投票用紙には「大阪市における特別区の設置」を問うと書かれ【図表4-2】、市は廃止されず残るという誤解を与える不適切なものだった（高橋 2015）。マスコミではそうした「扇動」への批判も強くなく、しばしば知事、市長の発言や行政の公式声明の伝達が中心になった（松本 2015）。けれども、社会運動とインターネットのレベルでは自由な言論空間が存在し、市民、地方議員、専門家が反対意見を広め、「都構想の失敗」というパロディ動画が流行した。

　2020年にも、維新は大阪都構想を再提案した。新たに、大阪府・市は（審議会ではなく）特定の機関に委託し「10年で1兆円以上の歳出節約効果を生む」との試算を得て宣伝したが、これに対して、試算は大阪市と特別区の歳出だけを比較し、大阪市の事務の多くを引き受ける府の巨額の歳出増を含まず虚偽だとの批判が出た（村上 2018）。住民投票では市議会への住民の請願が奏功し、投票用紙が適正化され「大阪市廃止」を明記したこともあり、僅差ではあるが否決された（『市政研究』2021：善教 2021：村上 2020：2023A：628-629）。

　大阪都構想が2回否決された後、吉村大阪府知事などが率いる維新は、「身を切る改革」のスローガンを前面に出し、宣伝体制を強化し、2020年代の選挙で伸びてきた。国会・地方議会の議員の数と歳費を各3割削減する「改革」案だが、維新の宣伝文書をリサーチすると、目的は「行政改革を公務員に説得するため模範を示す」「教育費無償化、財政健全化につなげる」などあいまいだ。節約額の小ささと、議会制民主主義に与えるデメリット【→4，9章】は、2023年現在ようやく少し指摘されはじめた段階だ。

◆実証的研究（2）——「需要サイド」

　ポピュリズムの「需要サイド」である支持者の特徴は、単純化と攻撃性を歓迎する「大衆」的な意識なのか、あるいは社会経済的な不利益なのか。

　米国の大統領選挙では、日本より詳細なマスコミの出口調査によって、ポピュリズムとは何かを探究できる。図表7-2によれば、単純化した攻撃的な発言のトランプ氏に投票したのは、大学教育を受けていない白人や、政治家に単純に「変化」を求める有権者が多く、所得階層とは関係しない。詳しい分析を要するが、「政治から見捨てられた低所得者の反乱」というよくある（ポピュリズムを人民主義と好意的にとらえる）解説は、単純に過ぎる。

　英国でのEU離脱を問う国民投票では、リベラル層、若い世代、高学歴の有権者ほどEU残留を好む傾向が見られた（佐々木編 2018：The Telegraph, 22 JUNE 2016）。ただしこれは、低賃金労働者や衰退地域ほど移民労働者の流入に反発した可能性もある。イギリスの新聞論調は分かれ、失業やテロ事件などと関連してEU内部での人の自由な移動に危機感を持つ脱退論が、非合理とは言えな

図表7-2　2016年アメリカ大統領選挙の出口調査

（1）学歴、民族と投票先

学歴、民族　　　　　　　　　　投票先	クリントン（民主党）	トランプ（共和党）
白人で、大学を卒業（37％）	45％	49％
白人で、短大・高校卒業など（34％）	28％	67％
白人以外で、大学を卒業（13％）	71％	23％
白人以外で、短大・高校卒業など（16％）	75％	20％

（2）「大統領選挙で投票を決めるときに、候補者の資質のなかで最も重視したもの」と投票先

重視した資質　　　　　　　　　　投票先	クリントン（民主党）	トランプ（共和党）
私のような人々に配慮してくれる（15％）	58％	35％
必要な変化をもたらすことができる（39％）	14％	83％
適切な経験を持っている（21％）	90％	8％
適切な判断力を持っている（20％）	66％	26％

（3）2015年の家族の収入と投票先

家族の収入　　　　　　　　　　投票先	クリントン（民主党）	トランプ（共和党）
＄30,000未満（17％）	53％	41％
＄30,000 - ＄49,999（19％）	51％	42％
＄50,000 - ＄99,999（31％）	46％	50％
＄100,000 - ＄199,999（24％）	47％	48％
＄200,000 - ＄249,999（4％）	48％	49％
＄250,000以上（6％）	46％	48％

注：他に2人の候補がいたこともあり、合計は100％にならない。
出典：（CBS NEWS 2016）

いかもしれない。

　大阪都構想をめぐる住民投票（2015年）について、市民への調査によれば、「大阪市廃止」を正確に認識していた人（わずか8.7％）は、「反対」に傾いたが、それ以外の誤った認識を持つ人は「賛成」に傾いた。とくに、狭い特別区は、

都市計画や産業政策の権限を持たず一般市以下の存在なのに、「大阪市と同じ力を持つ」と誤解する人が35.8％で最多だった（宮川・田中・藤井 2016）。同様に、（野田 2020：表2、図1）の実験的調査によれば、「大阪都」に関する肯定的情報だけを与えたグループでは、肯定的・（やや）否定的な情報をともに与えたグループよりも、大阪都への賛成者がかなり多くなった。

　2つの意識調査に従えば、維新が掲げる「大阪都」への高い支持は、維新の市長等が市の廃止やマイナス面を説明せずに肯定面だけを宣伝した影響であり、ポピュリズム（人民主義ではなく扇動政治という意味での）だと見てよい。

　以上の支持層の特性は、大衆社会モデル【→Ⅰ部5．、2章】に近いかもしれない。大衆とは、20世紀後半の社会学で重視された概念で、自律的に考えるよりも、強者や多数派に同調しやすい人々を指す。

◆台頭の背景

　ポピュリズム台頭の背景について、以上の分析をまとめつつ列挙すると、①政党や労組による政治的組織化の衰退、②中東での内戦に由来する大量の移民やテロ（欧米）、③経済格差などによる有権者の不満、④経済格差や新聞購読・会話の減少などによる有権者の「劣化」、⑤扇動技術の発達、⑥大統領や首長の直接選挙という制度が、検討に値する。

　⑤は単純で攻撃的な宣伝が、メディア（情報伝達媒体）の変化で容易になっているという見方だ。新聞が詳細な、かなりバランスのよい情報を提供できるのに対して、ツイッターのような新しいツールは、政治家が記者会見と違い質疑の機会なしに発言したり、仲間内で感情的なコメントを強化し合うのに適する。テレビも、視聴率競争に勝つために、しばしば威勢の良い人気解説者にチャンスを提供する。

◆ポピュリズムと民主主義の関係

　この論点を考えるには、民主主義の4つの理念【図表6-2】と照合するのが分かりやすい。ポピュリズムは、「多数派の支配」だけを強調し、選挙で支持され勝った事実とそれにもとづく制度的権限を用いて、反対意見を含む多元主

義、熟議や説明責任、（有利になる場合以外は）個別問題に関する市民の直接参加という他の3つの理念を、否定する傾向が強い。

◆ポピュリズムへの擁護と批判

　ポピュリズムの背景に議会制民主主義の機能不全があり、それに対する問題提起や改革機能を果たせる（吉田 2011：3章；水島 2016：1章）という見方には、一理ある。

　しかし、そうした改革は、他の政治主体も、時間はかかっても進められることが多い（参考、図表1-2）。また、ポピュリスト政権は、いくつかの変化を実現したとしても、第1に、攻撃的で反多元主義的ゆえに、競争的な民主主義を破壊するリスクがある。人気が高くかつ批判者が抑え込まれれば、かなり強固な専制政治が生まれる（ミュラー 2022：1章）かもしれない。（例、大阪府・市での維新の圧倒的な強さ）第2に、政策面でも、複雑な問題の単純化と、異なる意見への無視や攻撃は、一般には、長所・欠点・代替案・他の事例についての情報や討議を通しての合理性を、損ないやすい（大阪での維新による事例では、地下鉄なにわ筋線は費用対効果がまずまずで、私立高校の無償化は―民主党政権の公立高校無償化と同じく―有益な新規政策だが、大阪市廃止の「改革」案や、カジノ誘致を目的としたコストのかさむ埋め立て島での万博の決定は、十分に説明議論されなかった。）

　したがって、繰り返しになるが、ポピュリズムの理解と研究においては、「需要サイド」の意識調査・選挙データなどの量的研究だけではなく、「供給サイド」の扇動・宣伝、政策内容の分析、競争者（他政党、マスコミなど）の対抗宣伝などの質的研究に努めなければならない。

◆対抗策は？

　政治家は（政策とともに）権力と再選を追求するという政治学の通説に従えば、社会的不満や強いリーダー待望という土壌がある限り、雄弁で冷徹な政治志望者がポピュリズム戦術を採用し、一定の支持者が集まることは「合理的」であり、あちこちで繰り返されても不思議ではない。

　欧米でリベラル派と穏健保守がどのように右派ポピュリズムに対抗している

か観察することは、教育的だ。大阪でも、2015年と2020年の住民投票では、市民、研究者、地元自民党、民主党、共産党などの広い連合が、維新の提案と宣伝を独自に分析して批判し、高投票率のもとで大阪都構想を否決に追い込んだ。けれども知事・市長選挙になると投票率が下がり、維新の会が勝つ結果になった（村上 2016）。

　ポピュリスト政治家の支持層は、他の人気のある政治家や政党が吸収できる。

　ファクト・チェック（事実確認）という活動が、アメリカなどで広まっている。それはマスコミや研究所、政党の検討作業を必要とするが、ポピュリストが意図的に駆使する虚偽宣伝を抑止するために役立つ。

　ポピュリズムはしばしば攻撃的なので、言論と政治参加の自由を守る必要がある。大阪で、橋下氏の攻撃・抑圧に対して労働組合は、裁判所や労働委員会に提訴して一定の成果を得た。地域や団体内部の力関係から「自立」した法律を利用し、裁判や労働委員会などで争うことは十分に可能で、かつ効果がある。市民は集会やデモを行い、「大阪都」を「大阪市廃止構想」と呼び換え、インターネットなどで対抗情報を宣伝した（藤井・村上・森編 2015）。

　ポピュリズムのリーダーやコアメンバーの意見を修正するのは難しい。自らの力と「正義」を信じ、異説を単なる敵として憎み無視することに慣れている（参考、スタウト 2012）から。けれども、ポピュリズムの支持者の認識や意見は変わりうる。リベラル派や穏健保守派は、（ポピュリズムからも学んで）鋭いメッセージを伝え、同時にポピュリズムが指摘する問題の改善に取り組まなければならない（同趣旨、山口 2010：124-125：ミュラー 2017）。

■注

1）　指定都市（政令市、政令指定都市とも呼ぶ）とは、大都市自治の強化のために、府県の権限等の一部を市に委譲する制度で、ドイツ、アメリカ、イギリス、フランスなどに類例がある（澤井・村上・大阪市政調査会 2011：33）。ただし府県は市が府県並みの地位を持つことに反発し、逆に一部の指定都市は府県から完全独立して「特別市」を目指すなど不満があるが、双方が一定のメリットを得られる折衷的な制度でもある。

2）　攻撃された被害者は多く、（香山 2012；村上 2012：714-716、758）なども参照。筆者も、「大阪都」のブームが頂点に達した頃、マスコミの人に「大阪市を廃止しその権限

を府が吸収する集権化だ」と言うと、「そう解説して、維新の会は抗議してきませんか」と、不安そうに聞かれたことがある。

3）　橋下氏の徹底的で広範な攻撃性は、過去の闘争的な日本社会の残像を思わせるが、「エリート」への深い軽蔑と敵対心にももとづく。同氏が知事になる前に書いた『まっとう勝負！』（小学館）や『心理戦で絶対負けない交渉術—どんな相手も丸め込む48の極意！』（日本文芸社）を参照。同氏の経歴については多くの記事があり、「政治には独裁が必要」「ウソつきは政治家の始まり」という発言も、研究をインスパイアする。

4）　言論の自由や参政権にかかわる重要な問題なので、大阪弁護士会が広報した「会長声明」から、一部を引用する（大阪弁護士会 2012）。「例えば、時間外、休日において、ツイッターあるいはブログで原発の稼働について反対あるいは賛成の意見を述べること、あるいは、原発稼働反対のデモ行進の参加を呼び掛けることさえも、禁止の対象となりかねない。」「かかる過度に広範かつ不明確な規制は、民主主義の根幹である表現の自由、政治活動の自由に対して、多大な萎縮的効果をもたらすものであり、規制は必要最小限のものとは言えず、違憲の疑いがあると言わなければならない。」「しかも、この条例案では、政治的行為をした場合、懲戒免職を含む懲戒処分が予定されており、刑事罰として罰金を科されるよりも重大な不利益を受ける可能性がある。」

5）　横浜、名古屋、神戸、京都などでは指定都市の廃止論は、見向きもされない。東京市の不在は、1943年に強制的に廃止されたためで、住民の選択ではない。パリ市、ベルリン都市州、ロッテルダム市でも広域の州などへの一元化構想は否決または断念された。

■参考文献　＊本文中カッコ内の文献、および参考書を示す。

朝日新聞大阪社会部『ルポ・橋下徹』朝日新聞出版、2015年

有馬晋作『劇場型ポピュリズムの誕生』ミネルヴァ書房、2017年

有馬晋作『暴走するポピュリズム—日本と世界の政治危機』筑摩書房、2021年

『Voters』No.36（特集：ポピュリズムを考える）、2017年、ウェブサイトも

内山融『小泉政権—「パトスの首相」は何を変えたのか』中央公論新社、2007年

大阪弁護士会「大阪市の「職員の政治的行為の制限に関する条例案」に反対する会長声明」2012年

　　（http://www.osakaben.or.jp/web/03_speak/kanri/db/info/2012/2012_50091d8675810_0.pdf）

大嶽秀夫『日本型ポピュリズム—政治への期待と幻滅』中央公論新社、2003年

大串敦「ロシアのポピュリズム的個人支配体制の成立とその問題」東京財団政策研究所ウェブサイト、2021年

香山リカ『「独裁」入門』集英社、2012年

小西禎一・塩田潤・福田耕『維新政治の内幕—「改革」と抵抗の現場から』花伝

社、2023年

コラレス、ハビエル「トランプの敗北が世界的に見て「異例」だった理由」『ニューズウィーク日本版』2021年2月18日、ウェブサイト

佐々木毅編『民主政とポピュリズム——ヨーロッパ・アメリカ・日本の比較政治学』筑摩書房、2018年

澤井勝・村上弘・大阪市政調査会編『大阪都構想Ｑ＆Ａと資料——大阪・堺が無力な「分断都市」になる』公人社、2011年

産経新聞2024年1月31日「「記者を袋叩き」は重要部分が真実　橋下徹氏の請求棄却　大阪地裁」

塩田潮『解剖日本維新の会——大阪発「新型政党」の軌跡』平凡社、2021年

『市政研究』（特集、住民投票を振り返って）2021冬号、2021年

スタウト、マーサ（木村博江訳）『良心をもたない人たち』草思社、2012年

善教将大『大阪の選択——なぜ都構想は再び否決されたのか』有斐閣、2021年

高橋茂「異例ずくめの「大阪都構想」住民投票」『Voters』No.27、2015年、ウェブサイトも

中野晃一『右傾化する日本政治』岩波書店、2015年

日本経済新聞2023年2月7日「ポピュリズムの勢いに陰り」（The Economistの記事）、ウェブサイト

野田遊「大阪都構想の賛否の程度は情報提供で変化するか？」『同志社政策科学研究』21巻2号、2020年、ウェブサイト

BBC NEWS JAPAN 2023年12月12日「ポーランドで親EU政権誕生、トゥスク氏が新首相に選出」

フィナンシャル・タイムズ「扇動政治、民主主義を脅かす　不安と怒り利用　独裁化の懸念も」2016年12月21日（日本経済新聞ウェブサイト、2016年12月25日）

藤井聡・村上弘・森裕之編『大都市自治を問う——大阪・橋下市政の検証』学芸出版社、2015年

フランツ、エリカ（上谷直克・今井宏平・中井遼訳）『権威主義——独裁政治の歴史と変貌』白水社、2021年

松谷満『ポピュリズムの政治社会学——有権者の支持と投票行動』東京大学出版会、2022年

松本創『誰が「橋下徹」をつくったか——大阪都構想とメディアの迷走』140B、2015年

真山達志「ポピュリズムの時代における自治体職員の行政責任」（日本行政学会

　　　編『年報行政研究』52、ぎょうせい）、2017年

水島治郎『ポピュリズムとは何か─民主主義の敵か、改革の希望か』中央公論新
　　　社、2016年

水島治郎編『ポピュリズムという挑戦─岐路に立つ現代デモクラシー』岩波書店、
　　　2020年

宮川愛由・田中謙士郎・藤井聡「接触メディアが大阪都構想を巡る有権者の政策
　　　判断に及ぼす影響に関する実証的研究」『土木学会論文集Ｄ３（土木計画学）』
　　　Vol.72、No.4、2016年

ミュラー、ヤン＝ヴェルナー（板橋拓己訳）『ポピュリズムとは何か』岩波書店、
　　　2017年

ミュラー、ヤン＝ヴェルナー（山岡由美訳）『民主主義のルールと精神─それは
　　　いかにして生き返るのか』みすず書房、2022年

村上弘「日本政治と「維新の会」─道州制、首相公選、国会縮減の構想を考える」
　　　『立命館法学』2012年４号、2012年

村上弘「日本政治におけるポピュリズム─2015年の「大阪都」、「維新」、有権者」
　　　『立命館法学』2015年５・６号、2016年

村上弘「大阪都構想再否決」現代ビジネス、2020年、ウェブサイト

村上弘「「大阪都」＝大阪市廃止・特別区設置の経済効果─大阪府の歳出膨張、
　　　特別区の財政効率の予測を中心に」『立命館法学』2018年４号、2018年

村上弘「2022参議院選挙における政党の宣伝」『立命館法学』2022年４号、2023
　　　年＝2023A

村上弘「立憲民主党の役割と課題、「維新の会」のポピュリズムと「強さ」─「身
　　　を切る改革」のデメリットと節約額は、なぜ論じられないのか」『立命館法学』
　　　2023年３号、2023年＝2023B

薬師院仁志『ポピュリズム─世界を覆い尽くす「魔物」の正体』新潮社、2017年
山口二郎『ポピュリズムへの反撃─現代民主主義復活の条件』角川書店、2010年
吉田徹『ポピュリズムを考える─民主主義への再入門』NHK出版、2011年

Bundeszentrale für politische Bildung, ‘Aus Politik und Zeitgeschichte 2012:
　　　Populismus’, 2017, website

CBS NEWS, Presidential Election Results（with exit poll）, 2016, website
　　　（http://www.cbsnews.com/elections/2016/president/）

The Economist, Dec 15th 2014, ‘Japan's snap election result’, website

European Center for Populism Studies, DICTIONARY OF POPULISM >populism, visited in 2023, website

The Guardian, 1 Nov 2021, Japan election: rightwing populists sweep vote in Osaka

Guiso,L./ Herrera,H./ Morelli,M./ Sonno,T., Demand and Supply of Populism, 2017, website
　(https://populism.wcfia.harvard.edu/files/global-populism/files/newghms300917_withfigure.pdf)

Murakami, Hiroshi, Measurement for Comparative Social Attitude ─ From a Perspective of Japan and Osaka, Ritsumeikan Law Review, 2017

Schreurs, Miranda A., 'Japan', in: Kopstein, Jeffrey / Lichbach, Mark / Hanson, Stephen E. (eds.), Comparative Politics : Interests, Identities, and Institutions in a Changing Global Order, 4 th ed., Cambridge University Press, 2014

The Telegraph, 22 JUNE 2016, 'EU referendum: Which type of person wants to leave, and who will be voting to remain?', website

the United States Holocaust Memorial Museum, STATE OF DECEPTION: THE POWER OF NAZI PROPAGANDA, website

8章　日本の選挙と政党システム
——なぜ、リベラルは保守より弱いのか

◆ 「1955年体制」とその変動

第二次世界大戦での降伏・終戦後、日本の復興が進み混乱が一段落した1955年、「革新」（中道左派）の社会党が誕生し、「保守」（中道右派）側では自由党と日本民主党が「保守合同」して、自由民主党が発足した。この政党システム【→2章】を「55年体制」と呼ぶ。一見、2大政党制のようだが、社会党は自民党（自由民主党）の勢力の半分程度という選挙結果が続いていたので、マスコミは「1か2分の1政党制」と名づけ、政治学者は「自民党1党優位制」と呼んだ。

それでも、経済社会の貧しさや国際的な冷戦（資本主義国・社会主義国の対立）の影響もあって、保守・革新のイデオロギー距離は大きく、論争や対決が繰り返されたので、政治には緊張感があった。保守側の与党・自民党は長期政権を維持し、法律や予算を国会で可決した。自衛隊の整備、アメリカとの安全保障条約などの防衛政策を進めたが、憲法9条の制約から「軽武装」「専守防衛」の路線をとった【→I部10.】。同時に、道路・鉄道等の整備や企業への支援で高度経済成長を実現した（社会党などに近い労働組合の賃上げ要求も、経済成長を需要面で支えた）。ただし、革新側の野党（社会党、共産党など）が世論の応援を得て強く抵抗する争点では、限界があった。自民党が派閥に分かれていたことも、「独裁」へのブレーキになった。さらに野党や諸団体からの要求や批判を受けつつ、自民党政権は福祉、都市・住宅整備、公害（環境汚染）対策などの政策でも、一定の改善を進めた。

日本国憲法の改正発議には両院の3分の2以上が必要（96条）なので、自民党は、占領下で制定された「民主的・平和主義的すぎる」憲法を変える党の方針を、野党に阻まれていた。

一方、「万年野党」とからかわれた社会党は、自民党を監視・批判し、民主的な憲法を守る役割は果たしたが、政権に就く展望はなく、しばしば「何でも

反対する」「批判だけで責任ある政策を示さない」と批判された。もっとも、地方レベルでは共産党などと協力し知事、市長を当選させて「革新自治体」を生み出し、公害防止、福祉、都市整備などの成果をあげた。

　先に、政党システムの変動（参考、国立国会図書館　調査及び立法考査局 2014：森本編 2016：序章）の側面に注目すると、4つの時期が見出せる【図表1‐2】。

　1960年代に、自民党と社会党はともに徐々に議席を減らし、戦前からの伝統を持つ共産党や、新興宗教団体を基盤にする公明党などが、生活条件の厳しい大都市を中心に人々を組織化し力を伸ばした（多党化現象）。

　1980年代と90年代には、政治家の汚職事件を契機に、自民党のなかの「クリーン」な議員が政治改革を掲げて新党を作り、ブームを起こした。代表的なものが、新自由クラブ、および日本新党である。これらの穏健派の保守新党のうち、日本新党は93年の非自民政権を主導したが、長くは存続せず民主党に参加することになった。

　1996年に結党された民主党は、旧社会党の多くから、市民運動、保守の穏健派までの政治勢力を集めた連携型の新党だった。この試みは、相対的に弱い日本のリベラル・中道左派の勢力が、小選挙区制のもとで無力化されないための唯一の可能性だったとも解釈できる。並行して保守系の新進党（のちに自由党）も結成されたが、競争に勝った民主党は2000年代に勢力を伸ばした。

　1993年の自民党の（一時的な）野党転落とその後の社会党の衰退によって、「55年体制」は終わったと考えられている。

　2009年の民主党政権以降に登場したのが、みんなの党、維新の会、希望の党、れいわ新撰組などだ。とくに維新は、80〜90年代の中道寄りの保守新党とは違って、自民党と同じかより右に位置すると思われる【→7章】。なお、2011年の世界最大級の福島の原発事故にもかかわらず、ヨーロッパのような環境保護（エコロジスト）政党が伸びないのは、日本の不思議だ。[1]

◆自民党の1党優位制とその原因

　政党システムの継続面に注目すると、1955年から1993年まで、日本は先進国で珍しい「1党優位制」で、自民党の長期政権が続いた（当時のイタリア、ス

ウェーデンも一党優位制だったが、実は第2政党との差は日本ほど大きくなかった）。特別な事情があるはずだと、政治学は次のような原因を捜し出した。

　①自民党の「包括政党化」―右寄りのナショナリズムより経済成長を重視し、福祉、環境政策でも少しずつ改善を進め、さらに公共事業、農業、中小企業への補助によって幅広い支持の獲得に努めた。最後の部分を批判的に見ると、与党の地位を利用して利益誘導を行い、「与党である故に与党であり続ける」構造とも言える。80年代、自民党は綱領からの「自主憲法の制定（改憲）」の削除を議論したくらい、中道寄りになったこともある。

　②正統性、政権担当能力のイメージ―社会党の「非武装中立」（自衛隊違憲論）などの非現実的主張も一因になり、野党支持者でも自民政権をやむを得ないとする人が多かった。

　③中選挙区制―各選挙区の定数が3〜5の制度のもとでは、第2政党の社会党は「共倒れ」を恐れて1人に候補を絞るのに、自民党は複数候補を立て、それが必死で競争し、その段階で既に勝負がついていた。また自民党は同一選挙区で各候補を支援する党内の派閥が確立し、人事、資金などを配分しつつ忠誠を得るメカニズムとして機能し、また派閥間での「疑似政権交代」で世論の不満をなだめた（以上は、村松・伊藤・辻中 2001：143-154、164-168を参考にした）。

　さらに、つぎのような原因も働いただろう。

　④地方議会での保守優位―自民党または保守系無所属が優越し、かつ各府県での国政選挙得票率をさらに上回る構造がある【→4章】。

　⑤長期政権のなかで、自民党議員は分野ごとに「族議員」を形成して、行政官僚制と結合し【→3章】、政策知識や政治の運営能力、地元への利益還元（利益誘導）の能力を高めた。厳しく言えば、自民党は「国家資源を独占的に利用」してきた。他方、野党政治家は、州政府が議院内閣制を採るドイツ、カナダなどと違い、地方レベルでも首長になる以外は政権担当の経験を積めなかった。

　⑥企業、経済団体、業界団体から豊富な政治資金と、選挙での支持が提供された。

　⑦権威や強い者に従順で、かつ感覚的な日本文化の傾向【→2、7章】。

◆衆議院への小選挙区制の導入

　1993年、政権交代で誕生した細川内閣は、政治改革の名のもとで、衆議院選挙に「小選挙区比例代表並立制」を導入した。（当初は）300議席を小選挙区制で、200議席をブロックごとの比例代表制で選ぶ制度である。

　小選挙区制の導入目的としては、①支持が下がってきた自民党の１党優位、長期政権を人為的に維持しようとする意図と、②それまでの中選挙区における自民党候補どうしの競争を斥け「政党本位の選挙」を実現して、２大政党化と政治的腐敗の防止を期待する期待とがあった。②はマスコミや政治学者の一部も賛同し、２つの意図が「同床異夢」で協力して、選挙制度が根本的に変更された（参照、中北 2012：１章）。実際、その法案は野党・自民党の賛成も得て1994年３月に可決され、96年の選挙から実施されてきた。

　これに対して、小選挙区制は大政党に有利で、少数意見を排除し、保守の権力強化（上の①）を狙っているという批判論が、おもに中道左派の政党（社会党、共産党）や政治学者の一部から主張された。ただし、①②どちらのシナリオが現実になるかは、政党や有権者の動向によるところが大きい（参考、川上 2022）。

◆小選挙区制の政党システムに対する影響

　小選挙区制中心の新たな衆議院選挙は、大政党に有利な作用や、政党間競争を促す作用を持っている。それは確実に、政党システムの再編を引き起こすことになった。ここで選挙研究は、「有効政党数」だけで済ませずに、政党間の議席格差や得票と議席の「非比例度」（disproportionality）も測定する方がよい（Caramani 2020：241-244）。

　90年代の選挙結果の推移（中北 2012：石川・山口 2021）を見よう。1993年から2003年への衆議院選挙得票率（96年からは比例代表で見る）において、共産党は変化がないが、社会党（党名を社民党に変更）は15.4％から5.1％まで縮小した。多くの議員が新たに結成された民主党に移籍したのだった。93年に合わせて20.8％を獲得した穏健派の保守新党—新生党、日本新党、さきがけ—も、新進党に集まるなどしたあと、97年に同党が解党し多くが民主党に移籍した。

　以上とは別に、有権者の構造変化も顕著で、政党再編の混乱・失望を反映し

てどの党も支持しない「無党派層」が急増した。長期与党として支持団体や地元へのサービスで包括政党化した自民党においてさえ、集票組織の衰えが指摘されるようになった。

　ところが、民主党など野党に逆転された参院での過半数確保を大義名分として、1999年、自民は公明と連立政権を組んだ。自民党は禍を転じて、支持基盤の弱まりを固い宗教組織で補うことができたわけだ。公明党の側にも、小選挙区で議席を維持するために自民の協力が欲しかった。それまで一定の緊張関係にあった両党の連携は、小選挙区制の副次的効果の１つだった。

◆比例代表制の政党システムに対する影響

　小選挙区制による大政党（または第１党）の有利さを、比例代表は緩和するが、議員数が小さく効果は限られる。他方で、別の重要な効果として、第２党以下の多党化の傾向がある。

　比例代表制は、中小政党の生き残りを可能にする。これに該当するのは、選挙制度改正後の1990年代には、既存の共産党、社民党、公明党、さらに自民党分裂等から生まれた穏健な保守政党だった。2010年以降には、比例代表の恩恵を受けて、保守またはその右派に属する維新の会やみんなの党が伸びた。

　ところが中小政党の分立は、選挙区で自民党をより有利にする。中小政党は選挙区では議席を取れないが、比例代表での集票のために候補を立てようとするので、その選挙協力がやや阻害されるためだ。

　小選挙区比例代表並立制では、２種類の選挙制度がそれぞれ、政党の統合と分散化の方向に働く。分散化しても中道右派と中道左派で「ブロック」（連合）を作れば、政党システムのバランス・競争、統合をある程度維持しつつ、多様な民意を反映できるだろう。日本もその方向に進んで2009年の民主党政権が生まれたが、2010年代には自民党の優位が復活した。したがって、日本の国政選挙の状況は、以下で述べるように、「デュベルジェの法則」や混合型選挙制度の効果だけでは説明できない（村上 2021：349-351）。

◆政党得票率による分析

　2009年以降の国政選挙について、まず図表8-1で、各政党の比例代表得票率の推移を検討してみよう。（このようなデータは有権者教育の基本なので、政治学会が要請し、政府のウェブサイトや高校までの教科書に載るように改善するべきだ。）

　なお、表の直前の2005年参院選では自民38.2%、民主31.0%、2007年衆院選では自民28.1%、民主39.5%と、2大政党化の傾向が見られ、それぞれ小泉首相、民主党のブームが起こっていた。表の左側に示すように、民主党は2009年衆院選で圧勝し政権交代したあと、10年参院選（得票率では勝ったのに）と12年衆院選に大敗し、その経緯は後で述べる。

図表8-1　おもな政党の比例代表得票率の推移

	2009年	2010	2012	2013	2014	2016	2017	2019	2021	2022
	衆院	参院	衆院	参院	衆院	参院	衆院	参院	衆院	参院
自民党	26.7	24.1	27.6	34.7	33.1	35.9	33.3	35.4	34.5	34.4
公明党	11.5	13.1	11.8	14.2	13.7	13.5	12.5	13.1	12.4	11.7
民主(民進)党	42.4	31.6	16.0	13.4	18.3	21.0	—	—	—	—
立憲民主党	—	—	—	—	—	—	19.9	15.8	20.0	12.8
国民民主党	—	—	—	—	—	—	—	7.0	4.5	6.0
希望の党	—	—	—	—	—	—	17.4			
維新の会	—	—	20.4	11.9	15.7	9.2	6.1	9.8	14.0	14.8
共産党	7	6.1	6.1	9.7	11.4	10.7	7.9	9.0	7.3	6.8
れいわ新選組	—	—	—	—	—	—	—	4.6	3.9	4.4
みんなの党	4.3	13.6	8.7	8.9						
未来の党	—	—	5.7							
社民党	4.3	3.8	2.4	2.4	2.5	2.7	1.7	2.1	1.8	2.4
参政党	—	—	—	—	—	—	—	—	—	3.3
NHK党	—	—	—	—	—	—	—	2.0	1.4	2.4

注：総務省資料に基づいて、著者が作成。衆参の数字は、制度の違いもありそのまま比較できない。また、政党への支持を示す比例代表の得票率だけを示している（得票数は投票率に応じて変わる）が、選挙区の方では、候補者の力量、他政党との選挙協力・候補者調整、中小政党の候補者擁立見送り、有権者の選挙区・比例代表での投票先政党の分散（2票の使い分け）などが原因で、各党の得票率はこのデータとは異なりうる。より長期間の詳しいデータは、（石川・山口 2021）（上神・三浦編 2023：表2-1）などが便利だ。

★表の右端に紙を張り付け、以後の選挙結果を記録してはいかがだろう。

　この表全体の中期的データからは、①各政党の盛衰が分かり、②政党間の票の移動も推定できる（例、注目する人が少ないが、2012年以降の民主党の得票の増減と、自民党の増減はあまり負の相関関係にならない）。さらに③各政党の安定した支持層つまり「基礎票」（村上 2017：739-740）が、最低ラインから推定できる。

　保守系の自民党の得票率は、小選挙区導入前の90年代よりは大きく下がり、またマスコミが「大勝」と報じる議席占有率よりも低い（上神・三浦編 2023：表2-1）が、33〜36％の水準で安定し、敗北しても25％以下にはならない。これに対して、リベラル系の民主党（民進党・立憲民主党）は基礎票が20％以下で、上下の変動が激しい。つまり、保守とリベラル・中道左派の支持層が均衡する他の先進国と違って、日本は自民・立憲民主のあいだに格差があり、さらに1割の公明票が（小選挙区で）連立政権を組む自民に協力する。この保守・リベラルの非対称性の原因は諸説あるが、すぐに変えにくいとすれば、自民党に対抗するためには、立憲民主、共産、社民、国民民主などの選挙区での協力（または候補者調整）が不可欠だと言える。実際、図表8-1でそれらの政党の得票を合計すれば、自民・公明の合計と近い数字になる。なお労働組合の支援を受ける政党が、4つも分かれて存在するのは、先進国では異例のことだ。

　表からは、リベラル政党が直面する新たな課題も読み取れる。2009年にみんなの党、12年に維新の会という保守系新党が登場し、民主党がかなり依存していた非自民層・無党派層の票を、吸収するようになった。表を見ると、民主（民進・立憲民主）の得票率は、維新・みんなの党の伸びに反比例する。保守系の維新が（おそらくポピュリズム的な宣伝のゆえに）リベラルに近い有権者の票を吸収する不思議なメカニズムは、世論調査や、都道府県別の比例得票率を用いた分析でも確認される（村上 2021：366-371）。

　なお、共産党、公明党はそれぞれ安定したシェアを示し、それ以外の部分でシェアの移動が起こっている。

　この章では自民党、民主（立憲民主）党について解説する。おもな政党の綱領や理念は、2章を参照。さらに維新の会は7章で解説したが、その選挙での強さは、1ダースほどの（他党も参考にするべきもの、弊害の大きいものを含む）独特の戦術や理由（詳細、村上 2023B）から生じている。

◆小泉政権と「強い首相」

　2001年から5年を超えて続いた自民党・小泉政権では、日本を活性化する構想として「構造改革」や郵政民営化を掲げるとともに、後者に反対する党内の「抵抗勢力」を攻撃するポピュリズム的手法が成功し、自民は2005年の衆議院選挙で、296議席を得て大勝した。この衆院選では、明るい選挙推進協会の調査によれば、自分を「保守的」と考える人はもちろん、「革新的」と考える人でも2〜3割が自民党に投票した。かなりの有権者にとって、保守か革新か（右か左か）という従来の政治の対立軸が、「既得権か改革か」という、あいまいだが分かりやすいアピールによって、置き換えられたと解釈できる。

　これは、保守側の新たな戦略の可能性を示すものだった。つまり、小さな政府を強化しつつ、しかしそれを保守ではなく「改革」として提示する【→5章】戦略である（問題点を解決する側面もあるが）。小泉首相はこれを、「自民党をぶっ壊す」というセリフで表現した。

　小泉政権は、銀行の不良債権の抜本的処理や、緊縮財政といった難題でリーダーシップを示した。他方、派遣労働の規制緩和（つまり拡大）を進めて不安定・低賃金雇用を増やした。小泉首相から衆議院の圧倒多数を引き継いだ安倍、福田、麻生政権では、大臣の問題発言等のミスや、派遣労働増加による格差社会の顕在化で、自民の支持率は下がっていく。批判票の受け皿となったのは、民主党だった。

◆政権交代──民主党政権の失敗と成果

　日本で事例が少ない政権交代なので、少し詳しく記録する（参考、上川 2013；伊藤・宮本 2014など）[2]。野党のうち、保守系の新進党に代わって伸びたのが民主党で、96年に衆院比例代表で16.1％の成績からスタートし、2003年には37.4％に伸ばして、自民を超えた。このブームにも乗って、2009年の衆院選で、「政権交代」「コンクリートから人へ」をスローガンに308議席を得て大勝し、社民党などとの連立政権をスタートさせた。

　しかし、民主の支持基盤はそれほど強いものではなかった。最大の支持団体である労働組合の「連合」でさえ、公明党の母体である創価学会と同じ程度の

規模で、かつ動員力は劣る。それでも、候補者の人材で見ると、社会党は労働組合に依存していたが、民主党はそれに加えて、松下政経塾出身者など中道・穏健保守の政治家や官僚、および弁護士、専門職などのリベラル派市民をリクルートした。そうしたイノベーションと中道寄り路線が奏功して、民主党は、80年代の社会党が得ていた20％の得票率を５〜10％超えて、小選挙区制という厳しい環境にかろうじて適応したのである。

　さて、民主党政権では、政策推進の体制において、２つの「大改革」の試みがともに困難に直面した。

- 「脱官僚」のスローガンで、官僚レベルの事前調整機関である事務次官会議を一時廃止するなど、政策決定からの官僚の排除が試みられた。行政官僚が政策を準備・調整する機会・意欲が失われ（日本再建イニシアティブ2013：２章）、官僚の反発や非協力を招いた可能性さえある。実は、当時はマスコミや学者も官僚主導の象徴として事務次官会議を批判していたのだが、傲慢な政治主導であり政権担当能力が未熟だと批判される結果になった【図表３-２】。
- それに代わるはずの政治主導も、党内のリーダーシップや意思決定が不安定だった（党内の分裂、党の理念の不統一、意思決定システムの弱さ）。
- 参議院で与党少数の「ねじれ国会」が発生する。2010年の参議院選挙で早くも、菅首相の消費税引き上げ発言や、みんなの党の参入もあって民主党は敗れた。野党になった自民党は参議院を拠点にして、重要議案に反対するなど攻勢に転じ、「民主党の統治能力不足」のイメージを作った。

各種の政策は、進まないか、国民の支持率の確保に配慮が足りなかった。

- 2009年衆院選のマニフェストに子ども手当を「月額２万６千円」と明示したゆえに、財源不足による金額の不足が「ウソつき」と非難された。
- 鳩山首相が、沖縄の米軍普天間基地の国外・県外移設を十分な準備なく宣言して挫折し、退陣した。
- 外交政策での困難は、以前の自民党政権時代からの問題ではあるが、中国や北朝鮮の軍拡が強まった。
- 東日本大震災（2011年）による福島原発の大事故の責任が、もっぱら菅首

相と民主党政権にあるとする非難が広がった（後述）。

- 野党の自民・公明と共同した消費税引き上げ（2012年）は、とくに民主党に対して有権者の不満を引き起こした。

他方で民主党政権は、自民党時代とは違う成果を挙げている（参考、日本再建イニシアティブ 2013；伊藤・宮本編 2014；竹中編 2017）。

- 事業仕分けによる数千億円規模の歳出削減
- 児童手当の充実
- 公立高校の無償化
- 福島原発事故のあとの、全原発停止の「実験」、原発規制の一定の強化。再生可能エネルギー電力の固定価格買取り制度の創設（2011年8月）は、菅（かん）首相が退陣と引き替えに国会に可決を要請したもので、脱原発と、地球温暖化につながる火力発電の削減のための、太陽光・風力発電等への移行を促進する制度的基礎を作った（日経エコロジー編 2013：50-57）。
- 消費税引き上げにおける福祉目的の明示
- 一定条件のもとでの、非正規雇用の無期雇用への転換制度（菅野 2014；名古屋法律事務所 2017）

また、憲法改正、道州制、日本の戦争責任のあいまい化、雇用保障の縮小といった、自民党的な「権威主義」ないしは「小さな政府」の政策を進めなかったので、リベラルな立場からは安心していられた。これらの成果面があまり評価・記憶されないのは、その理由自体が研究に値する。

◆2012年衆議院選挙——自民党が政権奪還

2012年秋、民主党・野田首相は衆議院を解散し、年末の総選挙は、自民（294議席）・公明（31）の連合が大勝、民主（57）が大敗、「日本維新の会」（以下、維新）が躍進（54）という結果になった。自民党のポスターで「日本を取り戻す」と訴えた安倍党首が、政権を取り戻し、首相に就いた。原発大事故の翌年の選挙で原発推進の自民が勝ったのは、ドイツが従来の政策ネットワークを超えた議論でエネルギー政策転換を決めたのと違い、不思議なことだ。リベラル派は「日本は右傾化した」と警戒を表した。

　とはいえ、政治学を学んだ人なら、議席数とともに得票率にも注目するべき
だ。自民党への支持を示す比例区得票率は27.6％で、前回より0.9％しか伸び
ていない（図表8-1、投票率低下のなかで得票数は微減）。この程度の支持が、公
明の協力、選挙制度のマジック、他の政党の分立によって、増幅されたという
のが、選挙の実像だ。けれども、マスコミ報道や世論（および政治学者？）は、
これを自民党の「圧勝」と報道・認識し、自民党政権の正統性は高まった。小
選挙区で、自民の得票率は、公明の協力を受けても43％だったが、大政党に有
利な制度により議席獲得数は237（定数300の約8割）と「圧勝」した。これは、
競争相手である民主の票の激減によるところも大きい。

　民主党ブームを支えてきた無党派層・非自民の有権者が、維新などの新党に
流れた。ある出口調査（朝日新聞2012年12月17日）によれば、無党派層の投票先
は、維新28％、自民19％、みんなの党14％、民主14％などとなった。さらに、
出口調査では把握できないが、前回民主党に投票した人が棄権した可能性があ
る。リベラル系の人々の発言や記事を読むとその主観的な失望が分かるが、棄
権は、客観的には保守の大勝を応援する「非合理的」な意思決定だった。

　民主党政権に対する有権者の審判が非常に厳しかったことは、間違いない。
さらに、民主党内の小沢グループが大挙離党して「未来の党」を作った影響も
ある。

◆2013年参議院選挙──自民の「1強政治」へ

　安倍首相は、「ねじれ国会のために、震災復興や経済再生が進まない」など
と演説し、参議院でも与党が多数を取って「ねじれ」（衆院・参院での多数派の
不一致）を解消させてほしいと訴えた。結果は、改選分121議席のうち自民党
が65を獲得し、2010年に選挙された非改選分と合わせて、与党である自民・公
明の議席は135（定数242の過半数）となり、政権は安定した。他方、自民党だけ
が強くなり、「1強多弱」とマスコミが呼ぶ政党システムが出現した。

　投票率の大きな低下のなかで、自民は比例代表得票率を34.7％まで伸ばした
（図表8-1）。「1人区」（小選挙区）で29勝2敗と圧勝した効果で、議席率はもっ
と大きくなった。民主の獲得議席は17で、「壊滅的惨敗」だった。

自民党への支持の伸びは、首相が意図する右派的政策よりも、まず経済に政権の重点を置くという賢明な作戦の成功だった。一種の「個人崇拝」を狙ってか「アベノミクス」と名づけられたその経済政策は、新たに大胆な「金融緩和」を導入した。それは、株高・円安（輸出に有利）を誘導し景気回復を実現した。

憲法問題では、安倍首相は権威主義的な改憲や96条改正【→9章】に熱意を示し、副総理も「ナチスが憲法を変えた手口に学んではどうか」という趣旨の発言をした。しかし、内閣支持率はあまり下がらず、それゆえマスコミの批判も、民主党政権に対してほどは強くなかった。

2012〜13年の選挙で有権者と選挙制度が造り出した、この「自民・公明連立政権に保守系の維新の会、みんなの党が協力する」政党システムの効果を示したのは、特定秘密保護法案が、世論や有識者の反対にもかかわらず、継続審議にもならずに短い審議で可決された事例（2013年12月）だった。

◆2014年衆議院選挙──超早期解散の真意と妥当性は？

21世紀初めの特徴的な国政選挙を解説したので、その後の選挙は紙幅の制約のため簡略に述べる（詳細、新聞・NHKのウェブサイト、石川・山口 2021；尾中 2023；村上 2017；2021；2022；2023Aなど）。

自民党・安倍首相は、前回の選挙からわずか2年という異例の早期に、衆議院を解散して総選挙に持ち込んだ。景気回復で支持率が高いうちに、かつ増税先送りをアピールして選挙を戦い、衆議院での優位の規模と期間を延長しようとしたと推測され、党利党略、恣意的な解散権の行使であると批判もされた。

結果は、自民党が291議席と圧倒的多数を維持したが、（得票率が上がったのに）選挙前より微減したのは、民主党もやや票を増やしたことによるのだろう。

続く2015年は国政選挙がなく、この期間に安倍政権は、専守防衛に限っていた自衛隊の軍事活動を海外での集団的自衛権行使に拡大する、「安全保障法制」を制定した。これは2014年衆院選で選挙公報に明示しておらず、世論調査で反対が多く、デモなどの反対運動も大規模化したが、両院での圧倒的多数によって短期間に可決できた。それで一時下がった内閣支持率も、翌年になるとかなりの有権者の忘却で、政権の思惑通り回復に向かう。

◆2016年参議院選挙──自民・維新・公明の「改憲派」が両院で３分の２に

改憲について自民党と安倍首相は語らず、「アベノミクス」による景気回復を前面に出し、公明との協力、維新からの間接支援（非自民票の吸収）もあって、自民は改選分121のうち56議席を得た。民進党（民主党から改称）は、市民運動や共産党、社民党などの野党協力にも支えられて、少し回復し32議席を得た。公明、共産、維新は勢力を維持した。なお、「憲法」を重視した人は民進党、共産党に投票し、より多数の「景気・雇用」を重視した人は自民党に投票する傾向があった（村上 2017：3.）。改憲が争点になったため、維新は「第３極」ではなく自民に近い保守・改憲派として認識された。

非改選分（おおむね３年前の獲得議席）と合わせると、自民・公明・維新の３党など「改憲派」が161～165議席（新聞により数え方が違う）に達し、衆議院に続き、参議院（定数242）でも３分の２ギリギリを確保した。

保守が圧倒的優位でバランスを欠いた構成の国会で、普通なら紛糾し議論を要するはずの「カジノ法」や「テロ等準備罪（共謀罪）法」が、世論調査で反対が多いのに、簡単に通過することになった。

◆2017年衆議院選挙──リベラル政党への解体作戦

安倍首相は、また任期満了の１年以上前に衆議院を解散した。北朝鮮の再三のミサイル発射と核開発をとらえて「この国を守り抜く」と訴えたが、「森友・加計学園」優遇への首相関与疑惑の追及を逃れる狙いだと批判もされた。

他方、小池東京都知事が、夏の都議選勝利の勢いで「希望の党」を立ちあげた。これに支持率で抜かれた民進党では、交替した新党首が希望の党への移行を強引に進め、再選に不安のあるかなりの議員も同意した。当初は全員が移れるとの説明だったが、小池氏は集団的自衛権や改憲に賛成しない者は「排除する」と宣言した。こうして、自民、希望の保守２大政党の見かけ上の競争となる「多元的民主主義の危機」が生じたが、反発するリベラル系の民進党議員が「立憲民主党」を結党し、あるいは無所属として立候補し、支持を集めた。[3]

選挙の結果は、465の定数（前回に比べて削減）のうち、自民284議席（比例代表得票約33％）、立憲55（20％）、希望50（17％）、公明29（13％）、共産12（８％）、

維新11、社民2などとなった【図表8-1】。第2党だった民進党が機能を停止させられ、小選挙区で希望（保守系新党）と立憲民主が分立したために、自民党は33％の支持なのに、（公明の協力を受ける小選挙区と合わせた）議席では61％を獲得できたわけだ。

◆2019年参議院選挙——野党協力の一定の成果

投票率は、48.8％に下がった。当選者数は、自民57、公明14、立憲民主17、国民民主6、共産7、維新10、社民1、新党である、れいわ新選組2、NHKから国民を守る党1、そして無所属9（合計124）。この数字を非改選議員数（おもに2016年選挙の当選者）と合計したものが、各党の議席数になる。参議院の総議席数は今回245で、うち与党（自民、公明）は141議席を占めたので、過半数を維持し勝ったことになる。ただし、選挙結果の解釈には、複数の基準・視点が存在する。選挙前の147と比べるならば、与党の議席はやや減った。32ある「1人区」で、立憲・共産・国民民主などが協力し、10議席を得たためだ。また、「改憲勢力」（自民、公明、維新など）の議席合計も160に微減し、参議院で憲法改正発議に必要な164（245議席の3分の2）を下回り、安倍政権の改憲推進が慎重または困難になる可能性が生まれた。

◆2020年代の国政選挙

2021衆議院選挙（村上 2022）では、自民が15、立憲民主が14、公示前より議席数を減らし、その分を維新が増やした。自民の議席減は、大阪の小選挙区で維新が自民党から奪った数に近くなる。自民への批判票は維持されたが、立憲だけでなく維新に分散した。ここで有権者が維新を自民と同じ保守・改憲派であると認識して投票したか否かが問われるが、客観的には政党システムの保守側がいっそう拡大した（参考、ロイター2021年11月1日）。

選挙前に強権的と批判された自民党・菅（すが）首相が退陣し、強気になった立憲は「政権交代」を掲げ、共産党との協力体制も作った。これが自民党やマスコミの一部から「左傾化」「立憲共産党」と批判され票が減ったとする見方と、共産との協力がなければもっと議席が減ったとする見方とがある。いず

れにせよ、野党間協力は、厳密な政策協定を固めて宣伝するよりも、宣伝の目玉となる公約だけを合意し、緩やかな選挙協力・候補者調整を進める方がデメリットが小さいようだ。

　2022年参議院選挙では、自民党は、比例代表で得票率を1％下げた（図表8-1）。選挙区での得票率も、39.7％から38.7％に微減した。しかし選挙区で議席を大きく増やしたのは、前回2019年と比べて、野党の選挙協力の縮小で「野党系無所属」の当選者が激減したことによる。立憲の当選者は、前々回16年（今回の改選分）の民進党と比べて大幅に減った。比例代表得票率が、13年の民主党政権崩壊すぐ後の低レベルに落ち込んだのは、政党としてのイメージや宣伝の弱体化（村上 2023A）が原因かもしれない。（ただし得票率や議席数を国民民主と合計すると、16年の民進党に近づく。）「身を切る改革」を強力に宣伝した維新は、比例代表で立憲の急減により「野党第1位」に登ったが、選挙区では前回より1減った。選挙区で維新は、他党と協力しにくい特性を持つようだ。

◆2021年衆院選での維新「躍進」は誤報?

　選挙報道では、データの解釈に注意を払わなければならない。

　たとえば近年の衆議院選挙で、3つの政党の議席数が次のように推移した。（小選挙区の方が、比例代表よりも議席が増減しやすいことも読み取れる。）

〈衆議院選挙での獲得議席数（小選挙区＋比例代表）〉

	2014年	2017年		2021年
自民	223＋68 →	218＋66 →	（公示前276）	→ 189＋72
民主・立憲民主	38＋35 →	18＋37 →	（同110）	→ 57＋39
維新	11＋30 →	3＋8 →	（同11）	→ 16＋25

　ここで、2021年選挙のマスコミ記事は、維新の会の獲得議席41を「（選挙）公示前議席」（＝17年の獲得議席）である11とだけ比べて、「躍進」と報じた。しかし実際には、維新は前々回（14年）の議席数を回復したのだった（川上 2022：106）。おそらく、このマスコミの誇張または「誤報」が、「身を切る改革」【→4、

9章】という、内容は問題が多いがアピール力の高いスローガンとともに、維新の第2回ブームを生み出した。

　マスコミが維新にとくに好意的とは見えないので、この誤報は、記者とデスクが2014年の選挙データを忘却・無視したようなのだが、そんなことが専門家に起こりうるのだろうか。他方、立憲民主は2017年の獲得議席55から伸びたが、その後、国民民主などからの「合流」（2020年）によって公示前議席数が110に増えていたので、21年の結果（96議席）は、単純に「敗北」と報道されてしまった。

◆投票行動モデルの精緻化を

　有権者の投票行動に影響する諸要因は、2章で簡単に列挙した。これらを測定すれば、論理的には、選挙の結果が予想・説明できる。けれども、調査測定には適切な質問・選択肢の設定、回答者の確保が必要だ。マスコミの出口調査や世論調査データ（明るい選挙推進協会2022など）で入手しやすいものとしては、①投票先決定における判断基準、②政治的価値観と投票先の関係、③重要な争点への関心や賛否と投票先の関係などがある。

　③について、近年のマスコミの世論調査は、憲法改正や原発の積極的な再稼動という自民党の方針に関して、賛成・反対が拮抗する。にもかかわらず、自民党（および維新）への投票の方が多いのは不思議だが、説明のための仮説を立てるとすれば、憲法や原発などの「公共的な」問題は、多くの人々にとって、直接利益のある経済や福祉・教育サービスの問題よりも軽視されるということだろう（参考、産経新聞2018年6月24日）。いわば、「花よりダンゴ」モデルである。

◆政党システムの国際比較

　政党システムや日本の主要政党は2章で、また政党の立場を位置づける枠組みとしての「左右（保守・リベラルなど）の対抗軸」は5章で解説した。

　図表8-2や（岡本 2021：図1）で簡単な国際比較をすると、アメリカが2大政党制、イギリス、ドイツ、イタリアが2大政党を中心とする多党制（または穏健な多党制）、日本が保守の1党優位制（の復活傾向）ということになる。

図表 8-2　いくつかの先進民主主義国の政党システム（2010年頃）

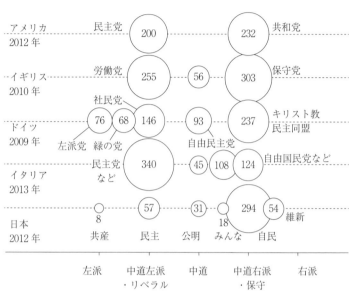

注：10年間の継続性と変化を見るため、この本の初版の図を残した。2020年ごろの新しいデータ
　　に基づく同じコンセプトの図を、（岡本 2021：図1）が作成しておられるので、インターネッ
　　ト等で参照されたい。ただ岡本氏の図では、保守政党が右に寄りすぎている印象がある。

　ヨーロッパ、北米、オーストラリア、韓国、台湾など多くの国で、中小政党
の進出の程度はさまざまだが、有力政党としてはリベラル・中道左派と保守・
中道右派が競争する。これに対して、2012〜13年に生まれた日本の政党システ
ムは、流動性は高い（無党派層有権者の増加、政党への国庫助成などが原因）が、「55
年体制」と比べるとその中道左派（革新）がリベラルへと穏健化したにもかか
わらず、保守がいっそう強まり「右」に偏ったものだ。

◆自民党1党優位制の復活か？──さまざまな原因説明

　2012年以降、自民党は国政選挙で大勝を続け、マスコミで「自民一強」と呼
ばれる。前述のとおり、国際比較をすると、日本の政党システムの非対称性

は、ロシアやシンガポールほどではないが、かなり大きい。（ただし、図表8‐1
で得票率を見ると、「1強」ではない。）

　「資源」の格差は、（中北 2012：119-125）のグラフで一覧でき、自民は党員数
でも、政治資金でも民主に大差をつけ、2000年代のブームのときにも民主党員
はそれほど増えなかった。総務省が公表する「政治資金収支報告書」も参考に
なるが、「党費」で差がつき、企業等からの「寄付」になると自民党が圧倒する。
地方組織も（建林編 2013）、自民党の方が充実している。保守とリベラル（また
は中道左派）のこれほどの非対称性（格差）は、ドイツやイギリス、アメリカで
は見られない（村上 2017：722-723）。ヨーロッパ諸国では、保守と中道左派等
の2大政党の党員数は、同じ規模だ（村上 2015：192）。

　21世紀日本での保守の優位の原因は、必ずしも体系的に論じられていない
が、まず、前述した90年代の1党優位制研究が指摘した、①自民党の包括政党
化および②正統性の独占、③衆議院の中選挙区制のうち、③は廃止された。②
は民主党の穏健化と政権交代によって薄まったが、民主党政権の成果よりも失
敗を、政治学やマスコミが強調することの影響はあるだろう。現在の保守優位
の原因として想定できる仮説は、④有権者における経済的争点の優越、⑤有権
者のバランス感覚の弱まり（村上 2017：図表4）、⑥リベラル政党の基礎票（党
員、地方議員数、有権者の意識などを含む）の弱さ、⑦リベラルの政権・党内運営
と宣伝の技術の不備（後述）、⑧自民への公明の確実な協力、⑨維新の会など
が非自民の票を吸収する作用といった要因があり、さらに、⑩竹島・尖閣問
題、中国の軍拡、北朝鮮による拉致事件の判明やミサイル発射もあって、ナ
ショナリズムの言説【→5章】ないしは安全保障への関心が育っている。

◆望ましい政党システムとは？

　2章で政党システムについて説明したあと、各種のタイプのうち「2大政党
を中心とする多党制」が好ましいと述べた。ただし、これが、政治には複数の
勢力・意見があって議論しバランスを取った方がよい【→6章】という、国際
標準の多元主義的な民主主義観を前提とすることは、述べておくべきだろう。
　言い換えれば、企業を経営し株に投資している議員は経済成長に本気で取り

組んでくれるだろうし、市民運動や労働組合出身の議員は環境、福祉、労働条件に関心が強いので、どちらも必要という考え方だ。原発、防衛政策、改憲など重要問題についても、複数の代弁者があった方がよい。注意してほしいのだが、言論の自由が認められ社会に複数の意見があっても、一方の意見を代弁する政党が弱まれば、その影響力は格段に下がってしまう。

　しかし、2010年代に自民党の1党優位が復活したのは、民主党ブームが終わって、自民党の大きな基礎資源が威力を発揮し、さらに公明党の選挙協力を得るからだ。ただし、仮に2008年に橋下氏が大阪府知事に立候補・当選せず、あるいは「大阪都」という大阪人に歓迎される絶妙のアピール【→7章】を考案しなければ、維新の会は生まれないかあるいは伸びず、それが非自民層の票を吸収する機能が働かず、自民・民主の2大政党制が続いたかもしれない。

　これに対して、維新を「改革派」として期待する論者もいるが、その「改革」の内容と功罪をしっかり検討・説明しているかは、確認してみたい。

　リベラル嫌いの保守右派になると、「保守2大政党制」を理想とし、そのために「政界再編」つまり民主党の維新との合併（それによる事実上の消滅）を主張する人もいた（例、読売新聞2013年7月30日社説）。[4]

　しかし、余裕のある保守側で新党が生まれ、先進国では異例の保守2大政党制【図表2-1】になれば、政権交代は起こっても政策に大差がなく、むしろ2党が協力して極端な改憲等「右寄り」の政治を進めるおそれもある。

◆日本のリベラル派・政党の展望

　外国のリベラリズムの理論紹介は盛んでも、日本社会での規模や影響力についての実証研究（例、岩井・岩﨑 2017；田中 2020；村上 2021）は多くない。ここでは、今後の展望のための「3層モデル」を示すにとどめる（村上 2015）。寛容・自由・平等を尊ぶリベラル派は、

　①政治的社会的に活動する層（国会議員、市民運動、社会的関心を持つ弁護士・マスコミ人・研究者など）では、保守に劣らない広がりを持つ。ただし地方議員数ではかなり劣勢だ。

　②有権者のレベルでは、保守より少ないが一定の規模で存在する。明るい選

挙推進協会の世論調査では、従来から政党支持率の変動とは無関係に、保守支持が革新支持の約2倍あった。21年の調査では、回答者の政治的志向は、保守31％、リベラル17％、中間24％だった（明るい選挙推進協会 2022：47-50）。筆者の学生アンケートも、同じ傾向を示す。[5]

　日本人は、公共的な問題や政治参加への関心が低い人が多いが、自分の利益には関心が高く、私的生活では合理性や自律性にある程度慣れてきている（村上 2015および2022：919-921の資料）ので、争点によっては、リベラルな政治勢力をも支援する。

　③マスコミ、裁判所、警察などの公共的機関も、リベラル派などが攻撃された場合には、（現在の憲法が変わらない限り）「人権」「言論の自由」などの職務規範にもとづいてそれを抑える。ただし、インターネットの世界では、動員、単純化、不寛容に適合的な保守右派が優勢になるという説もあるが、自民や維新への批判も活発に見える。新聞（「激しい」タブロイド紙含む）は、リベラルから保守まで多様である。

　②③が政党や議会と連動すれば、政権の横暴を止めうる。一例として、自民党・安倍政権は、特定の検察官の定年を延長できる法改正を試みたが、検察の中立性を揺るがすという強い反対で断念した（毎日新聞 2020年5月18日）。

　なお、政策面でのリベラル派への重要な批判は、「理想主義で現実への責任を果たさない」というものだ。とくにその脱原発、福祉重視、集団的自衛への反対（平和主義）が保守から批判されてきたが、前の2つは2010年代以降むしろ「現実主義」になった。第3の点は欧米の（NATO加盟国の）リベラル・中道左派政党と異なるので、再検討を要する。

　つぎに、有権者・社会運動のレベルとは別に、それを政治過程につなぐ政党のレベルでは、たとえば立憲民主党（旧民主党）の活動と盛衰が、研究されるべきだ。このリベラル系政党には、自民・維新の保守政治に対して「チェック・アンド・バランス」を果たし、別の政策や改革を進める役割がある。

　しかし党勢拡大のための課題は、次のように山積みだ（詳細、村上 2023A：2023B）。①民主党時代の党内対立は、2017年に保守派が抜けて沈静化したが、②政策面では、経済、安全保障で現実主義的な提案もするとともに、格差是

正、脱原発、人権、憲法擁護などについては保守に対抗し、有権者に「提案も批判もできる政党」という特色を印象づけるべきだ。③さらにそうした政策（民主党政権の実績も含めて）を、（維新のように）巧みなスローガンで宣伝する必要がある。④政治的立場は、リベラル・中道と自称することが多いが、有権者に伝える工夫が必要。⑤保守右派でない野党との連携は、（自公のように）目立ちすぎないように、かつ柔軟に進める。⑥女性の参加の一層の促進。⑦（維新のように）積極的に、支持者・候補者のリクルートメントや、地方議会選挙での候補擁立[7]を進める。⑧競争者である維新の、とくに「身を切る改革」の功罪をファクトチェックし批判する。なお、⑨（保守のように）人間関係や交渉・経営の技術を育てるべきだ(日本再建イニシアティブ 2013：終章)という指摘もある。

　幹事長が「第2自民党」と自称し、（改憲を妨げる）「立憲民主党をまず、たたきつぶす」とまで発言した（朝日新聞 2023年6月8日など）、右派的な維新の会との関係は、難問だ。維新と選挙協力すれば立憲は固有のリベラルな政策を弱めざるをえず、民主主義への貢献作用、党の特徴と支持者を失う。ただし、合意できる一部「改革」での維新との協力は、維新だけが改革派だという誤解を修正するためにも有益だ。

　なお、企業経営者が多い維新は、正社員解雇の容易化＝規制改革が持論なので、労組系政党と距離が大きい。

　以上の、市民レベルと政党レベルのリベラル派や中道左派は、選挙で「政権交代できない」と冷笑する人や、逆に「自分が理想とするリベラルではない」と全否定する厳しい意見（例、北田 2019）もあるが、個別には、政策の改善や保守政権の行き過ぎを抑える成果も挙げてきた（村上 2021：379-382）のだから、その一定規模での存在は（多数派に支持される保守党とともに）民主主義を守っている。

◆自民党──安倍政権の統治・宣伝の技術

　保守派を代表する自民党は、なぜ組織、支持基盤、前述の「基礎票」が相対的に強いのか。2000年代後半の党の低迷と民主党ブームのもとでも、党員数、地方議員数での優越【→4章】、国政選挙での得票率【図表8-1】を維持できた。

政策立案では、官邸主導によるリーダーシップと、政務調査会による党内調整との両立を図る。支持の獲得では、伝統的な派閥、企業や団体からの支持とともに、国会・地方議員の後援会が堅固に残り、そこに党本部が党員獲得のノルマを罰金付きで課すという組織管理をする（中北 2017）。加えて、全面的な改憲構想などで、ナショナリズム的な支持層や政治家の獲得・育成にも努めた。

　そうした基盤の上で、自民党・安倍政権（や大阪での維新の党）は、権力強化と、主張する政策の実現という2つの面で、「合理的」な作戦を展開してきた。

　2012年からの2度目の安倍政権は、国民の期待を把握しまず景気回復に取り組んだ。実体経済の改善や所得再分配は難しいが、日銀の決定に政治介入すれば円安と株式への投資を促せるという政策手段に着目したのは、「合理的」だった。企業や富裕層が待ち望んでいた円安・株高が実現し、景気や雇用も好転した。ただし、日銀による金融緩和（従来は避けるべきだとされてきた国債の大量買入れ）が中期的に財政・経済のリスクを生むとの批判もあり、そうなれば非合理的な政策だったという結末に終わるだろう。政権は、この政策に異例の首相名を冠した「アベノミクス」と名付け、「地方創生」、「働き方改革」なども打ち出して、高い支持率を確保した。

　高支持率が続く2014年、異例の任期2年目に衆議院の解散・総選挙を設定し、勝つと公約で明言しなかった不人気の安全保障法制を2015年に急ぎ成立させ、支持率の回復期間を確保したうえで16年の参院選を迎え、経済成果を前面に出し、不人気な消費税10%引き上げは延期、改憲については沈黙する、徹底して集票と改憲のために「合理的」な作戦を展開してきた。政治家としての経験と感覚か、官房長官などスタッフ、ブレーンの知恵なのだろう。

　自民党は「右傾化」、つまり権威主義化したとも言われた（中野編 2016）。具体的には、全面的な改憲案、憲法9条違反との批判もある安全保障法制、放送局への統制、テロ等準備罪（共謀罪）の法制化などを指す。それ以上に憂慮すべきは、そうした首相・執行部の方針に党内から批判が出なかったことだ。派閥の弱体化のなかで大臣等に任命され、小選挙区制・比例代表制のもとで党公認（公明の支援付き）を得るためには、執行部には逆らいにくい。伝統的には、自民党はハト派からタカ派までの多元性が、強みだったのだが。この自民党の

集権化は、派閥間抗争の弱まり、首相のリーダーシップ、官邸主導【→3章】といった肯定的な文脈で研究されてきたが、「党内民主主義」もたいせつだ。

　なお、以上を民主党政権と比べると、「政治・統治とは何か」を考えるのに役立つ。こちらは、高い目標設定や自由な議論で、一部の政策は実現したが、かえって統治や権力基盤の弱体化を招いてしまった。

　財政政策を見ると、菅首相は2010年参院選前の不用意な消費税引き上げ発言で、参議院選挙で敗北し、野田首相は社会福祉財源に必要と考えて決断し、自民・公明の賛成も得て国会を通過させたのだが、その直後に衆議院選挙を設定してしまった。「評判の悪い政策でも必要ならば国民に明示し信任を問う」という民主主義の教科書のような思考で、しかし結果的には、これを契機に小沢派が起こした党分裂とともに、選挙の大敗を招いた。

　あるいは、2011年の福島原発の大事故は、2つの段階に分けて（NHK スペシャル『メルトダウン』取材班 2015）解説するのが賢明だ。①大津波による全電源喪失・炉心溶融は、止める術がなく、それまで不十分な安全対策のもとで原発建設を進めた、おもに自民党政権、電力会社などの責任だろう。②次の段階の、原子炉建屋における水素爆発は、民主党菅首相が現地視察し混乱させたので止められなかったと批判された（ただし首相が現地視察をせず、電力会社や官僚に任せておけば爆発しなかったという論説は、見つけにくい［参考、共同通信社原発事故取材班・高橋編 2015]）。ところが、かなりの人々が、すべてを民主党と首相の責任にして納得している節がある[6]（例、薬師寺 2014：256-257）。また、民主党政権が事故後、反対意見を抑え、全原発停止の「実験」で電力需要に対応できることを示し、原発規制制度をやや強化し、再生可能エネルギー固定価格買入制度を導入した（その後発電量が伸びている）努力は、正当に評価するべきだ。

　これに対して、安倍首相とその後の自民党政権下では反対も多いなか、老朽化炉を含めて原発再稼動を進める。地震と活断層への警戒、万一の炉心溶融への対策や避難措置、周辺の県・市町村の意思の尊重は、十分だろうか。ただし、首相は自ら語らず、原発容認の学者を任命した委員会と、保守が強くかつ原発に依存する地元自治体に決定させるスタイルを採るのは、「うまい」やり方で、政権はこの件であまり追及されない。

◆野党の存在理由

　野党（英語は opposition party ＝反対党）は、多元的な民主主義のもとでは、①
与党を監視・批判する（必要な場合は協力する）とともに、②有権者に別の政権
の選択肢を提供しその準備をする役割がある。日本の政党システムには上述の
構造的な非対称性があり、次の政権交代は難しいか、時間がかかるかもしれな
い。しかし「政権を取れない野党に存在価値はない」という冷笑は、合理的で
ない。第1位の企業やスポーツチームや新聞社だけが、尊いのではない。まし
て、経済よりも独占の弊害が甚大な政治の世界では、中規模の野党でも、ない
よりはずっとましだ。しかも、③もし日本が「一方的改憲」を避けるべきだと
すれば、改憲派の政党群に3分の2の多数を保有させないことは、非常に大き
な意義がある【→9章】。

　政党や議員にとって、野党の立場から活躍する意義と可能性は、十分にある
（それに安住してはいけないが）。憲法の理念の擁護、④議員立法などの提案、⑤
政府提出議案に対する、世論を反映した審議と批判（上神・三浦編 2023：126-
133）、⑥地方自治体レベルでの長の選挙での勝利や与党参加などをつうじて、
民主主義に貢献し、よい仕事を達成する責任がある。かつそれは、社会が豊か
になりかつ無党派層が増えた現代では、保守系与党による利益配分と同じ程度
に、有権者に評価され再選につながるだろう[8]。

　なお、とくに①③⑤の機能を果たす野党は、与党（2023年現在、自民党）と違
いのある政治的理念・価値観を持つ必要があり、保守系の「第2自民党」では
機能が下がるかマイナスになる（同趣旨、尾中 2023）。

◆教育とマスコミの責任

　多くの人々（日本人？）は、私的生活では合理的で積極的でも、公的な問題
や政治に関しては非合理で消極的になりがちだ（村上 2015）。

　政治学教育【→2章】（苅部・宇野・中本編 2011：unit 9；村上 2016）は、「主権
者教育」あるいは「市民教育」（citizenship education）とも呼ばれる。市民教育
の目標として、ユネスコは、「平和、人権、民主主義、持続的な発展に取り組
み、他の文化に対して開かれ、自由の価値を認識し、人間の尊厳と差異を尊重

し、紛争を防ぎ非暴力的に解決できるような、配慮と責任を持つ市民を育てること」（UNESCO 1995）と、高い理念を掲げている。実は政治も、法律、経済などと同じくかなり複雑なシステムで、基礎的な知識や理論を持たなければ理解しにくい。

　マスコミの責任は大きい。政党間の政策の違いは図や表で報道するようになったが、得票率の情報が乏しく、議席数だけで人々が選挙結果を論じているのは、一面的だ。高校からの政治学教育でも、おもな政策論争や、保守・リベラルの違い、おもな政党の歴史・主張などについて教える必要があるだろう。イギリスでのＡレベル（大学進学レベル）の政治学教育の指針（GOV. UK：Department for Education 2022）は、（翻訳機能で）一読をお勧めしたい。日本であまり教えない、主要政党の歴史と政策、小政党の政策、野党の役割、立法過程と議会委員会の活動、さらにリベラリズム、保守主義、社会主義など8種類の政治思想（political ideas）なども教えると書かれていて、参考になる。

■注

1）　地方議会選挙がヨーロッパのような比例代表制でないので組織化が進まない、共産党や社民党も原発反対や環境保全に熱心である、などの仮説は可能だ。

2）　村上弘『新版　日本政治ガイドブック』2018年、8章の注に、詳細な参考文献のガイドを載せた。

3）　小池東京都知事は、元自民党で靖国神社に参拝する右派でありながら、自民への攻撃・対抗と情報公開などの演出でイメージチェンジし、希望の党を結成し、民進党から支持を奪った。そして2017年9月、小池氏は民進党保守派の前原氏と連携し、「政権交代可能な野党を作る」政界再編を仕掛けた。批判的に見れば、それはリベラル政党（民進党）を日本政治から消去するという前代未聞の作戦であり、前原氏が意図を隠して党首に当選し、民進党候補は希望の党の公認を受け、改憲・集団的自衛権行使を認める誓約をしなければ公認から「排除」し、民進党からの立候補は認めず、新党から立候補する者には対立候補を立てるという一方的で周到なものだった。けれども、民進党の枝野氏などかなりの政治家は反発して新たに「立憲民主党」を結成し、支援する有権者や労組、さらに共産党の支援を受けて、中規模のリベラル系政党を存続させることに成功した。

　この事例は、日本の市民社会やリベラル勢力（および中道左派）が強くないが、無力でもないことを示す。ただし、厳しい状況で新党を立ち上げた枝野氏への共感、右派的な権力性を垣間見せた小池氏の「排除の論理」への幻滅など、有権者の投票行動は、政治理念だけでなく政治家の「人物」への評価にももとづく。さらに保守派が抜けたあと、「立憲」という名称や明快な安倍政権批判が護憲派などにアピールしたようだ。

4）　昭和初期の民政党・政友会の競争は、普通選挙制導入のあと「無産政党」が加わった
　　　ことから考えると、保守2大政党制と見てよいかもしれない。この2大政党制が失敗し
　　　たのは、軍部の攻撃に加えて、政策面で差が小さく、議論・協力よりも相手側を攻撃す
　　　る「政争」に明け暮れたためだと言われる（奈良岡 2011）。

5）　筆者の政治学入門講義（立命館大学各学部、教養課程）でのアンケートで、「日本で
　　　好ましい政党政治」を質問すると、「保守優位」および「保守2党の競争」がそれぞれ約
　　　1割、「保守・リベラルの競争」が4割弱、「リベラル優位」が1割、「分からない」が
　　　4割弱になり、これと回答者の各種の社会意識との相関を分析している。政治学入門ご
　　　担当の先生方は、このような質問文で授業アンケートを実施・分析されると興味深いか
　　　もしれない。ただし、「保守・リベラルの意味を説明できますか」という別の質問への回
　　　答は、肯定が3分の1ほどだ。

6）　国会事故調査委員会の報告書（2012年7月）は、東京電力の責任を指摘しつつ、事故
　　　前の政府の規制の弱さと、事故時の菅首相の現場視察等を批判する。政府の危機管理政
　　　策の難しさが分かるが、ベストの方法は、こうした大事故を想定してマニュアルを作り
　　　予行演習をしておくことだったのだろう。

7）　地方議会における立憲民主党・民主党（かつての社会党も）の議員の少なさは、比較
　　　政治学的にも興味深い。つまり、日本の地方議会選挙はかなり比例代表的で、実際にも
　　　基礎票が小さい共産党が民主党の数倍の市区議会議員を当選させている（村上 2023B）。
　　　ドイツ、イギリスなどの中道左派政党は保守党と同じくらいの地方議員数を持つ。日本
　　　と違うのは、政党の努力の差なのか、市民の高い政治参加意識も作用しているかは、研
　　　究したいテーマだ。民主党の関係者からは、「議員の給与が下がりサラリーマンからの転
　　　身が難しい」「現職議員との調整が難しい」「民主党の人気が下がると議員は党名を名乗
　　　らなくなる」といった話を聞いたが、日本社会にはリベラルな市民や専門職もかなり存
　　　在し、工夫と努力で、地方議員（国会議員や市長等の人材でもある）を増やせるはずだ。

8）　最近の立憲民主党国会議員のビラを見ると、自民党批判だけではなく、与党時代の仕
　　　事、および野党になってからの提案、質問、政策実現の成果をアピールするものが多
　　　く、一定の効果があるだろう。

■参考文献　＊本文中カッコ内の文献、および参考書を示す。

明るい選挙推進協会『第49回衆議院議員総選挙全国意識調査—調査結果の概要』
　　　2022年、ウェブサイト　＊国政選挙ごとに発表され、とても参考になる。

朝日新聞2023年6月8日「立憲・泉氏「品なく下劣」　維新・馬場氏の「たたき
　　　つぶす」発言に」、ウェブサイト

アジア・パシフィック・イニシアティヴ『検証安倍政権—保守とリアリズムの政
　　　治』文藝春秋、2022年

石川真澄・山口二郎『戦後政治史』第4版、岩波書店、2021年

伊藤光利・宮本太郎編『民主党政権の挑戦と挫折―その経験から何を学ぶか』日本経済評論社、2014年

岩井奉信・岩崎正洋編『日本政治とカウンター・デモクラシー』勁草書房、2017年

上神貴佳・三浦まり編『日本政治の第一歩』新版、有斐閣、2023年

NHK スペシャル『メルトダウン』取材班『福島第一原発事故 7つの謎』講談社、2015年

岡本雅享「保守とリベラル、右派と左派―日本政治のための概念整理（後編）」『福岡県立大学人間社会学部紀要』Vol. 30、No. 1、2021年、ウェブサイトも

尾中香尚里『野党第1党―「保守2大政党」に抗した30年』現代書館、2023年

上川龍之進「民主党政権の失敗と一党優位政党制の弊害」『レヴァイアサン』53号、2013年

苅部直・宇野重規・中本義彦編『政治学をつかむ』有斐閣、2011年

川上高志『検証政治改革―なぜ劣化を招いたのか』岩波書店、2022年

北田暁大「平成リベラルの消長と功罪」（吉井俊哉編『平成史講義』筑摩書房）2019年

共同通信社原発事故取材班、高橋秀樹編『全電源喪失の記憶――証言・福島第1原発1000日の真実』祥伝社、2015年

国立国会図書館　調査及び立法考査局（神田広樹）「戦後主要政党の変遷と国会内勢力の推移」『レファレンス』平成26年6月号、2014年、ウェブサイトも

後藤謙次『ドキュメント平成政治史』第3巻（幻滅の政権交代）、岩波書店、2014年

産経新聞2018年6月24日「麻生太郎副総理「新聞読まない人は全部自民党支持だ」政権批判に不満？」、ウェブサイト

菅野和夫「改正労働契約法への対応から見えてくるもの」Business Labor Trend、2014年6月、ウェブサイト

竹中治堅編『二つの政権交代』勁草書房、2017年

建林正彦編『政党組織の政治学』東洋経済新報社、2013年

田中拓道『リベラルとは何か―17世紀の自由主義から現代日本まで』中央公論新社、2020年

中北浩爾『現代日本の政党デモクラシー』岩波書店、2012年

中北浩爾『自民党 ―「一強」の実像』中央公論新社、2017年

中野晃一編『徹底検証　安倍政治』岩波書店、2016年

名古屋法律事務所「有期雇用の無期転換ルールの運用開始を控えて」2017年、ウェ

ブサイト

奈良岡聰智「戦前日本の二大政党政治」『Voters』No. 4 、2011年、ウェブサイトも

日経エコロジー編『激論＆直言　日本のエネルギー』日経 BP 社、2013年

日本再建イニシアティブ『民主党政権失敗の検証─日本政治は何を活かすか』中央公論新社、2013年

毎日新聞 2020年 5 月18日「"ツイッター世論"政権直撃　「怒りの声」異例の急拡大　検察庁法改正案見送り」、ウェブサイト

村上弘「強くない日本の市民社会─市民の政治参加の「3 層構造」モデル」『政策科学』22- 3 、2015年

村上弘「政治学教育における目的，内容，方法─多元的民主主義と政党システムの教え方を中心に」『年報政治学』2016- I （政治と教育）、2016年

村上弘「2016年参議院選挙と改憲─保守、リベラル、右派ポピュリズム」『立命館法学』2017年

村上弘「日本の「保守・リベラル」と政党システム─「維新」の集票力を視野に入れた研究」『立命館法学』2021年 2 号、2021年

村上弘「2021年衆議院選挙における政党の宣伝─立憲民主の宣伝の課題、維新の議席回復と「身を切る改革」の問題点」『立命館法学』2021年 5 ・ 6 号、2022年

村上弘「2022参議院選挙における政党の宣伝」『立命館法学』2022年 4 号、2023年 ＝ 2023A

村上弘「立憲民主党の役割と課題、「維新の会」のポピュリズムと「強さ」──「身を切る改革」のデメリットと節約額は、なぜ論じられないのか」『立命館法学』2023年 3 号、2023年 ＝ 2023B

村松岐夫・伊藤光利・辻中豊『日本の政治』第 2 版、有斐閣、2001年

森本哲郎編『現代日本の政治』法律文化社、2016年

薬師寺克行『現代日本政治史─政治改革と政権交代』有斐閣、2014年

連合（JTUC）プレスリリース「多様な社会運動と労働組合に関する意識調査 2021」2021年、ウェブサイト

ロイター2021年11月 1 日「衆院選：識者はこうみる」ウェブサイト

Caramani, Daniele ed., "Comparative Politics" 5 th ed., Oxford University Press, 2020

GOV. UK : Department for Education, 'Politics, GCE AS and A level subject content', 2022, website

UNESCO, UNESCO Declaration and Integrated Framework of Action on Education for Peace, Human Rights and Democracy ＜ Citizenship education, 1995, website

■ウェブサイト　＊タイトルで検索しやすいものは、URL を略す。

明るい選挙推進協会『Voters』（考える主権者をめざす情報誌）毎月、ウェブサイトも

NHK 放送文化研究所「社会や政治に関する世論調査」
（http://www.nhk.or.jp/bunken/yoron/social/index.html）

時事ドットコムニュース【図解・政治】＞選挙（http://www.jiji.com/jc/graphics?p=ve_pol_list）

各政党のウェブサイト

選挙時の新聞　＊ウェブサイト、当該年月の『新聞ダイジェスト』で、各紙のおもな記事を一覧できる。

Afonso, Alexandre, 'The party systems of 12 European countries in 2018, in one chart.' 2018, website, 2018　（https://alexandreafonso.me/2018/04/08/the-party-systems-of-12-european-countries-in-2018-in-one-chart/）

第IV部　憲法と統治機構をめぐる議論
Debate over Constitutional Revision and Government Institutions

♟ ♟ ♟ ♟ ♟ ♟

過ぎたるは及ばざるがごとし。

角（つの）を矯（た）めて牛を殺す。

Cure the disease and kill the patient.（病は直したが、患者を死なせてしまった）

（東洋と西洋の格言）

　第1条　この法律は、……政策の評価の客観的かつ厳格な実施を推進し……、政策の評価に関する情報を公表し、もって効果的かつ効率的な行政の推進に資するとともに、政府の有するその諸活動について国民に説明する責務が全うされるようにすることを目的とする。

（行政機関が行う政策の評価に関する法律［政策評価法、2001年］より）

　第130条　① 国会は、憲法改正案が公告された日から60日以内に議決しなければならず、また国会の議決は、在籍議員の3分の2以上の賛成を得なければならない。

　② 憲法改正案は、国会が議決した後30日以内に国民投票に附し、国会議員選挙権者の過半数の投票、および投票者の過半数の賛成を得なければならない。

（大韓民国憲法［1987年］より。高橋和之編『世界憲法集』岩波書店、2012年の訳による）

♟ ♟ ♟ ♟ ♟ ♟

9章 改憲（憲法改正）、議会の縮小論、首相公選論
──賛否の主張と、検討するための参考情報

◆日本国憲法の制定過程

憲法や統治機構の変更は、政治や私たちの生活への影響が大きく、かつしばしば不可逆的だ。しっかり検討するために、法律学、政治学の情報も知っておきたい。また、外国の憲法規定との比較（辻村 2014も）、参考にしたい。（すでに導入された、内閣機能の強化、情報公開などは、3章を参照。）

1945年8月、降伏した日本を占領したアメリカを中心とする連合国は、「民主化と非軍事化」の方針のもとに「戦後改革」（占領改革）を進めた。その最大の結果の1つが、日本国憲法の制定である。制定の過程は、広く保存公開されている資料にもとづけば、おおむねつぎのようであった。[1]

①日本政府は、憲法改正要綱を起草し、1946年2月に連合国総司令部（GHQ）に提出した。しかし、これは明治憲法の微修正で、国民主権を明記せず天皇の統治権と絶対性を残し、軍についても大きな変更はなく、国民の権利や自由は明治憲法と同じく法律で制限できるといった内容だった。

②総司令部はこれを拒否し、ただちに別の案（「マッカーサー草案」）を作成して、日本政府に交付した。そこで総司令部が要求したのは、国民主権の明示、戦争放棄などであり、さらに、後の交渉では、総司令部は、法律による基本権の制限という政府案を拒否した。

③日本政府はこの総司令部の草案を一部修正して、憲法改正案をまとめ、6月に国会に提出した。

④衆議院（4月の総選挙で選ばれた議員）と貴族院は、これを一部修正のうえ、大差の賛成多数で可決し、日本国憲法は、11月3日、天皇の裁可を経て公布された。衆議院では、賛成421、反対8という大差の票決だった。

◆制定過程をどう評価するか

この憲法を支持する主張は、つぎのようなものになる。①日本が降伏時に受

諾したポツダム宣言に沿った民主的な憲法案を、政府自ら作る用意がなかった。②内容も、欧米の憲法史で工夫されてきた国際標準に合致し、国民にも長く受け入れられてきた。

つまり、たとえ提案が占領国側からなされても、上のような理由で一定の正統性があり（辻村 2014：3章；芦部 2023：2章など）、また日本に民主化と平和主義を定着させたという評価だ。これが今日まで、憲法学者の多くや、政治的な中道左派・リベラル派・穏健保守派による「護憲論」を形成してきた。

これに対して、改憲派の一部は、アメリカからの「押しつけ憲法」「占領憲法」だと批判する。自民党の憲法改正草案の解説（自由民主党 2012：2）では、

「現行憲法は、連合国軍の占領下において、同司令部が指示した草案を基に、その了解の範囲において制定されたものです。日本国の主権が制限された中で制定された憲法には、国民の自由な意思が反映されていないと考えます。そして、実際の規定においても、自衛権の否定ともとられかねない9条の規定など、多くの問題を有しています」

と述べた。強いナショナリズム【→5章】の思考（例、産経新聞社 2013）だろう。

維新の会の2013年時点の綱領は、「日本を孤立と軽蔑の対象に貶め、絶対平和という非現実的な共同幻想を押し付けた元凶である占領憲法を大幅に改正し、国家、民族を真の自立に導き、国家を蘇生させる」と書いていた。

この論争を、政治学的に考えるには、つぎの3点を検討するとよいだろう。

①はじめ日本政府は明治憲法の微修正で乗り切ろうとした。とくに国民の意見を聞いたわけではない。もし連合国総司令部が介入しなければ、絶対的な天皇制やそのもとでの軍その他の「既得権」を残したい側の意見がとおり、国民主権や人権保障は実現しなかった可能性が高いが、そんな憲法の方が、「国民の自由な意思」を反映し、日本と私たちにとって良かったのだろうか。

②「外圧」による政策変更の例は他にもある（占領下での、女性参政権、農地解放など）。また、改憲に関するGHQとアメリカの圧力は、国会議員やマスコミを不当に威嚇するほど強かったのか。

③国会の賛否票数からも分かるように、当時の政府はともかく日本社会の総

体の世論は、天皇制が残るのであれば、軍国主義から（大正デモクラシーとして
すでに経験があった）民主主義への転換を告げる新憲法を、歓迎または受容して
いたのではないだろうか。なお（梶居 2008：144）によれば、新聞の論調は政府
草案発表後において、新憲法を支持していた。

◆自民党の改憲案と、問題点──人権制限の強化も

　自民党は野党になっていた2012年4月に、それまでの議論をまとめ憲法改正
案を決定・発表した（自由民主党 2012；法律時報編集部編 2013などにも収録）。以
下では、自民党改憲案のおもな項目を列挙し、それぞれへの反対・批判意見を
まとめておこう。改憲案の前文や解説・理由説明は、自民党のウェブサイトで
簡単に読めるので、紙幅の都合もあり略させていただいた。

- 前文の全面書き換え──第二次世界大戦後、再出発を図った日本国憲法制
  定時の反省や理念は、今日では無意味だという宣言に見える。
- 天皇の元首化（1条）──元首は「国家の代表者」の意味なので、一定の
  政治的権限を持つ可能性があり、明治憲法下での天皇の「政治的利用」の
  道を復活させるおそれがある。
- 国民の国旗国歌の尊重義務（3条）──この規定は、思想・信条・言論の
  自由の侵害になる。つまり、尊重義務が憲法に入れば、国旗を掲揚せず、
  君が代を歌わないと「憲法違反」になり、処罰されるかもしれない。
- 防衛政策については、国家の自衛権の発動を妨げないと明記し、集団的自
  衛権を全面的に容認する。自衛隊を国防軍と改名し、内部の問題はまず審
  判所で裁く（9条、9条の2）。──現在の9条が掲げる平和主義、戦争放
  棄などの理想は、価値がある。しかも、憲法解釈によって、個別的自衛権
  （専守防衛）のための自衛隊は、広く合憲として承認・支持されているので、
  その観点からは、改憲の必要はない。

　　ただし、①安全保障関連法（2015年）にあるように、自衛隊の軍事的活
  動を、海外で他国のためにするもの（集団的自衛権）に拡張する場合、お
  よび、②独自の裁判所（軍法会議）の設置で軍の（危険な）「自律化」をめ
  ざす場合には、改憲が必要だろう。

- 国民の自由・権利は「公益及び公の秩序に反してはならない。」（12条）——現行憲法の「公共の福祉」が社会での複数の利益や権利を調整する原理と解釈されるのに対して、「公」という言葉は「国家」という意味が強く、国家主義的な権利制限につながるおそれがある。
- さらに、集会、結社、言論、出版その他の表現の自由に関しては、「公益及び公の秩序を害することを目的とした活動を行い、並びにそれを目的として結社をすることは、認められない」（21条2項、新設）と提案する。——民主主義的な先進国としては異例の、行為ではなく目的を基準に市民活動や団体結成を統制する危険な規定で、戦前の治安維持法に近い。
- 「家族は、互いに助け合わなければならない。」（24条）——自発的な相互援助は望ましいが、それを憲法上の義務にすることの意味は何か。政府の福祉や教育の責任を家族に負担させる方向でも、運用できる規定だ。
- 「緊急事態において、国民は国や公的機関の一定の指示に従わなければならない（99条）。」——きわめて重大なので、別に節を設けて述べる。
- 改憲手続きの緩和（100条）——同上

◆維新の会の改憲案と、問題点

　維新の会は2012年の「維新八策」で、首相公選、参議院廃止など改憲を要する大規模な統治機構「改革」を掲げていた。近年の改憲案を維新の会のウェブサイトで読むと、以下のような項目もある（見出しの後に問題点を添える）。

- 高等教育を含む教育費無償化——高校はすでに民主党政権や全国の自治体が、法律や条例で無償化してきたので、憲法規定は必要ない。大学は給付型奨学金の拡充という代替案もあり、富裕層まで対象にする全面無償化に財源を投入するべきなのか。また、私立大学も含めて政府に財源依存し、国家統制されやすくなる。
- 憲法裁判所——もし通常の地裁・高裁・最高裁で、具体的事案に関して違憲・合憲の判断ができなくなり、憲法裁判所がいったん合憲と判断した法律には事案に関して違憲の主張ができなくなるのであれば、国民が憲法を手掛かりに裁判で争う機会が大幅に減る。

- 道州制——都道府県の廃止統合構想だが、もし近畿、九州、東海など巨大な州が作られ府県が消滅していれば、たとえば原発関連政策、コロナ感染症対策は、もっと地域の実情から遊離していただろう。州都になる以外の県庁所在都市が衰退し、その人口は州の外にも流出するだろう。

　このように、自民党や維新の会の改憲論の意図は、多面的で見定めにくい。憲法9条改正または教育無償化を前面に出しつつ、実は憲法における人権保障を弱め、権威主義的（右派的）な方向に日本を変えようとしている可能性もある。ただし政治情勢を考え、推進に優先順位を付けるだろう。

　なおマスコミの世論調査では、改正への一般的な賛成は多いが（あまり意味がない！）、個別条文の改正への賛否は結果が違うので注意して読みたい。

◆緊急事態条項と問題点

　9条改憲ほど注目されないが非常に重大な提案は、「緊急事態条項」の新設だ。有事（戦争・紛争）や大規模災害のときに例外的に、政府の権限を強化する制度で、憲法学では「国家緊急権」とも呼ばれる。自民党とともに維新の会が熱心で、まず国会議員の任期延長（つまり日本の戦争参加、政府への激しい抗議活動を理由に選挙を中止できるという、すごい制度）から提案するが、それを突破口として、内閣による国会の承認を得ない政令の制定や、「私権」と呼ぶ基本的人権への現行憲法を超えた制限を目指している。維新の提案によれば、「合理的に必要と認められる範囲内での国民の自由、権利制限」ができるようにする（共同通信2022年6月8日）ようだ。[2]

　けれども、人権制限は今でも日本国憲法13条に基づいて十分に可能で、とくに所有権（財産権）の制限は29条で認められる。実際にも多くの法律や政策（例、特定職業への免許制、土地利用の規制、ヘイトスピーチの禁止）が運用されている。ただし制限できるのは「公共の福祉に反する場合」だけであり、具体的には、他の人々の人権を侵害する場合だけであると、解釈されている（芦部 2023：6章）。これをもし上記改憲案の「合理的な範囲で」に拡大すれば、たとえば「国民を非常に不安にさせる報道・発言」を禁止するなど、事実上どんな人権制限でも許され、民主主義を縮小できるようになり、裁判所がそれを「合理的でな

く違憲」と判断することはきわめて難しくなるだろう。

　このように、緊急事態条項は、日本国憲法の41条（国会だけが法律を制定できる）および基本的人権の保障を、内閣が緊急事態を宣言すれば弱めまたは無効にできる制度なので、反対・慎重論が強い（長谷部・石田 2017：日本弁護士連合会 2017：参考、芦部 2023：18章1の2）。賛否の議論において、反対派は、今ある危機管理のための法律や規制措置が、現行の憲法のもとで十分に機能していることを示せばよい。激甚なコロナ感染症対策でも、民主主義国は人権を尊重してきた。また、緊急事態条項が専制政治や人権侵害に道を開く、小さなリスクを持つことを示せばよい。緊急事態条項への賛成派は、いかなる危機管理策が、この憲法条項がないゆえに進まないかを説明し、かつ緊急事態の乱用のリスクをゼロにできることを示すべきだ。

◆改憲の手続き——硬性憲法

　まず、憲法上の用語は「改正」だが、反対派から見れば「改悪」なので、中立的に「改憲」あるいは「憲法の修正」などと呼ぶことも多い。

　　「この憲法の改正は、各議院の総議員の三分の二以上の賛成で、国会が、これを発議し、国民に提案してその承認を経なければならない。この承認には、特別の国民投票又は国会の定める選挙の際行はれる投票において、その過半数の賛成を必要とする。」（日本国憲法96条）

　このように、一般の法律制定・改正よりも厳格・慎重な改正手続きを持つ憲法を、「硬性憲法」と呼ぶ。その反対は、法律と同じ手続き（議会での過半数の賛成など）で憲法も変更できる「軟性憲法」だ。

　世界各国の憲法（国立国会図書館 2014；初宿・辻村編 2020など）を調べると、日本と同じ硬性憲法の国が多い。米国憲法の改正は、両院の3分の2で発議し、さらに州議会の4分の3の承認を得て有効になる（5条）。同様に、憲法改正に必要な国会での賛成の割合は、ドイツ3分の2（79条）、フランス5分の3（または2分の1）、韓国3分の2（と投票率50％以上の国民投票）【→Ⅳ部扉】、中国は人民代表大会で全代議員の3分の2（64条）などとなっている。両院の

３分の２以上を必要とする国には、オランダ、ベルギー、メキシコ、スペイン（重要規定に関して）などもある。ちなみに、大日本帝国憲法73条も、両議院の３分の２以上による議決を求めていた（国民投票は不要）。

　これに対して、自民党の憲法改正案は、96条の、国会の発議に必要な「３分の２」を「２分の１」に引き下げようとしていた（自由民主党 2012）。

　もちろん、96条のハードルを下げると、日本政治が保守優位の非対称性を持つ【→8章】とすれば、保守側が自在に憲法を変えられる「どこでもドア」が生まれる（保守政党とリベラル・中道左派政党が均衡する多くの先進国なら、２分の１による改正にすると、政権交代ごとに改憲が試みられ不安定になるので、どちらの側にも不利益が発生する）。このように96条改正論は、多数派の横暴になるという批判（詳細、村上 2017）が強く、しだいに弱まった。

◆「一方的改憲」でよいか──先進国は「合意型改憲」が多い

　民主主義の定義【→6章】の視点からは、改憲の手続きや内容が「一方的」か、あるいは「合意型」かという区分が有益だ。前述のような、96条が定める国会の発議要件の２分の１への引き下げ提案は、49％の野党および（国民投票での）有権者が反対しても、与党だけ、保守だけで改憲を進めたいという思想であり、その是非は別にして、一方的（または断行型）改憲と呼んでよい。一方的改憲の思考は、内容面にも波及し、自民党や維新の改憲案は、日本国憲法の原理を全面的に見直すような、権威主義的な項目を揃えている。

　ところが、必ずしも知られていないが、世界の民主主義国では、改憲の回数こそ多くても、技術的な条文の修正を含むとともに、合意型の決定過程が通例となっている。すなわち、①改憲には３分の２などの特別多数決を必要と定める憲法が多く、かつ、② 中道左派・リベラルも強く保守が圧倒的多数を占めることはまずない（そして保守と右派ポピュリズムは一線を画すことが多い）ので、自ずから、与野党が協議・調整する「合意型改憲」が通例となっているのだ。それを示す憲法改定時の投票結果の一覧は、ドイツについてインターネットで入手できる（Deutscher Bundestag 2009）。また、（駒村・待鳥編 2016：152、192、242、326）によれば、少なくともアメリカ、ドイツ、フランス、イタリアで、

与党は、おもな野党の合意も得つつ改憲を進める傾向がみられる。

　さらに、なぜ硬性憲法や「合意型」改憲が、国際標準でかつ望ましいかを考えたい。理由は「安定性」だけでなく、おそらく憲法の「最高法規性」から導き出される。法律の制定・改正は憲法が認める範囲に制限されるが、憲法の改正はそれを制限する上位のルールが存在せず、限界がなくときに暴走しうる。それゆえ、法律については（少数意見を尊重した）過半数での多数決が妥当でも、憲法については合意型民主主義による決定が、安全で望ましいわけだ。

◆議員定数・給与の削減、一院制

　ここまで述べた改憲案の他にも、統治機構の変更の議論があるので、賛否の意見を紹介し、議論の参考に供したい。

　国会・地方議員の定数および給与の大幅減（いわゆる「身を切る改革」）や、ときには参議院の廃止が、維新の会により提唱され、かなりの支持を集めてきた。これは客観的には、「議会縮小論」と呼ぶと分かりやすい。

　議会縮小への賛成論の主張は、①迅速で効率的な意思決定、②経費削減・効率化、③人数が多いと有権者が監視しないので、仕事をせず問題を起こす議員が出ることなどだ。②を維新はときに、政治家の倫理や「特権」の是正、財政健全化・教育無償化の財源を生み出すというイメージで強力に宣伝する（本当かどうか、以下でファクト・チェックしたい）。

　反対論は、議会の経費を「民主主義のコスト」と呼び、①少数意見（中小の政党）、女性、新人議員、各種の専門家を含む多様な議員の確保、②それによる多様な民意の反映、③委員会に分かれての十分な審議における人数の確保や、政治家の養成のためには、多くの議員が必要だと主張する。また、④議員数の削減によって、有権者の監視が強まるか、そして仕事をしない（が選挙基盤が強い）議員が排除されるかむしろ生き残るかは微妙だと考える。

　地方議会【→4章】に関しては、反対論はさらに、⑤一般市や町村の場合、給与削減は議員の「なり手（候補者）不足」をいっそう深刻化させると予測する。あまり注目されないが、府県や指定都市の議会では、⑥議員数削減は「1人区」を増やし、中小政党を大幅に排除する（「民主主義を切る」）デメリット（強い政

党にはメリット）もある（以上、詳細は村上 2023）。

　つぎに、参議院廃止（一院制）への賛成論は、経費削減、決定の迅速化、衆議院と参議院の選挙の制度・結果の同質化の傾向、あるいは逆に両者のズレ（「ねじれ」）の弊害を、理由にする。しかし、二院制には、慎重な決定と審議、権力集中の防止、国民の意思表明の機会（選挙）の増加、選挙制度の少なからぬ差異による効果、政治家の人材の多様化、衆議院解散時に必要になった場合の参議院の緊急集会など、民主主義にとって重要なメリットもある【→1章】。

　こうした論争は、選挙で支持を得た政権を監視する反対派や、多様な議員が必要かという、政治的価値観の違いにも基づく。しかし同時に、客観的な情報を公表・共有して議論の前提にするべきだ。第1に、経費の節約額を、国民・人口1人当たりで示すことが必要だ。議員定数3割減の場合、「議員当たり経費×削減人数÷人口」の簡単な計算では100円〜200円程度で、公共サービスの改善に充てるには僅少で無意味だ（村上 2023）。ただし、かなり高い国会・府県・指定都市議会の議員給与を下げる努力は、望ましい。

　第2に、国際比較も必要で、日本の人口当たり国会議員数は、ヨーロッパ諸国と比べて多くないか少ない（日本経済新聞 2015年3月9日）。また人口の多い国や経済力の強い国は、二院制を採用している。世界各国の国会の議員数、二院制か一院制かについてのデータは、（外務省ウェブサイト；参議院事務局 2021；衆議院憲法調査会事務局 2004）で入手できる。

◆首相公選（議院内閣制の廃止）——比較政治学からの知見

　日本は、イギリス、ドイツ、スウェーデン、カナダ、インド、オーストラリアなどと同じ議院内閣制【→3章】を採用し、国会が、内閣・行政の長（リーダー）である首相を選出する。それに代わる選択肢は、韓国、フランス、ロシア、ウクライナ、ベラルーシ、アメリカ、イラン、南米やアフリカの多くの国のような（国民が選挙で選ぶ）大統領制だ。日本でときどき盛り上がる「首相公選論」は、実質的には大統領制導入の提案なので、そう扱って検討していこう。

　賛成論が述べる長所は、①国民が国のリーダーを直接に選べて、民主的であること、②国会議員以外でも、「すぐれた人物」が首相になれること、③首相

は、国会から選出されず不信任も受けないので、国会、与党、派閥を気にせず、途中で退陣せず、強力なリーダーシップで政治ができること、などだ。

　これに対して、反対論はまず反論するだろう。①今の議院内閣制でも、おもな政党は党首が首相候補となるので、国民はそれを考慮して選挙で（政党とともに）国のリーダーを選んでいる。②首相を目指す人はまず国会議員になって能力や資質を示すべきで、それが見えないまま人気投票になると、不適切なリーダーが政権を握ってしまいかねない。③公選の首相は問題を起こしたり、支持率が下がっても、制度的に交替させられない。また、議院内閣制の特色である、「国会の多数派と首相・内閣の一致」が、弱まり、両者の衝突が起こる。②③は、賛成論が長所と見なす効果の、ウラの面になる。

　ここでも海外の情報が有益で、比較政治学は、重大な短所やリスクを、他国の大統領制の観察から導き出している。それによれば、上の反対論の③の主張は、２種類の逆方向の極端化となって現れる。つまり、議会から独立した権限（例、大統領命令、国会の議決への拒否権）を持つ大統領（ないしは公選の首相）が優位に立ち、強権・独裁に至るリスクと、逆に大統領が、反対派が多数を占める国会と衝突する「分割政府」（divided government）による政治の停滞のリスクである（建林・曽我・待鳥 2008：108-113；Hague/ Harrop 2010：325-326）。アメリカ大統領は与党が議会で少数になることがあるが、逆に大統領の与党も（大統領の人気や権力ゆえに）強大化して専制に陥っている国はかなり多い。（ロシアが有名だが、南米やアフリカにも大統領独裁がある。）

　加えて、日本政治の現状を考慮に入れて考察したい。首相公選の長所とされるリーダーシップや「改革」は、小選挙区制や内閣府の導入以降、首相によってはかなり実現されるようになった【→3章】。一方、その短所とされる、人気投票、独善・暴走などのリスクは、直接公選で選ばれる知事・市長のポピュリズム現象【→7章】として、起こっている。たしかに公選ゆえに知事や市長が議会に遠慮せず大胆な政策を進めるメリットもあるが、リスクの方は、地方自治体レベルなら限定されても、国レベルで起こると甚大になる。

■注

1）興味深い原資料を見るには、（衆議院憲法調査会事務局 2000；国立国会図書館 2004；西 2012）が便利だ。憲法の制定過程とその評価については、憲法の教科書の多くが、はじめの方の部分で書いている。

2）（共同通信2022年 6 月 8 日）によれば、「日本維新の会は 8 日、憲法に緊急事態条項を創設する憲法改正条文イメージをまとめた。同日中に発表する。武力攻撃、内乱、大規模自然災害、感染症の大規模なまん延などで、内閣が緊急事態を宣言できると規定。私権制限も盛り込んだ。宣言下で衆参各院の出席議員 3 分の 2 以上の多数で、国会議員の任期延長と選挙期日の特例を定められると記した。宣言下で、内閣による緊急政令制定や財政上必要な処分を可能にし「合理的に必要と認められる範囲内での国民の自由、権利制限」も記載した。一方、内閣を統制する仕組みとして「国会の事後承認」や新たに設ける「憲法裁判所の審査」を併記した。」

ただし緊急事態条項に関する情報は、維新の会のウェブサイトでは見つけにくいようだ。

■参考文献　＊本文中カッコ内の文献、および参考書を示す。

芦部信喜（高橋和之補訂）『憲法』第 8 版、岩波書店、2023年

外務省ウェブサイト＞「国・地域」＞（国の名前）政治体制・内政＞議会

梶居佳広「新憲法制定と新聞論説― 近畿地方を中心に」『立命館大学人文科学研究所紀要』90号、2008年、ウェブサイトも

粕谷祐子『比較政治学』ミネルヴァ書房、2014年

共同通信2022年 6 月 8 日「維新、緊急条項で改憲案　内閣が宣言、任期延長可能」ウェブサイト

駒村圭吾・待鳥聡史編『「憲法改正」の比較政治学』弘文堂、2016年

国立国会図書館「諸外国における戦後の憲法改正」第 5 版『調査と情報』937、2017年、ウェブサイト

参議院事務局「「議会の大きさ」について―― OECD 諸国における比較」2021年、ウェブサイト

産経新聞社『国民の憲法』産経新聞出版、2013年

初宿正典・辻村みよ子編『新 解説世界憲法集』第 5 版、三省堂、2020年

自由人権協会編『改憲問題 Q&A』岩波書店、2014年

自由民主党（憲法改正推進本部）「日本国憲法改正草案 Q & A」2012年（https://www.jimin.jp/policy/pamphlet/pdf/kenpou_qa.pdf）

衆議院憲法調査会事務局「日本国憲法の制定過程における各種草案の要点」2000年、ウェブサイト

衆議院憲法調査会事務局「「二院制と会計検査制度」に関する基礎的資料」2004年、
　　ウェブサイト

建林正彦・曽我謙悟・待鳥聡史『比較政治制度論』有斐閣、2008年

辻村みよ子『比較のなかの改憲論─日本国憲法の位置』岩波書店、2014年

西修『図説　日本国憲法の誕生』河出書房新社、2012年

日本経済新聞2015年3月9日「国会議員数、実は並──女性比率は大きく見劣り」
　　ウェブサイト

日本弁護士連合会「日本国憲法に緊急事態条項（国家緊急権）を創設することに
　　反対する意見書」2017年、ウェブサイト

長谷部恭男・石田勇治『ナチスの「手口」と緊急事態条項』集英社、2017年

法律時報編集部編『法律時報増刊「憲法改正論」を論ずる』2013年

村上弘「2016年参議院選挙と改憲─保守、リベラル、右派ポピュリズム」『立命
　　館法学』2016年5・6号、2017年、ウェブサイトも

村上弘「立憲民主党の役割と課題、「維新の会」のポピュリズムと「強さ」──「身
　　を切る改革」のデメリットと節約額は、なぜ論じられないのか『立命館法学』
　　2023年3号、2023年、ウェブサイトも

Deutscher Bundestag, Änderungen des Grundgesetzes seit 1949, 2009,
　　（http://www.bundestag.de/dokumente/analysen/2009/aenderungen_des_
　　grundgesetzes_seit_1949.pdf）

Hague, Rod/ Harrop, Martin, Comparative Government and Politics : An
　　Introduction, 8 th ed., Palgrave Macmillan, 2010

■ウェブサイト　　＊タイトルで検索しやすいものは、URLを略す。

日本弁護士連合会「今、憲法を考える（憲法問題対策本部）」ウェブサイト
　　（https://www.nichibenren.or.jp/activity/human/constitution_issue.html）

Inter-Parliamentary Union, PARLINE database on national parliaments,
　　Parliaments at a glance　　＊世界のほぼすべての国会に関する統計が豊富

初版あとがき（抜粋・一部修正）

　本書は、「日本政治と政治学が分かる、市民の教養のためのガイドブック」
を目指しました。「分かる」とは、社会科学の世界ではとくに、知識を覚える
だけではなく、複数の立場や主張を知り、多面的に考え議論できるという意味
です。

　執筆では、教養課程の政治学講義と学生の皆さんの反応、博士論文以降の自
分の論文も参考にしました。したがって、いくつかのテーマの詳細は、当該の
論文（各章末の参考文献リストを参照）をインターネットでお読みください。

　ポピュリズム政治が既存の制度・政策を全否定するのに対する違和感、つま
り政策発展や制度改革というものは、政党と議会、公務員、市民等の努力や協
力で少しずつ積み重ねられるという（穏健で楽観的な？）筆者の見方は、『神戸
市史』や『京都市史』の作成の経験からも得られたものです。後者の仕事をお
世話いただいた恩師の村松岐夫先生に、改めて感謝します。村松教授や、その
近くで研究された政治学者の方々の実証的スタイル、つまり「すべての主張は
明確で、かつ事例やデータによって証明されなければならない」という方法論
に学び、本書でもベースにしたつもりです。また、学部時代に参加した野口名
隆先生（ヨーロッパ政治史）のゼミや、田中成明先生（法哲学）の予備ゼミでは、
リベラルな雰囲気に触れ、同窓の皆さんにもお世話になっています。

　関西行政学研究会をはじめとする政治学者、行政学者の皆様には、平素から
さまざまな研究成果や刺激をいただき、ありがたく思っております。

　とくに上川龍之進・大阪大学法学研究科教授と赤澤史朗・立命館大学名誉教
授には、原稿を読んで貴重なご指摘・ご意見をいただき、厚くお礼申し上げま
す（もちろん本書の内容についての責任は、すべて筆者にあります）。

　私は法律学から転向したこともあって、ドイツ留学中、フィレンツェの教会
にマキアベッリの墓を訪れて政治学の学業成就を祈願したこともありました
が、立命館大学で専門とともに教養課程の講義を持つことは、政治について幅

広く調べ思考し、教え方を工夫するために役立ちました。法学部の政治学、法学、語学の先生方にも、お世話になっていることに感謝します。衣笠キャンパスのまわりの堂本美術館、カフェ、世界遺産には、楽しい一刻をいただいています。

道州制、大阪「都」、民主主義、ポピュリズム、投票率向上などについての私の講演で、貴重な意見、質問、あるいはクールな反応を寄せてくださった市民や政治家の方々から、大いに学ぶところがありました。

「天網恢恢疎にして漏らさず」が口癖だった刑事の父と、鉄道時刻表を片手に合理的な旅行計画を立てるのが好きだった母、芸術が好きな妹からの影響にも、感謝します。

私が学生だった1970年代、政治学者は現実問題に積極的に発言したものでしたが、しばしば印象論的だと批判もされました。現在では逆に、小さなテーマについて事例やデータを集め、アメリカ等の理論を適用し特定の因果関係を証明するスタイルが主流です。そうした研究スタイルは学問を発展させるのでしょうが、もし、大きなテーマ、あるいは海外の理論モデルが少ないが現実の日本政治で重要なテーマの研究が減るなら、公共的にはマイナスです。

「業界」の外に目をやると、政治についての知識や議論は、しばしば単純化され一面的です。社会に質の良い情報を流通させることに、政治学者はマスコミ関係者とともに、一定の責任を持つでしょう[1]。

最後になりましたが、出版事情の厳しいなか、法律文化社と編集担当の小西英央さんには、並々ならぬお世話をいただき、ありがとうございました。

——2014年春　シューマンの「森の情景」を聴きつつ

注1）政治学の目的、おもしろさについては、バーナード・クリック（添谷育志・金田耕一訳）『現代政治学入門』講談社、2003年［原著1987年］、p.22-23, p.94の説明に、私も同感している。

新版での追記（抜粋）

　政治学の教科書は種類が多く、英米等で出版される分厚く詳細なテキストも使えて、情報はとても豊かです。しかし、現代日本政治については、包括的な教科書が少ないので、ニーズとニッチがあると思い、この本を造りました。

　3年が経って、出版社から新版発行のお話を頂いたので、全面的な修正加筆とともに、「第Ⅰ部　政治学入門」を新設しました。（キーワード解説の体系化で、子どもの頃「宇宙の小辞典」を作って遊んだのを想い出す作業でした。）新・第Ⅰ部の原稿は安全保障問題などを中心に、吉次公介・立命館大学法学部教授に閲読・ご指摘いただき、深くお礼申し上げます。（文責はすべて著者にあります。）また、大学の「法哲学予備ゼミ」時代からの友人の喜瀬君、多田君、平野君、平本君、吉川君から情報や助言を頂き、感謝します。Universität Osnabrück（ドイツ）の Professor Roland Czada や Professor Carmen Schmidt からの応援も、うれしかったです。さらに、多数派に同調しない「自由な文化」の価値を教える京都国立美術館、京都市美術館等のアートに、励まされています。

　この数年間、大阪都（大阪市廃止）構想を検討する市民活動に、専門家の立場から参加してきました。母校の伝統である「フィールドワーク」にもなり、事例・議論を知って、データ分析だけによる机上の空論を避ける「利益」は大きいものがありました（もちろん、教科書なので賛否両論を紹介しています）。

　　　　──この新版を、妻と息子に、感謝をこめて捧げます。　2017年夏

全訂第3版での追記

　「はじめに」に書いたアクティブ・ラーニングの目的と、現実の政治動向すなわち自民党一強政治の光と影、リベラル勢力の存続と活動、保守系ポピュリズムの台頭、および2つの大国の権威主義化・（選挙をつうじた）再権威主義化

と軍拡・領土拡大志向などに留意し、全面的に改訂しました。

　今回の全面改訂は6か月を要しましたが、2024年度に間に合わせるための進行管理、内容の「10増10減」のような複雑な改良への対応を含めて、編集作業を担当してくださった法律文化社の畑光 様とスタッフの皆様に、深く感謝いたします。

　ウィルスが感染・攻撃力を大きく「改革」したコロナ感染症により、2020〜23年度は、教室・オンライン（ウェブ）の「並立制」講義になりました。二重の講義はかなりの苦労でしたが、内容を熟考し改善する機会となり、また大学のウェブ授業システムによって簡単になった学生への授業アンケートで貴重な指摘・質問・情報をいただき、この教科書の改訂にも役立ったかと思います。

——Vivaldi, Le quattro Stagioni/ Mozart, Linzer Symphony/ Schubert, Forellen Quintet/ Bruckner, Symphony No. 7 / Ravel, Sonatine (1903) / Prokofiev, Violin Concerto No. 1 (1917) / Stravinsky, Histoire du soldat (1917) / Weill, Symphony No. 2 (1934) / Copland, Fanfare for the Common Man (1942) / The Beach Boys, All Summer Long (1964) / Ichiyanagi, Interspace (1988) / Eddi Reader, Here Come the Bells (2014)　などを聴きながら

2024年春　　村上　弘

索　引

■著者紹介

村上　弘　Hiroshi Murakami

立命館大学名誉教授・特別任用教授
1954年、京都市生まれ。京都大学法学部・大学院修了、法学博士。コンスタンツ大学、ケルン大学で研究。立命館大学法学部教授として、行政学・政治学・地方自治論などを担当。著書に『日本の地方自治と都市政策—ドイツ・スイスとの比較』、共編著に『よくわかる行政学』『大都市自治を問う』『大阪都構想Q&Aと資料』『京都市政—公共経営と政策研究』、分担執筆に『比較政治制度論』『神戸市史』『京都市政史』、論文に「道州制は巨大州の夢を見るか?」「公共性について」「強くない日本の市民社会」「政治学教育における目的、内容、方法」「日本の保守・リベラルと政党システム」「立憲民主党の役割と課題、維新の会のポピュリズムと強さ」「Democracy under Conservative Dominance in Japan」(in : The Crisis of Democracy? Chances, Risks and Challenges in Japan and Germany) など。

Horitsu Bunka Sha

日本政治ガイドブック〔全訂第3版〕
——教養の政治学

2014年5月31日　初版第1刷発行
2018年4月1日　新版第1刷発行
2024年5月10日　全訂第3版第1刷発行

著　者　村上　弘

発行者　畑　　光

発行所　株式会社　法律文化社

〒603-8053
京都市北区上賀茂岩ヶ垣内町71
電話 075(791)7131　FAX 075(721)8400
https://www.hou-bun.com/

印刷/製本：西濃印刷㈱
装幀：谷本天志

ISBN978-4-589-04337-5

五十嵐 仁著〔〈18歳から〉シリーズ〕

18歳から考える日本の政治〔第3版〕

B 5 判・132頁・2530円

主権者の政治を見る目を鍛えるねらいのもと、私たちと政治の関係、戦後政治の展開と争点を豊富な資料を交え検証。第2次安倍政権以降の政治や政党の変化など最新の動向を盛り込み、日本政治を概観する。

白川俊介著

政 治 哲 学
―グローバル化のなかの共生倫理を考える―

A 5 判・220頁・3080円

グローバルな空間における政治哲学を中核に据えた一味違った教科書。「コスモポリタン＝コミュニタリアン論争」の理論的視座・構図をまとめたうえで、貧困、移住、気候変動などのトピックを取り上げ、考えるヒントを提供。

長谷川一年・竹島博之・萩原 稔
望月詩史・村田 陽著

政 治 思 想 史
―西洋と日本の両面から学ぶ―

A 5 判・284頁・3190円

古代から現代に至るまでの西洋政治思想史と近代・現代の日本政治思想史を一冊で総合的に学ぶテキスト。西洋の政治思想の展開と、日本の政治思想が西洋の影響を受けつつどのように形成されてきたかを整理することで、西洋・日本の関係性が理解できる。

原田 久著

行 政 学〔第2版〕

A 5 判・194頁・2420円

制度・管理・政策の次元から行政現象をとらえたコンパクトな入門書。「どうなっているか？」「なぜそうなのか？」という2つの問いを中心に各章を構成。身近な事例と豊富な図表を通して現代日本の行政をつかむ。現代の政治状況の変化を踏まえて事例をアップデート。

坂本治也編

市 民 社 会 論
―理論と実証の最前線―

A 5 判・350頁・3520円

市民社会の実態と機能を体系的に学ぶ概説入門書。第一線の研究者たちが各章で①分析視角の重要性、②理論・学説の展開、③日本の現状、④今後の課題の4点をふまえて執筆。3部16章構成で理論と実証の最前線を解説。

━━━━━ 法律文化社 ━━━━━

表示価格は消費税10%を含んだ価格です